I0643625

VOYAGES

ÇA ET LA

ITALIE — ALLEMAGNE — ANGLETERRE

JULES LECOMTE

PARIS

LIBRAIRIE NOUVELLE

BOULEVARD DES ITALIENS, 15

BOURDILLIAT ET Cⁱᵉ, ÉDITEURS

1859

VOYAGES ÇA ET LA

—

ITALIE — ALLEMAGNE — ANGLETERRE

G.

25656

EN VENTE A LA MÊME LIBRAIRIE

DU MÊME AUTEUR

Paris. — Imp. de la LIBRAIRIE NOUVELLE. — A. Bourdilliat, 15, rue Breda.

VOYAGES

ÇA ET LA

—

ITALIE — ALLEMAGNE — ANGLETERRE

—

PAR

JULES LECOMTE

PARIS

LIBRAIRIE NOUVELLE

BOULEVARD DES ITALIENS, 15

A. BOURDILLIAT ET Cᵉ, ÉDITEURS

La traduction et la reproduction sont réservées.

1859

VOYAGES ÇA ET LA

I

Quelque part, ... juillet.

Quelqu'un a dit — qui ce quelqu'un? — Je n'en sais rien; moi peut-être! — que Paris était une ville qu'on quittait et qu'on revoyait avec un égal plaisir...

Un matin, il y a de cela une douzaine de jours, une jeune et charmante folle qui me fait parfois visite, me tint à peu près ce langage:

« — Que diable faites-vous à Paris en plein été? Allez-vous-en, ou plutôt, allons-nous-en!

» — Où cela? — demandai-je sans trop m'étonner de cette brusque motion de la dame, habitué que je suis à son humeur fantasque.

1

» — N'importe où; nous y serons mieux qu'à Paris. Voyez : il pleut. Si la pluie cesse momentanément de nous mouiller, ce sera un petit vent froid qui fera l'entr'acte pour nous glacer. Le peu de soleil qu'on voit de loin en loin, a tout à fait l'air d'une ironie. Il semble dire : Je pourrais vous éclairer, vous chauffer, faire mûrir les fruits, épanouïr les fleurs, jaunir les blés, guérir le raisin, égayer la nature, iriser l'eau, dorer toutes choses, me coucher dans la pourpre et vous laisser des nuits bleues... Mais pas du tout ! Ce qui se passe sur votre coin de terre ne me plaît guère, et je m'embarbouille de nuages pour n'en rien voir. On m'a, jadis, appelé le soleil d'Austerlitz, un jour qu'il pleuvait. Or, comme voilà les sabres encore une fois tirés du fourreau, je ne veux pas qu'un aigle, ce présomptueux volatile qui se vante de me regarder en face, puisse, qu'il soit à une ou deux têtes, me baptiser de nouveau dans quelque anniversaire de vos batailles du Nord ou du Sud. Miroiter dans le sang me répugne, et je ne me soucie guère que l'histoire me daguerréotype avec cette étiquette : soleil de Cronstadt ou de Sébastopol ; faites tout ce que vos fureurs humaines, ou plutôt inhumaines, vous conseillent ; mais que cela se fasse dans l'ombre ; pour moi, je n'éclairerai que la paix !

» — Le soleil dit tout cela ? — m'écriai-je.

» — Vous le voyez bien ! — reprit la dame, épandant autour de ma tête, sans doute en agitant son mouchoir brodé, je ne saurais dire quel parfum fabriqué, je crois, par elle-même, et qui me produit toujours un irrésistible et bizarre effet d'hallucination et de *kief* oriental. Je fermai involontairement les yeux et la laissai divaguer.

» — D'ailleurs, Paris est révoltant, et ce n'est plus votre Paris. Le vôtre est élégant, brillant, mondain, badin, ganté, goûté et spirituellement épris du temporel. Il s'habille et babille, revient du bois, va dîner, passe à l'Opéra, boit du thé et disparaît dans les mystères. Trouvez-moi à cette heure trace de tout cela? D'unique qu'il est l'hiver, Paris est en ce moment inique! On le démolit, on le rebâtit, on le dépave, on le macadamise, on l'asphaltise... les jolis mots! Pouah, que de poussière des plâtras, et que de fumée des goudrons âcres! Au moindre pas on s'embourbe jusqu'à la cheville, et encore ne sait-on où porter ce pas! tout le monde a fui, et le soir venu, vous êtes menacé de vous coucher à l'heure où perche côte à côte la volaille; car six théâtres sont fermés, et pas un salon n'est ouvert. Ajoutez à cela le choléra qui... Joli Paris! Allons-nous-en?

» — Mais, où aller? — fis-je, secoué par son silence.

» — A Londres, à Munich, à Venise, en Suisse, aux Pyrénées, à Dieppe, au Rhin, en Orient! telle est la carte à choisir : la carte géographique.

» — A Londres? — répondis-je. — Grâce! j'y ai été sept fois, dont une avec vous, à preuve un certain *voyage de désagrément* que vous m'avez dicté.

» A Munich, pourquoi faire? pour entendre Molière et Corneille traduits en allemand? Ma foi, non!

» A Venise? j'y ai passé deux ans avant l'abominable invasion du gaz dans ses ombres poétiques, et l'achèvement de ce pont stupide qui, traversant la lagune de son inflexible railway, fait désormais ressembler l'île ronde de Saint-Marc à une poêle à frire! On m'a gâté Venise en la civilisant trop. Je veux, comme on dit, rester sur la bonne bouche.

» En Suisse? je ne dis pas non !

» Aux Pyrénées? je ne dis pas oui ?

» A Dieppe ? pour voir des femmes absurdes faire sur le galet des toilettes d'opéra ?

» Au Rhin?... l'idée me paraît assez appétissante !

» En Orient ! le moment a du charme ! Allons, c'est décidé, nous partons ! D'ailleurs, quelle que soit la réussite du voyage, je suis toujours certain qu'il ouvrira et fermera par un plaisir : quitter Paris — puis le revoir. S'assurer deux plaisirs, c'est quelque chose ! Quelle contrée choisissons-nous ?

» — Si vous m'en croyez, — reprit-elle, enchantée de sa victoire et sautillant d'un bout à l'autre du salon, tantôt les doigts sur le piano, tantôt le nez dans la jardinière, — si vous voulez m'écouter nous n'en choisirons aucune. Nous laisserons cette déité que les uns appellent la Providence, et que d'autres adorent sous le nom de Hasard, disposer de nous. Qu'on fasse ses paquets et qu'on soit prêt demain ! Surtout qu'on abandonne tout Paris à Paris ! Que pas une lettre, que pas un journal ne suive ! Laissez tout cela s'amonceler sur les tables, et ne dites à personne où vous allez. Ou bien, parlez Nord et mettez le cap au Midi. Tel est mon idéal, mon programme, et je ne vous le propose pas, — je vous l'impose. A demain ! »

Et elle partit joyeuse, me décochant ses plus irrésistibles sourires. En son absence, je fis toutes mes dispositions raisonnables, car j'avoue que lorsqu'elle est présente, je n'ai la tête à rien. Elle règne, je suis esclave ; j'ai beau argumenter de tous les *si* et de tous les *mais* de la raison, de la logique, elle me rit au nez et fait de moi tout ce qu'elle veut.

Le lendemain matin, le bagage chargé, notre cocher demanda où il fallait nous conduire.

« — Au chemin de fer! » — répondit-elle, en levant sur-le-champ la glace entre toute autre question et elle. Le cocher hésita un moment, chercha sans doute à se rappeler où il nous conduisait le plus souvent, puis fouetta. Nous roulâmes ainsi dans la direction voulue par le dieu Hasard. Arrivés à la gare, un peu plus de décision allait être indispensable, car si le cocher avait choisi notre direction entre les quatre points cardinaux, il était impossible, en se présentant au bureau des billets, de ne pas se fixer sur un lieu, une ville, un pays. Ma folle et charmante compagne trouva pourtant un nouveau moyen de laisser le dieu continuer son office.

La foule se pressait au guichet; elle avise un vieil Anglais bien harnaché en touriste de long cours ; comme pour gagner du temps, elle le prie de prendre notre *ticket* avec le sien. L'insulaire était aimable, il sourit, accepte le billet de banque, s'acquitte de la commission, nous voilà dans la salle d'attente.

A peine entrés, et comme ma compagne se réjouit de ne savoir où elle va, j'aperçois deux de mes amis à travers les vitrages. L'un s'appelle Edgar, — l'autre Edmond. Je comprends à leurs allures, à leurs toilettes, qu'un des deux part, et que l'autre lui fait conduite.

1.

Tout à coup, et comme tinte déjà la cloche d'entrée en wagon, je vois Edmond, — celui qui partait à en juger par l'habit-veste-et-culotte couleur de poussière, et la petite gibecière de cuir de Russie qu'il porte en bandoulière, — tout à coup, dis-je, je vois Edmond se livrer à une pantomime de télégraphe (non électrique), et se sauver à toutes jambes, malgré les tentatives d'Edgar pour le retenir. Il disparaît dans la cohue de voyageurs arrivant dans le moment même je ne sais d'où...

Mais voilà qui est plus imprévu encore! Edgar, qui était venu là placidement, complaisamment, mettre un ami en voiture, fait à son tour divers gestes assez comiques, et soudain je le vois s'élancer dans la direction du bureau! On a ouvert la porte de la salle d'attente, l'attente est expirée, nous nous installons dans le convoi; la vapeur geint, renacle, siffle; nous sommes divisés, parqués par boîtes; on entend les portières tour à tour fermées avec fracas..... Et voilà un homme qui accourt éperdu, grimpant sur chaque marchepied, cherchant d'un rapide coup d'œil quelqu'un qui n'est pas avec nous, ni près de nous, mais qui est sans doute plus loin, car tous les sifflets, tous les cornets ont retenti, le train part et Edgar ne paraît plus. Où diable va-t-il avec une si brusque frénésie?

Sauf explication ultérieure, voici l'affaire : Edmond et Edgar sont deux amis. Ils sont épris des deux cousines, mariées toutes deux, toutes deux jolies : l'une, Rolande, un peu coquette, mais sachant s'arrêter avant le péril; l'autre, Clarisse, très-éveillée, mais aussi très-surveillée; Rolande partait, — Clarisse l'accompagnait.

Edmond aperçut tout à coup Clarisse qu'il croyait aux eaux, et autour de laquelle il allait de ce pas rôder, coqueter, caqueter. Plus de départ! Il court et la suit.

Edgar, au contraire, qui croyait Rolande en plein Paris, la voit partir... et partir seule, car son farouche époux l'ayant poussée en sûreté dans la salle d'attente, a rejoint sa voiture, Clarisse sous le bras. Voilà tout le secret de cette double scène : le partant qui reste, et le restant qui part. Edgar part avec Rolande, Edmond reste avec Clarisse, et le mari...

Mais le train est lancé à toute vapeur, les affreux et crayeux terrains qui enveloppent Paris disparaissent, et nous voici par les champs verts de vignes, jaunes de blé. Ma compagne et moi sommes installés, accotés, tous les accessoires du voyage arrimés autour de nous. Tandis que j'essaye de parcourir le paquet de journaux du matin que le domestique a bouclé sous la sangle du nécessaire, madame... Trois Étoiles, enchantée de partir pour n'importe où, se met à examiner la société que cet éternel hasard du monde a formée autour de nous. Elle m'arrache de temps en temps à ma lecture, et me force à regarder, écouter, — l'écouter.

« — Laissez donc Paris, la France, l'Europe, la guerre, — me dit-elle, — vous entamez un voyage d'agrément, occupez-vous donc un peu de moi! »

Et ce disant, elle saisit le paquet de journaux et le lança effrontément par la portière. Une jeune femme assise en face de moi se mit à rire de cette incartade, et attira ainsi mon attention.

Elle pouvait avoir vingt-cinq ans, âge où la beauté juvénile épuisée se transforme et amène celle de la femme, qui dure ensuite tout ce qu'elle peut, sans qu'on ait plus à s'occuper de l'âge. Elle était brune d'yeux et de cheveux; blanche de peau, de dents; rose de lèvres et d'embarras lorsqu'on la regardait. Assez grande, un peu maigre, elle avait le maintien et la toilette d'une personne des classes distinguées. Elle portait au doigt une chevalière dont le chaton était formé d'une trop grosse turquoise entourée de petits brillants, et à la main un livre. Comme il pendait ouvert, abandonné par son bras nonchalant, je regardai, et fus fort étonné de voir qu'il ne contenait que de bizarres images....

C'étaient toutes sortes d'enroulements d'arabesques, de lignes et de volutes contournées, ressemblant parfois aux paraphes des Prudhommes, et se succédant de page en page, pareils dans l'ensemble, bien que variés par les détails. On voyait que la jeune femme s'efforçait à contempler ce livre d'une cosmogonie étrange, d'une agaçante insipidité. Et lorsqu'elle regardait ailleurs que dans ce livre, un vieux monsieur assis à ses côtés la ramenait à cette fastidieuse contemplation par ce seul mot: Mathilde!

Si elle portait les yeux sur la route, le vieux la rappelait sur-le-champ à l'ordre, ou au livre. Une dame assise plus loin portait une robe fond chamois à petits pois violets. Regarder cela était bien innocent.....un « Mathilde! »

impérieux rappelait soudain la victime à son étrange bouquin. Item si elle regardait le plafond du wagon, où une
toile cirée multipliait les losanges et les rosaces. Item si
elle ne regardait plus rien du tout et si elle fermait les
yeux...

La drôle de chose que cette persécution! Et elle de s'y
résigner toujours, d'un air doux et presque chaque fois
par un soubresaut. Souvent on voyait ses lèvres remuer
doucement comme sous quelque prononciation mentale;
et alors encore son vieux compagnon attentif ou plutôt
acharné, décochait son impitoyable « Mathilde! »

Nous verrons ce que c'était.

~~~

A l'autre bout du wagon il y avait un loustic. Ce monsieur habillé tout en nankin, à cause du calendrier et
malgré le temps, avait entamé avec son vis-à-vis une partie de mots. Il s'agissait de la vexation que cause l'obliga-
tion du passe-port, et il trouvait cette chose mal nommée :

« — Pourquoi passe-port? — disait-il — cela devrait
s'appeler un *passe-droit!*

» — Pour les colis on dit un *passavant!*

» — Le vrai mot serait *passe-franc!* — ou *passe-pied!*
dit l'autre. — Ou *passant*, plutôt! — ou *passage!* etc., etc. »

Je n'écoutai plus ces sottises. La jeune dame semblait
avoir cédé à une sorte de somnolence; la vieille sentinelle
décocha son incessant mot d'ordre.

« — Mais mon père, je dors! — murmura Mathilde,
sans rouvrir les yeux.

» — Ne te trompe pas au moins ! » — dit le père. Et au bout de quelques instants, voyant la bouche de la jeune femme s'entr'ouvrir et donner à son visage cette expression un peu niaise qui témoigne qu'une femme ne veille évidemment plus sur elle-même, il prit le livre glissé sur les genoux, et armé d'un crayon, il sembla le reviser, le corriger, allant ainsi de page en page, inspectant, crayonnant. Je n'y comprenais rien.

On arrêta à je ne sais quelle station du nom de laquelle je me gardai bien de m'informer. Aussitôt Edgar parut, courant d'une portière à l'autre. Il me vit.

« — Ah ! vous êtes là, — me dit-il tout effaré, est-ce que vous allez à ?... »

Je l'interrompis vite, afin de ne pas apprendre où diable je pouvais aller.

« — Oui, oui ! — lui dis-je, — mais vous ? vous avez l'air de ce héros du conteur allemand qui a perdu son ombre ! Que ou qui diable cherchez-vous avec cette fureur ? »

Il grimpa sur le marchepied et me dit : — « Une femme, mon cher... Je me suis inopinément embarqué pour la suivre, ne m'imaginant guère, cinq minutes auparavant, que j'allais ainsi voyager ! Je l'ai vue monter dans un wagon, et je ne sais lequel ! Un chapeau gros bleu... un châle noisette... N'avez-vous pas vu ?»

Et sans attendre ma réponse, le voilà à l'autre bout du convoi. Le cornet mugit ses trois notes branlantes (*sol mi ut !*) et nous repartons.

Le loustic entreprit une dissertation avec son même vis-à-vis des passe-ports, sur ce point de physique et d'histoire naturelle à la fois, savoir : Pourquoi les mouches qui volent dans l'intérieur d'un wagon semblent-elles transportées dans une atmosphère calme et fixe, malgré un déplacement d'air aussi éperdu qui devrait les laisser en arrière ?

L'autre demanda pourquoi lorsqu'on se réveille la nuit, et qu'on entend sonner l'heure, c'est toujours une demie qui sonne.

L'autre reprit à son tour et désira savoir pourquoi un morceau de savon qui glisse des mains qui se lavent, rapporte toujours un cheveu en quelque endroit qu'il tombe.

L'autre répliquait par une autre énormité ou absurdité ; ma petite compagne de voyage me dit :

« — Que pensez-vous de ces deux hommes qui sont là immobiles et silencieux. »

Je les regardai. C'étaient deux personnes de la bonne société, l'un et l'autre entre trente et quarante ans. Ce qui me surprit, en les examinant, ce fut de voir l'étrange toilette de voyage de l'un des deux, — le plus jeune, me parut-il. Il était si exactement vêtu de noir, les gants compris, que c'était plus qu'un deuil ; c'était comme une gageure ! L'habit était boutonné jusqu'au haut ; on ne voyait pas trace de linge, ni col ni manchette ! Et pourtant, on comprenait bien que c'était là un cavalier soigneux, propre, volontiers élégant. Ma compagne le surprit au moment où regardant, inspectant sa toilette dont il semblait lui-même un peu étonné, il repoussait de l'autre côté de la boutonnière un bout de ruban rouge qui seul rompait tout ce noir dont il était couvert. Son visage était sérieux sans être triste ; son ami, vêtu, lui, comme tout le monde, le regardait souvent avec la tristesse et l'affection d'un bon cœur préoccupé...

« — Ce monsieur noir va se battre ! — me dit-elle ; — vois-tu avec quel soin il a écarté de sa toilette tout point de mire ? C'est un duel au pistolet ; son adversaire est sans doute dans un autre wagon avec son témoin. Ils vont à la frontière. Pourquoi ou pour qui se bat-il ? »

Et sur ce point d'interrogation qu'elle s'était posé, elle partit chevauchant au grand galop à travers les miroitants pays des suppositions ! C'était pour une femme, bien entendu, que le duel avait lieu. Ils s'aimaient la femme et lui...; l'adversaire, c'était un mari, etc., etc. Elle inventa ainsi trois ou quatre romans bons à sténographier, je vous assure, et où la passion, le dramatique ne manquaient pas. Mais la vérité n'était pas précisément dans ces inventions, vous l'allez voir ; car deux jours après je sus toute l'affaire, et vous, mieux servi que moi, vous l'allez savoir sur-le-champ.

Il y avait une fois une jolie femme en puissance de mari assez laid et trop vieux. Un homme qui n'était ni l'un ni l'autre, s'éprit beaucoup de la dame, qui le lui rendit un peu. Un autre homme assez mûr et pas assez discret, — mais encore à la mode bien que presque édenté et tout à fait grisonnant, — trouva madame à son gré et le lui dit, ce qui la flatta, vu le rang de l'adorateur.

Voici donc les personnages du drame, car drame il y a : une femme d'un côté — de l'autre, trois hommes : un mari, un amant, un troisième qui veut être à l'amant ce que l'amant est au mari : c'est mathématique en diable, mais pourtant très-clair et fort commun.

Divers voyages de bains de mer et d'eaux quelconques : Boulogne par ici, Vichy par là, passent à travers cette situation. Un beau jour, crac ! le vieux mari meurt, je ne sais au juste comment, mais n'importe; d'un accident de chasse, m'a-t-on dit, je crois. Voilà madame veuve! Les premières semaines données à une retraite de campagne pour les gens de la ville, elle consent à revoir M. de R*** chez une amie, sinon à le recevoir chez elle. De R***, — c'est celui qu'elle aime, comme celui dont les hommages la flattent est le comte de P***. Mais il n'est plus question de ce dernier depuis l'an passé, où l'on s'était, par hasard, dit-elle, rencontrés sur un des vapeurs du Rhin. Bref, ils sont d'accord, elle et de R***, on se mariera l'année du deuil révolue. La chose décidée, de R*** s'en va chez un de ses parents et lui confie tout. Tout, même ses jalousies à l'endroit du comte.

« — Tu vas aller le trouver, — dit-il, — et tu lui diras ceci : un de mes amis désire épouser telle personne. Vous l'avez connue; quelques bruits ont couru sur vos assiduités. J'adjure votre honneur de me dire si cette femme est, à vos yeux, digne de porter le nom d'un homme honnête et fier. Entre gens de cœur, ces services sont des devoirs ! »

Les choses se passent comme il a dit. Le parent va trouver le comte. Mais celui-ci se refuse absolument à répondre, Il élude, tergiverse et ne s'explique pas...

Deux jours après, c'était à la représentation de clôture de l'Opéra, de R*** se trouve dans une loge de la galerie avec des dames. Le comte, qui les connaît sans doute, vient regarder au vasistas... De R*** lui clot le rideau de soie rouge sur le nez. Le comte frappe deux petits coups au carreau ; au lieu de dire : entrez ! de R*** sort.

« — Monsieur, m'aviez-vous reconnu, lorsque vous avez fermé ce rideau devant mon regard ? — dit le comte.

» — Ce sera comme il vous plaira ! — répondit de R***.

» — En ce cas, le reste sera également comme *il me plaira*, j'imagine ?

» — Oui, monsieur le comte.

» — Eh bien, demain, par le premier convoi, à la frontière de ... au pistolet !

» — Monsieur le comte, — reprit de R***, — n'ayez nul repentir de votre susceptibilité ; à présent je puis vous le dire ; je vous avais parfaitement reconnu, en fermant ce rideau. Vous faites ce dont je voulais vous laisser l'initiative. A demain matin ! »

~~~

Notre convoi emportait donc les combattants et leurs témoins. De R*** était l'homme tout de noir habillé sur le compte duquel ma folle et chère compagne créait tant de suppositions. Mais lasse de divaguer, elle finit par s'endormir, et moi je regrettai alors mes journaux lancés sur la voie ferrée. A la quatrième ou cinquième station, je trouvai Edgar au buffet :

« — Je l'ai enfin découverte ! — me dit-il, en parlant de sa fantastique Rolande ; — mais voyez mon malheur ! Après avoir un moment cru la voir descendre à quelques lieues de Paris, ce que, du reste, expliquait assez sa toilette de voisinage, j'ai reconnu qu'elle était encastrée dans cette diligence, entre sept personnes inamovibles, des vieux et des vieilles pétrifiés là ! Elle a baissé sur son visage un diable de voile épais comme une grille de prison, et se tient coite, faisant semblant de dormir à chaque halte où j'accours !... Mais c'est égal ; elle finira bien par s'arrêter quelque part, ou bien ces sept momies l'abandonneront. Oh ! mon ami, quelle femme charmante ! J'en suis fou !

» — Je le vois bien !

» — Dieu ! une des momies qui s'en va ! Je cours prendre sa place, adieu, adieu ! »

La vilaine petite trompette du conducteur du train, un cornet à bouquin auquel Sax n'a pas travaillé, nous ordonna de remonter en voiture.

~~~

Le premier mot que j'entendis, la porte refermée, fut celui :

« — Mathilde ! »

C'était le père qui reprenait son inconcevable exhortation envers la jeune femme réveillée. Je me décidai à savoir à tout prix, — même au prix d'une indiscrétion, — ce que cela pouvait signifier. Profitant du sommeil assez déterminé de ma petite compagne de voyage, je liai conversation avec le vieillard, — tandis que de R*** relisait un paquet de lettres qu'il avait dans sa poche de porte-feuille, comme un sentimental plastron, — et que le loustic en habit de nankin racontait un tas de prétendues aventures de voyage de Mlle Rachel, et une foule de bons mots de Mlle Brohan.

Au bout d'une heure, pendant laquelle, profitant d'une station, Edgar vint me dire, désespéré, qu'il n'avait pu encore arriver jusqu'à sa Rolande, au bout d'une heure, dis-je, je sus tout, de ce secret imprévu, bizarre! La jeune femme était en proie à une singulière maladie mentale, dont l'insupportable développement se comprendra surtout de ceux qui l'ont au simple état rudimentaire, c'est-à-dire de pure manie : elle *comptait* irrésistiblement tout, et toujours!

Dans les rues, c'étaient les carreaux des fenêtres, les consoles des balcons, les pierres des trottoirs, les fiacres alignés. A la campagne c'étaient les arbres, les bestiaux, les pierres des murailles. Dans un salon, c'étaient les denticules des corniches, les fleurs de la tenture, les mots qu'on disait... Si encore ç'avait été seulement les bêtises! Enfin, lorsqu'elle ne regardait rien, involontairement, irrésistiblement, elle comptait mentalement des unités, accumulait des dizaines, mettait les centaines en tas, et nombrait des chiffres énormes, pareils aux grains de sable des mers et aux étoiles du firmament! En route enfin, dans ce wagon rapide, son père avait dû l'arracher à l'addition des arbres qui couraient penchés au bord de la route, — à celle des pois lilas de la robe chamois de la dame, — ou à celle encore des secousses accumulées du wagon palpitant comme un fiévreux sous les vibrations de la rapidité.

Elle avouait que dans cette indomptable manie, dans cette fureur, pourrait-on presque dire, faute d'objets sous les yeux, elle comptait convulsivement et sans fin ses dix doigts, — ou les coups qu'elle frappait avec son pied, — ou les combinaisons d'une fantastique table de Pythagore que l'imagination dressait devant ses yeux fermés...

C'était un supplice auquel le sommeil seul l'arrachait, un cauchemar incessant qui l'attendait au réveil, une fatidique obsession qui annulait son intelligence et l'entraînait dans le cycle éperdu des vertiges ! Elle avoua que pour laisser un peu de répit à son père qui la surveillait dans cette tentative de cure, feignant de dormir encore, son sommeil passé, elle avait, malgré tous les efforts contraires, compté combien de fois elle avait respiré d'une station à l'autre !

La folie était au bout de la prolongation d'une aussi singulière et irrésistible manie ! Cette maladie morale annulait cette jeune femme, et lui ôtait tout esprit, toute participation à la vie de tous. Vous lui parliez ? elle comptait vos paroles, elle additionnait les raies de votre cravate ou les losanges de votre gilet. Comme tout ce qui est régularité et symétrie dans la nature se prêtait à cette monomanie ingénieuse à trouver aliment, un médecin avait fait dessiner un livre rempli de dessins sans objet, mais s'enchevêtrant de mille façons qui se dérobaient à tant d'arithmétique. Dans ces souples méandres, dans ces lignes contournées comme des spirales de fumée, rien à nombrer ! Certaines pages offraient des espèces de labyrinthes que

2.

les yeux devaient suivre sans trouver d'angle où s'accrocher, de jalons à pointer. Car si elle essayait de lire dans
un livre ordinaire, et quelque intéressant qu'il fût, malgré
elle, au lieu d'y suivre la pensée, elle comptait les lignes,
les mots, les lettres... tandis que dans la fastidieuse contemplation de ces desseins absurdes, elle trouvait une
déviation à son penchant fatal...

« — Encore un ou deux ans de cette monomanie, monsieur, — me dit le vieillard, — et ma fille devient folle !
Nous l'avons mariée de bonne heure à un homme excellent,
qui l'adore; elle est mère; on ne sait si elle aime personne;
elle ne cesse de compter que lorsqu'elle dort. Les princes
de la science européenne ont été presque tous consultés;
ils sont tombés d'accord sur ceci : qu'une très-vive secousse
de l'ordre à la fois physique et moral peut, seule peut-être,
l'arracher définitivement au supplice bizarre qu'elle endure,
et qui la confisque à notre affection, à la société, à elle-
même... Il faudrait qu'elle courût, ou vît courir à son
mari, à ses enfants, à moi son père, quelque grand danger,
quelque mortel péril... la secousse cérébrale qu'elle en res-
sentirait amènerait, croit-on, quelque révolution salutaire
dans ses organes. Nous songeons, son mari et moi, à monter cette comédie qui pour elle paraîtra un drame. J'ai une
terre en ***, son mari nous y attend, préparant la mise en
scène de notre cure violente. Je crois que ce sera quelque
incendie qui éclatera brusquement sous ses yeux et dans
lequel, elle exceptée et spectatrice, nous semblerons tous
devoir être brûlés vifs... Des moyens de retraite habilement ménagés nous permettront, au paroxysme même de
sa frayeur, d'apporter ses deux enfants sauvés à ses pieds...

le remède est violent, mais seul peut-être il peut arracher cette pauvre jeune femme à une imminente folie ! »

~~~

Le train s'arrêta pour le dîner. Tous les voyageurs étaient déjà attablés devant les viandes froides du buffet, lorsque Edgar entra ardent comme une locomotive. Il serpenta autour des tables son lorgnon fiché comme un carreau sur son œil anxieux :

« — Rien ! personne ! — me dit-il, en tombant enfin sur une chaise à côté de moi. — Celle qu'avec ma mauvaise vue j'avais prise pour Rolande entre sept buses endormies comme des académiciens, la voilà qui mange du veau à la gelée : c'est une vieille Anglaise ! Diable de chapeau bleu ! j'ai fouillé tous les wagons, pas de Rolande ! Imaginez-vous pareille mystification ? Courir à la frontière pendant dix heures, après une femme qui s'est arrêtée à la banlieue, et qui, à cette heure même, dîne sans doute à Paris côte à côte avec son mari ! Oh ! son mari ! il me le... »

En ce moment, je reconnus le comte de P***, l'adversaire de l'hôte noir de notre wagon. Son témoin était un ancien représentant du peuple de mes amis. Futurs témoins et combattants mangèrent de bon appétit, plus éloignés alors les uns des autres qu'ils ne devaient l'être bientôt... Vingt minutes après, nous repartions, Edgar et son lorgnon restaient, pour prendre à onze heures du soir le train vers Paris, où il arriverait dans la matinée du lendemain. En montant en voiture, j'entendis Mathilde murmurer :

« — Huit cent soixante neuf clous... trente-quatre malles de cuir et dix-neuf sacs de nuit... »

~~~

Ma compagne de voyage, si heureuse de quitter Paris, ne fit pourtant que m'en parler jusqu'au moment où, l'obscurité aidant, la nuit l'emporta. On fit mettre bas son cigare au loustic, qui ne pouvant plus nous gêner par sa nauséabonde fumée, nous importuna bientôt de ses ronflements, de ses grognements plutôt. De temps en temps de R*** et son témoin échangeaient quelques mots en italien, pensant être ainsi un peu moins compris que s'ils parlaient français :

« — S'il me tue, — disait de R***, — brûlez les lettres que j'ai là, et que je vous remettrai sur le terrain avec mon testament.

» — J'espère que vous le tuerez !

» — Alors, je ne demande qu'une chose à Dieu, c'est qu'il ait le temps de dire la vérité avant que de rendre le dernier soupir !

» — Qui sait après tout où nous allons ! — me disait tout bas celle qui avait si impérieusement exigé ce voyage. — L'infirmité de cette jeune et si charmante Mathilde, le duel de ces hommes si distingués, tout cela m'attriste ! Quelles choses allons-nous voir ? Quelles gens allons-nous rencontrer ? Si nous allions n'être pas heureux de cette brusque fuite ? Peut-être eussions-nous mieux fait, vous d'écrire cette comédie dont je vous ai inspiré le sujet, et moi d'étudier à fond la *Damnation de Faust*, l'œuvre que

Berlioz m'apporta hier! Hum! des lits d'auberges! des dîners de table d'hôte, les conversations saugrenues du wagon... »

Elle s'endormit sur mon épaule en murmurant des mots sans suite. Chacun en faisait autant dans son coin, le témoin de R*** excepté. Mais lui-même semblait sommeiller; je fis comme lui. Bientôt je rêvai que j'étais sur les bords du Rhin, travaillant dans un petit kiosque, au fond d'un jardin dont la terrasse dominait le grand fleuve, avec les sept montagnes et les ruines du Drachenfeld dans l'horizon nuageux. Ma petite compagne était là ajoutant la poésie de sa charmante présence à toutes ces brillantes réalités de la nature la plus surprenante de l'Europe. Elle tentait de me dicter mille folies; je résistais en faveur d'un peu d'histoire, de légendes, d'observations de mœurs, de paysage écrit. Me voyant si rebelle à ses efforts, elle me contraignait à quitter la plume, à m'embarquer avec elle sur un vapeur qui passait, et à aller visiter une verdoyante île du Rhin qui porte un curieux édifice tantôt couvent, tantôt auberge... Lorsque tout à coup le convoi s'arrêta, et le nom d'une grande ville frontière, crié dans la gare par les gens du train, me réveilla en sursaut. Le bagage rassemblé, nous entrâmes à l'hôtel, en même temps que Mathilde et son père. Comme je la saluais, je l'entendis murmurer:

« — L'auberge est à deux cent quatre-vingt trois pas de la gare... »

Au petit jour, j'étais debout; rapidement vêtu, j'étais

dehors. Depuis une heure je me tenais anxieux sur le seuil,
lorsque je vis une voiture venir au pas, suivie de quelques
curieux. Bientôt elle s'arrêta devant l'hôtel; de R*** en
descendit lestement le premier, un des témoins ensuite.
L'autre resta pour soutenir le comte de P*** tout ensan-
glanté; il avait une balle dans les côtes. On le porta dans
un appartement du rez-de-chaussée secrètement préparé
à toute éventualité. Un chirurgien attendait; il déclara la
blessure grave...

« — Que s'est-il passé ? — demandai-je à l'un des témoins, cet ex-représentant du peuple, je dirais presque
de l'ex-peuple, que je connaissais.

» — En tombant le comte a dit à son adversaire:
Maintenant, monsieur, je n'ai plus aucune difficulté de
vous dire que, vous ferez bien d'épouser celle que vous
aimez... *pour moi*, c'est la plus honnête femme du
monde ! »

J'ai su hier que le comte était mort le lendemain. De R***
n'épousera probablement pas la veuve. Cette affaire fait un
tapage du diable, et on m'écrit que dans sa première émotion, cette dame a fait au vainqueur des aveux qui rendent
très-noble la déclaration extrême du mort...

Quelques heures après, Mathilde et son père prenaient
le chemin de fer qui conduit à*** . Peut-être à l'heure où
j'écris ceci, le drame incendiaire considéré comme un violent remède au mal étrange de cette pauvre jeune femme,
a-t-il été représenté ! Quant à moi, j'arrivai le soir, avec
ma charmante compagne de voyage, dans une capitale
étrangère. Je devine votre curiosité, et pense que vous
voudriez bien connaître cette aimable folle qui m'a fait si

brusquement partir! Mon Dieu, je n'ai rien de caché pour
vous, et crois même qu'il est temps de mettre fin à l'insupportable fatuité de mon récit.

« — Garçon! une chambre !—m'écriai-je le soir, en
entrant à l'hôtel.

» — A un ou deux lits, monsieur?

» — Un seul lit......

» — Oh! oh! — murmurera la lectrice scandalisée, en
jetant là le livre. »

Reprenez-le, madame; cette séduisante compagne de
mon voyage s'appelle...

LA FANTAISIE !

Ne cherchez pas de descriptions locales ! — Un faux Anglais. — Comment une Parisienne met à l'épreuve l'amour d'un capitaine d'état-major. — La perte d'un voile vert. — Un curieux procès au sujet de dix-huit cents serins. — Comment le signor Contarini, au lieu d'être pendu, devint doge. — Un voyageur français enlève une valseuse à un archiduc, chez la mère du célèbre pianiste Thalberg.

Venise.... Juillet.

A moins qu'on ne soit parti de Paris avec quelque mission spéciale, il me semble difficile aujourd'hui, — par les temps de chemins de fer qui règnent, — d'oser entreprendre le récit d'un voyage italien, suisse ou rhénan. Tout est dit sur ces contrées aux divers points de vue historique, pittoresque, philosophique, scientifique, industriel, artistique et je ne sais plus quoi encore !

Tant d'écrivains se sont faits touristes, depuis qu'on voyage à bon marché; tant de touristes se sont faits écrivains depuis qu'on se proclame homme de lettres à si .bon marché !

Il y a tant de guides, de cartes, de plans, d'itinéraires et de correspondances de bas-bleus; les peintres ont exposé tant de vues de tant de pays; les vitrines des marchands étalent tant de gravures, de lithographies, de pho-

tographies surtout de tous les monuments du monde, que
bien des gens qui n'ont fait que passer une heure sur le
boulevard, de l'angle du café Cardinal, rue Richelieu, à
l'angle de Tahan, rue de la Paix, ont ainsi plus qu'élec-
triquement accompli leur tour du monde, et en quatre
coups de crayons beaucoup pourraient, le soir, vous dessiner les méandres de n'importe quel fleuve, le profil de telle
ou telle montagne, ou la masse des plus superbes monuments. Aussi, n'est-ce déjà plus avec les voyages qu'on
forme la jeunesse, — pas plus que ce n'est en riant qu'on
corrige les mœurs, — et les jeunes Anacharsis n'ont plus
besoin de s'embarquer sur je ne sais quelles nefs, pour
visiter la Grèce et l'Asie; il suffit désormais d'un fiacre
qui les porte dans l'ex-allée des Veuves auprès des Aspasies
de Mabille, ou dans cette nouvelle Athènes qu'on appelle
le pays Breda.

Donc, qu'irai-je faire à vous raconter probablement très-
mal ce que vous savez si bien? Que vous pourrai-je apprendre sur le lac de Lausanne, où j'ai passé quelques
jours, pluie et soleil alternativement ou conjointement;
sur le Tyrol dont vous connaissez tous les chapeaux poin-
tus et tous les airs aigus; sur la bataille de Botzen et ces
quatre villes dont l'Empire français fit un moment des
majorats à ses ducs-soldats : Bellune, Conegliano, Bassano,
Trévise? J'arrivai, je ne saurais trop dire comment, par
une belle nuit à Venise, et c'est de cette ville que Châ-
teaubriand ne pourrait plus appeler *croulante*, que je vous
écris pour vous dire que je suis très-décidé à jouir à ma
façon de l'entr'acte que je me suis donné à la dévorante
existence parisienne.

3

Ainsi, c'est chose convenue, n'est-ce pas? Vous me dispensez, à propos de Venise, de recopier ici mes propres pages d'autrefois ou de paraphraser celles des autres, au sujet des palais, des églises, des statues et des tableaux? Je *nous* ferai grâce de la *barcarolla* chantée dans la *gondola* sur la *laguna* au clair de la *luna*. Ce n'est pas qu'il ne me fût très-facile de vous embarquer avec moi dans d'interminables descriptions de nature et d'art, car, parti, il y a quelques années pour aller passer quinze jours à Venise, j'y restai deux ans... prêt à vous fournir, comme preuve du fait, quatre cents minutieuses pages imprimées avec le nom de cette ville en tête. Mais il ne s'agit pas de cela, et il ne s'agit même pas beaucoup du reste. J'entends tout simplement vous raconter diverses choses que j'ai entendues, au lieu de vous écrire, de vous décrire celles que j'ai vues, que j'ai revues. Pour ce qui paraîtra généralement manquer ici sur les pays par où je prends mes ébats et mes vacances, voir la collection des *Guides Richard!* Ils vous diront bien mieux que moi combien chaque palais a de fenêtres et chaque péristyle de colonnes; combien chaque clocher a de pieds de haut... et combien de pied-de-nez il reste au touriste lorsqu'il ne puise tout l'agrément du voyage que dans tout ce métrage, ces dates et cette expérience de la numismatique de chaque frontière. J'aime mieux bavarder à tort et à travers, fût-ce même à tort, que de vous raconter mes excursions à la toise! Nous ne sommes en quête d'aucune Amérique, c'est convenu, de mon côté du moins. Ainsi donc, c'est dit, nous errons à l'aventure, et pour le seul plaisir de n'être pas à Paris!

Le lendemain de mon arrivée, j'aime mieux dire de mon
retour à Venise, j'allai me promener, ayant sous le bras
une autre petite compagne que celle dont je vous parlais
tout à l'heure, une compagne de cinq ans déjà, ce qui est
un fort long bail pour ces espèces, qui commencent par
une tête d'or ciselé et qui finissent par un dé de cuivre
boueux, compagne, ou compagnie plutôt, que Verdier vous
vend, et que tous les coins vous volent! J'étais sur la
Piazzetta, un des plus délicieux endroits qui soient dans
toutes les capitales terrestres et maritimes. Cette Piazzetta,
qui s'étend aux pieds du palais ducal ou dogal, longe la
lagune sur le point où finit le Grand Canal, serpent tordu
comme une S au ventre de l'insulaire cité. Le soleil se
couchait dans sa pompe et dans sa pourpre derrière les
sommets bleuâtres des grands monts Vicentins. Les gondoliers m'assommaient de leurs propositions d'aller au Lido,
à San-Giorgio Maggior, au couvent des Arméniens, à
Chioggia... Je les envoyais au diable en anglais, une langue
que je prends avec ma malle de voyage, pour payer moins
cher dans les auberges, y être plus révérencieusement
servi, et surtout pour avoir le droit d'excentricité, c'est-
à-dire d'agir à ma guise et non au gré des autres, —
ce à quoi vous oblige ce qu'on est convenu d'appeler la
courtoisie française. Un de ces furieux me jugeant trop de
Birmingham pour comprendre le dialecte vénitien, me
poursuivait ainsi de ses offres acharnées, à la grande jubilation des autres drôles coiffés du bonnet phrygien des
Nicoletti ou des Castellani, et assis sur leurs rames au mi-

lieu des vignes du Traguet ou petit pont d'amarrage :

« — *Can della Madonna! 'il mar ze fresco, non xe torbia della polvere... Vien gambaro, ti bevra l'agua turbida del canal e mi del cypro con ti danè!* »

C'est-à-dire : Chien de la Madone, la mer est fraîche, il n'y a pas de poussière, tu boiras l'eau trouble du canal, et moi je boirai du vin de Chypre avec ton argent!

« — *Birbone, son Venezian come ti!* — Drôle, je suis Vénitien comme toi! » — lui dis-je, en le menaçant de mon insuffisante badine de jonc.

« — *Ah, Eccellenza! riverito cavaliere! perdonna!* »— et comme j'allongeais le bras pour lui cingler le dos, il prit son élan, piqua, comme on dit, une tête dans la lagune, et ne reparut qu'à une portée de pistolet plus loin, aux grands éclats de rires des gondoliers qui m'ôtèrent tous leurs bonnets rouges ou noirs, comme pour prendre désormais parti pour moi. Jamais je ne fus en Italie, jamais je ne serai, j'espère, ailleurs, autant qualifié d'Excellence !

~~~

Après être allé revoir quelques palais du canal (Foscari, Rezzonico, Mocenigo, Vendramini, la Ca Doro) et quelques tableaux des églises et du musée, c'est-à-dire mes chers souvenirs et mes presque amis, je rentrai chez Danieli, à la rive des Esclavons, où j'avais pris logement, pour pouvoir m'appuyer souvent sur le parapet de marbre du petit pont della Paglia, sous lequel coule l'eau noirâtre que franchit à dix pas de là et à cinquante pieds de haut, le fameux pont des Soupirs qu'on passa beaucoup... qu'on ne repassa jamais! Comme le soir venu, je prenais le sorbet à mon

balcon sous un tendelet de coutil rayé de rouge et de
jaune, j'entendis sifflotter le premier petit chœur à la can-
tonade de *Galathée*, dans la chambre voisine, commu-
niquant au besoin avec la mienne par une porte momentanément barricadée par une toilette portative.

« — Bon, me dis-je, je me sauve de Paris, et je tombe
sur un Parisien ! »

Descendant prendre le thé vers minuit, j'entendis ce voisin, qui me suivait. J'abhorre les connaissances forcées,
les Français familiers et liants qu'on rencontre à l'étranger, et qui s'imaginent que le compatriotisme leur donne
alors des droits qui seraient contestés chez nous. Rencon-
trant un garçon de l'hôtel dans l'escalier, je me mis plus
que jamais à faire l'Anglais, en lui adressant diverses ques-
tions gutturales pleines de ces *what? what?* et de ces *oh!*
oh! dont les fils d'Albion ont plein la bouche... lorsqu'en
m'asseyant à la table où j'espérais que ma Grande-Bretagne serait respectée par le siffleur, je fus abordé d'un :

« — Comment, c'est vous, milord ? »

Je me retournai avec tous les *what* possibles... mais
en pure perte. Ce voisin, c'était, sinon un de mes amis,
du moins une de mes relations mondaines, un homme des
plus agréablement recherchés. Je ris, j'étais vaincu. Nous
bûmes du thé et nous causâmes.

M. Roger de M*** avait brusquement disparu depuis environ un an. Je lui dis combien on l'avait remarqué. C'était
nécessairement la vérité, car des compliments entre hommes
sont choses fort plates. Comme j'essayai de voir s'il dirait

3.

ce qu'il était devenu, il parut triste et porta la conversation sur un autre sujet. Je vis qu'il avait beaucoup voyagé
depuis sa disparition. Le thé avalé, nous prîmes une gondole et poussâmes au large, ayant fait déposer sur la rive
le *felze*, ou dôme de drap noir qui fait des siéges une
mystérieuse cabine pour les romantiques ou les amants.
Nous ne réabordâmes que vers trois heures du matin, car
dès qu'on est à Venise, il faut bien adopter les habitudes
locales et faire un peu empiéter le diurne sur le nocturne,
quitte à balancer ce Doit et Avoir au compte courant du
repos. Peu à peu Roger s'était laissé aller au plaisir de
causer avec un homme de son monde, et le silence de la
mer, la demi-obscurité du ciel, l'irrésistible poésie de
l'heure et du lieu, le long silence qu'il avait évidemment gardé
à travers ses voyages sur leur but même, tout le porta peu
à peu à me confier son aventure. On verra que je puis
sans inconvénient l'offrir ici, substituée à la description peu
nouvelle du campanile de Saint-Marc, ou à l'analyse des
causes qui firent donner au général Francesco Morosini le
surnom de Péloponésiaque.

⁓⁓

Il y eut l'hiver dernier un an, quelques salons et quelques loges d'opéra remarquèrent les assiduités de Roger
de M*** auprès de la jeune femme d'un vieux général. Le
guerrier avait commis la tardive folie d'épouser à soixante-
trois ans une de ses nièces à peine sortie de l'institution où
elle avait été élevée. Frappé peu après par la réforme d'âge,
le général, qui était du génie, eut encore de sa retraite
quelques missions relatives à la grande carte de France,

et s'absenta... s'absenta trop. Élève de l'École, Roger avait, étant déjà capitaine d'artillerie, follement donné sa démission pour pouvoir se battre avec un chef d'escadron. Il dut donc à tout jamais déposer son épée, non toutefois sans avoir donné, le jour où il la tint pour la dernière fois, un grand coup dans le gaster, à son chef récusé. Il devint un homme du monde. Bien tourné, décoré, et comme avantagé même dans les imaginations féminines, par le sang versé, qui est parfois semblable à un manteau de pourpre qui donne à l'homme un prestige souverain, il devint à la mode. Il en usa en homme de réserve et de bon goût, choisissant avec son cœur et non avec son caprice; cédant à l'amour et non à l'amour-propre; aimant, aimé.

Leur amour fut celui dont Byron s'est tant moqué. En aimant Roger, Flavie respecta son mari. L'époque où le monde comprit d'autant plus leur chaste lien qu'ils n'avaient guère que la vie sociale, publique, pour en échanger les douceurs, fut celle où le général se trouva longuement retenu dans les Cévennes par l'hydrographie. Roger ne fut jamais reçu chez elle ; mais Flavie le voyait parfois chez sa sœur, mariée à un conseiller d'État, et surtout dans les bals, à l'opéra, dans les réceptions officielles. Ils s'adoraient, et le monde les voyait sans malignité. Deux ou trois femmes mûres et corrompues peut-être, dépitées de n'avoir pu obtenir les hommages de ce sentimental cavalier, bavaient leurs clabauderies sur le frein qu'il leur fallait ronger. C'était tout.

Mais voilà que l'été dernier, le vieux général, à la suite de quelques fatigues, tombe malade, et ne parvient à se faire transporter à Paris que juste à temps pour y mourir.

C'était le 1er juillet 1853. La comtesse, sœur de Flavie, fait appeler Roger et lui dit :

« — Ma sœur vous prie de ne pas chercher à la voir dans les circonstances délicates où elle se trouve ; elle vous prie même de quitter Paris...

» — Je suis à ses ordres !

» — Elle y comptait. Elle désire que vous partiez sur-le-champ pour le Holstein...

» — Le Holstein? Et pourquoi faire, mon Dieu ! — s'écria le jeune homme, plus que surpris de la mission.

» — Il fait chaud; elle vous choisit un climat frais. Il y a par là une petite ville qui s'appelle Gluckstadt... Vous attendrez là une lettre d'elle !

» — Gluckstadt?—C'est bien. Je pars! » —répondit-il, sur-le-champ résigné, et sachant bien que le véritable et délicat amour sait toujours récompenser l'obéissance passive, aveugle, qu'il a raison, — et ses raisons, — d'exiger parfois. Roger prit le chemin de fer du Nord, traversa la Belgique, la Hollande, le Hanovre et arriva aux frontières du Danemark. Ne sachant pas un mot de toutes les langues de par là, il y mena une existence d'un vide atroce, et il se démantibula la mâchoire, se désarticula les bras à force de bâiller. Au bout d'un mois, il reçut la lettre de Flavie :

« — Monsieur,—lui disait-elle,—je vous écrirai le mois prochain à Woldenberg, en Poméranie, veuillez vous y rendre et attendre ma lettre. »

C'était tout.

⁓⁓

A Woldenberg, Roger ne put que s'ennuyer un peu plus

encore, n'ayant pas un livre, et trop amoureux pour appliquer son esprit à quelque travail de la plume. D'ailleurs,
il vivait dans toutes les impatiences d'une vive curiosité.
La lettre, tout aussi laconique, arriva à l'époque dite,
elle l'invitait à se rendre à Wyszogrod, petite localité de
l'ancienne Pologne. Ce ne fut que la quatrième qui modifia
légèrement sa rédaction, sans toutefois l'allonger ; on l'appelait « *mon cher* Monsieur Roger » et on le dirigeait un
peu plus vers les latitudes du Sud, l'hiver approchait.

Au sixième mois, il était en Gallicie, à Lemberg. S'il
vivait encore, c'est qu'il est formel que, quoi qu'on en
dise sans cesse, on ne meurt pas d'ennui ! Vous ai-je dit
qu'on lui avait absolument défendu d'entretenir avec ses
amis de Paris aucune correspondance ? Inutile d'ajouter
que bien plus encore qu'à tout autre, il lui était impitoya-
blement prohibé d'écrire à celle qu'il aimait ! Il fallait
rester fixé sur une unique pensée, dans un unique sentiment, sans toutefois pouvoir l'exprimer, l'expliquer, et
l'extirper moins encore ! *Nota bene*. On ne lui défendait
pas de revenir à Paris ; mais alors tout était à jamais
brisé !

Au neuvième mois, la lettre lui fut adressée à Oroskaja,
affreux petit trou perdu dans les montagnes de la Hongrie.
On l'appelait cette fois « mon cher Roger » et pour la
dixième lettre on lui fixait Siklos en Slavonie. Il reçut
enfin la onzième à Sébénico, chez les Dalmates ; la douzième lui fut annoncée, avec le douzième mois, pour
Venise !

Son amour avait complétement résisté à ces terribles
étapes de la solitude et de l'abandon. Une passion aussi

cellulaire n'avait heureusement pas engendré la folie. Il se trouvait pour la première fois dans un pays praticable et depuis deux jours déjà il attendait sa lettre, lorsque nous nous rencontrâmes. Il pensait qu'on allait lui permettre de se rapprocher peu à peu de Paris, où il pourrait, selon ses calculs de progression, faire son entrée triomphale vers le seizième mois. Mais désormais, c'était marcher sur des chemins jonchés de roses... Ceux de tant de Poméranie, de Gallicie et de Slavonie ne lui avaient offert que des ronces.

Et quel incommensurable ennui! Vous imaginez-vous un Français, un Parisien, un homme du monde, perdu, éperdu par de tels pays dont on lui choisissait avec raffinement les recoins les plus exaspérants et les plus sauvages? A peine de temps en temps rencontrait-il un officier quelconque qui, tout en le trouvant suspect, pût lui articuler quelques mots d'un français peu franc! Ah! quelle épreuve! Mais aussi quelle preuve! Amadis et Roland peuvent sembler piètres devant une immolation pareille, et quelque barde classique des Jeux Floraux de Toulouse devrait bien nous faire un fort poëme sur ce Roger-ci!

~~~

Trois fois par jour notre héros, héros vraiment! s'élançait au palais Grimani, vers le Rialto, où est la poste autrichienne. Il s'attendait un peu à être appelé cette fois mieux que « mon cher Roger » mais la lettre était en retard; c'était la première fois depuis un an! Il se désolait, et mes dissertations sur la Zecca et le retrait séculaire de la mer dans l'Adriatique n'y faisaient rien, au contraire! A chaque arrivée du convoi sur le fatal pont qui traverse la lagune et fait l'île presqu'île, il pâlissait, bondissait, courait à la poste — et rien ! La quatrième fois, je crus qu'il faudrait l'emmener perfidement à l'île San Servolo, où est la maison de fous. Lundi, au dernier convoi du soir, comme il n'avait pas de lettre, il ne me fit plus rire, — il me fit peine.'

« — *Marie* est morte ! » — me dit-il. Marie est le nom sous lequel il me cachait la personne que je ne connus que depuis, comme vous saurez.

Vers minuit, n'ayant pu l'entraîner, je le quittai pour aller lire les journaux arrivés le soir, et prendre le chocolat glacé, place Saint-Marc, au fameux café Florian. J'y tombai dans une cohue de Français et de Françaises. Je reconnus quelques personnes du monde de la rue Tronchet et environs. J'avais flétri ma toilette du soir à piétiner au Lido en quête du tombeau de l'amiral Villaret-Joyeuse, gouverneur général de Venise, pour la France en 1812, tombeau que j'ai autrefois décrit, et que je ne retrouvai plus. Je me sauvai donc de tant de regards et rentrai chez Danieli. Roger, était encore sur son balcon, appuyé, affaissé, tel que je l'avais laissé.

« — Tout Paris est débarqué ici ce soir ! — lui dis-je.

» — Ah ! Et qui donc ? — me demanda-t-il d'un ton indifférent.

» — Les Duvorsaut, les Marville, les ***. »

A ce dernier nom, Roger fit un geste si brusque que je crus qu'il s'élançait du balcon sur la Riva dei Schiavoni.

Jugez-en ! ce nom était celui du conseiller d'État beau-frère de la jeune veuve du général, de cette Flavie que je

ne sus qu'alors être cachée sous le discret pseudonyme de
Marie. Il faut désormais abréger. Roger, éperdu, courut à
la place Saint-Marc :

« — Voici ma douzième lettre ! » — lui dit la jeune femme
en lui tendant la main. Elle dut cette fois lui dire : « Mon
bien-aimé. » Je ne le revis le lendemain matin que quelques instants. Flavie pouvait se croire aimée ! son deuil
s'était passé à éprouver le cœur auquel elle désirait con-
sacrer sa vie. Ils sont partis hier pour Florence. Pendant
ce temps-là, les notaires préparent toutes choses à Paris;
ils se marieront dans un mois. Le général a laissé à sa
veuve soixante mille francs de rente, et... ce qu'avait
Adèle de Sénanges dans l'histoire racontée par Mme de
Souza. Heureux Roger !

A Venise, la société indigène et exotique s'amuse beaucoup de deux histoires dont les héros et héroïnes sont
sous nos yeux. L'une, difficile à raconter, est l'histoire
d'un voile vert, — l'autre, qui n'a rien de scabreux, est
relative à des serins. Essayons du voile vert.

Un riche Milanais et une belle Milanaise, mari et femme,
femme légère, mari jaloux, habitaient piètrement le second
étage d'un palazzino assez tristement situé à San Mosè. Ce
mari milanais avait voulu éviter les bruyantes sociétés des
hôtels, les relations même momentanées qui en naissent, etc.
Toutes ces belles précautions n'empêchèrent pas qu'un
jeune Véronais barbu ne vînt se loger, en face de sa prudente retraite, et que...

Mais j'oubliais : le mari, le Bartholo ne tenait pas ab-

solument sous clef la Rosine. Il la confiait une fois par jour
à un vieux gondolier de la race des Baziles, qui la menait
sur le Grand Canal respirer un peu, le soir, à l'heure où
tous les dangers que le jaloux pouvait craindre étaient à
prendre des sorbets et l'acqua-marena au *Café Florian*.
Mais qu'arrivait-il? C'est qu'à peine à l'angle du canal, la
signora changeait de gondole, et... je n'en sais pas davantage. Ce que je sais, c'est qu'un jour la belle Milanaise
étant montée au haut du campanile de Saint-Marc avec
son signor, son seigneur, pour contempler le magnifique
spectacle en quelque sorte aérostatique dont on jouit de là,
et qui embrasse les lagunes, les îles, la terre ferme et
l'Adriatique, il se trouva en redescendant qu'elle n'avait
plus son voile vert. Le mari prétendit qu'elle ne l'avait
pas même en montant; elle soutint que si, et l'avare se
décida en grognant, à remonter et à chercher le long de la
pente douce qui mène au sommet de la haute tour, et qui
permettrait à un cheval d'y monter... s'il y avait à Venise
d'autres chevaux que ceux de bronze du portail de l'église
Saint-Marc. Chevaux voyageurs pourtant, puisque, pro-
venant de l'arc néronien du Tibre, ils firent, au commencement de ce siècle, le voyage de Paris, qui dut les rendre
en 1815, n'en gardant que cette copie augmentée de Victoires, qu'on voit sur le petit arc de triomphe de Percier
et Fontaine, à la grille du Carrousel. Me voilà loin du voile
vert avec ma phrase essoufflée! J'y reviens pour vous dire
que le mari eut beau se baisser, regarder, tâtonner, chercher à terre, et qu'il ne trouva rien !

On dit que pendant la lente et minutieuse ascension du
Bartholo une ombre s'était glissée en bas... et quand je

dis une ombre, on comprend bien que, dans l'état actuel
des esprits, on n'admet plus d'ombre sans corps! Mais
pourquoi en saurions-nous davantage que le Milanais qui,
redescendu, ne trouva personne? Il n'avait recueilli aucun voile vert, pas plus que son ancêtre en jalousie, de
chanson sous le balcon; maussade il prit une gondole à
la Piazzetta, pour retourner au logis. La première chose
qu'aperçoit le signor en entrant sous le *felze* de la gon- ·
dole, c'est le voile de sa femme, chiffonné sous les pieds!
La dame jura qu'elle n'y comprenait rien; le mari trouva,
lui, qu'il comprenait trop, et que le gondolier Basilio était
un traître. Le lendemain, le Milanais emmenait ou plutôt
même emportait sa femme dans *une vigne* qu'il a au pays
pavesan, et je ne saurais dire jusqu'à quel point il lui
prépare le sort de la Pia dei Tolommei, tuée par la *mal'*
aria sous les yeux d'un époux farouche. Mais à Milan les
choses se passent désormais d'une façon moins dramatique, et la Pia, mise en opéra, est représentée à la Scala
comme une fable absurde. Arrivons aux serins.

Il y a quelques années une dame américaine que les
affaires de son mari obligent à quitter brusquement Londres, après un séjour de deux ou trois ans, laisse à une
de ses amies plusieurs grandes cages contenant environ
deux cents oiseaux d'espèces variées des îles, mais parmi
lesquels dominent cependant les canaris. Est-ce un ca-
deau? un dépôt? la chose n'est pas très-bien définie.
L'Anglaise a un cottage à Kensington, on y installe la

volière; les mois, les années se passent. Tout ceci nous amène à 1850.

A cette époque, l'Américaine revient à Londres, toujours à cause des affaires du Yankee son mari. Les deux amies se revoient, très-affectueusement d'abord, puis plus froidement... bref, elles se brouillent, je ne sais au juste pour qui ou pour quoi ; les uns disent à cause d'un jeune officier de marine, les autres à propos d'une vieille guipure.

Quoi qu'il en soit, chiffon ou galant, toujours est-il que les voilà furieuses l'une contre l'autre, si bien que l'Américaine réclame ses serins. L'Anglaise consent à les rendre, bien qu'elle puisse arguer de don ; mais, restituant, elle réclame le prix de la pension de ses hôtes emplumés. — Combien vous doit-on ? — Les deux cents oiseaux en ont produit un millier... Le cottage en est plein, c'est mille livres à payer !

Refus, insistance, procès. La première chose que demande l'Anglaise, c'est d'être débarrassée des oiseaux. La justice s'en charge, on les dépose au greffe, des gens sont commis à leurs soins. L'Américaine perd son procès. Elle en appelle ; long délai. Elle gagne. L'autre fait casser le jugement, tout cela avec des longueurs énormes ; car on sait les éternelles lenteurs et les inextricables complications de la justice anglaise, qui n'est expéditive que lorsqu'il s'agit d'emprisonner un étranger qui doit quelques schellings. J'omettais de dire que l'Américaine, pour ne pas être arrêtée, avait dû quitter l'Angleterre ; son mari, non solidaire, ayant terminé ses affaires, on retourna à Philadelphie ; les années s'écoulent, le procès dure tou-

jours. Il n'y avait plus un seul des serins primitifs; tous
étaient morts du bouton, de la pépie ou de vieillesse ; la
justice exerçait sur leur postérité.

Bref, il y a trois mois, après quatre ans de plaidoiries,
de condamnations, de cassations, d'évocations, d'appels
et de confirmations, le procès a touché sa solution défini-
tissime. L'Américaine doit environ quinze cents livres
sterling de principal, — deux mille livres de frais de
justice, — et dix-huit cents livres pour entretien des innombrables oiseaux que le gouvernement a logés, soignés
et nourris; ils sont plus de dix-huit cents, et cela ne fait
guère qu'une livre par tête pendant quatre ans, ce n'est
certes pas trop ! total, cent et quelques mille francs à payer
au gouvernement de S. M. Britannique!

L'Américaine dit qu'on vende les serins pour se couvrir. Mais éclatent les événements que vous savez ; ces
événements donnent de telles préoccupations au gouvernement anglais, qu'on oublie les serins, et qu'une nuit
tout s'envole par les ouvertures que font au grillage une
troupe de chats !

On assurait à Venise que l'affaire des cent mille francs
à payer allait se traiter de gouvernement à gouvernement. En attendant, l'Américaine, qui craint d'être incar-
cérée non pas seulement en Angleterre, mais aussi en
Amérique, s'est fixée à Venise, et elle y est recherchée
comme une curiosité. Je l'ai vue, elle n'est pas belle. Décidément, ce doit être pour une guipure, et non pour
un jeune officier, qu'a eu lieu tout ce grabuge !

Hier soir, comme je revenais de l'île Malamocco, ce
point si célèbre des anciennes luttes des Vénitiens contre
les Génois, je rencontrai sur la lagune un patricien qui
porte un des plus beaux noms du pays, et que je n'avais
pas revu depuis plusieurs années. Nos gondoles firent route
rame à rame, et, descendus sur la Piazzetta, nous nous
assîmes aux pieds des grandes colonnes monolithes qui
portent, l'une le lion de saint-Marc, son évangile ouvert
sous la griffe, l'autre la statue de san Teodoro, ancien
patron de la ville, juché sur un crocodile. Ces colonnes
furent longtemps le lieu des exécutions capitales, et on ne
les approchait pas sans terreur. Aujourd'hui, c'est un lieu
de rendez-vous pour les flâneurs, et le quartier général,
la petite Bourse, le Tortoni des gondoliers sans pratiques.

« — Savez-vous, — me dit le comte Alvise Contarini, —
qu'ici même, entre ces deux colonnes, dans cet espace
infâme, a failli, il y a tout au plus deux siècles, s'éteindre
à tout jamais notre race?

» — Comment? — dis-je — un nom comme le vôtre,
qu'a huit fois couronné le corno dogal? par quelle étrange
aventure?...

» — Vous connaissez trop bien notre histoire pour que
je vous rappelle les divers usages que le Conseil des Dix
et celui des Trois faisaient de ces colonnes. Vous savez
surtout qu'on pendait à une corde qui allait d'un chapiteau
à l'autre, les criminels d'État, les traîtres, ceux qui avaient
été convaincus...

» — Ou simplement accusés...

1.

» — Convaincus ou accusés de trahison envers la sérénissime république ?

» — Et comme les condamnés manquaient parfois, —
repris-je, — pour que le peuple vénitien n'oubliât pas la
terreur salutaire du supplice infligé aux traîtres, ces in-
quisiteurs d'État faisaient enlever, pendant la nuit, dans
les hôpitaux, quelque pauvre diable d'innocent cadavre
qu'on pendait là par les pieds, et qui figurait le lendemain
matin, aux regards terrifiés du peuple, le crime d'un
homme et la vigilance de l'autorité ! L'effet était toujours
terrible, et encore compliqué du mystère relatif au sup-
plicié, car sa tête restait enveloppée d'un voile noir...

» — Vous parlez comme Muratori ! Eh bien donc, c'était
en 1655, un de mes aïeux, neveu du doge régnant Carlo
Contarini, était Protogéronde ou gouverneur dans le Pélo-
ponèse, cette contrée, alors vénète, qu'on a depuis flétrie
du nom de Morée. Contarini était amoureux d'une jeune
fille magiquement belle, mais sans noblesse, ou d'une noblesse de terre ferme, ce qui, vous le savez, comptait peu
à Venise... Il avait demandé à la Quarantie un congé pour
venir passer quelques jours dans sa famille. Mais il était
de la politique de ces hommes de ne jamais refuser ou-
vertement à certains personnages de l'État, même ce qu'on
était décidé à ne leur pas accorder. Las d'attendre, Contarini feint une inspection dans le golfe, quitte son palais
sur une péote, vient débarquer à Zara, de là gagne nos
îles, et le voilà débarquant la nuit à Venise, et entrant
furtivement dans la demeure de sa belle, sans doute pré-
venue, et oubliant là l'extrême danger qu'il court par une
aussi folle imprudence ! »

Mais, soit que les parents de la jeune fille aient entendu
du bruit, soit quelque trahison, toujours est-il que vers
trois heures du matin on frappe violemment à la porte de
leur mystère. Contarini effrayé du péril que court son
amante, et aussi sans doute du sien propre, qui était plus
que la vie, mais l'honneur, Contarini, dis-je, s'élance au
balcon, et s'aidant des reliefs des sculptures, il tombe
dans le canaletto, et se met à nager dans l'ombre projetée
sur l'eau par les hauts palais. Deux coups d'arquebuse
sont tirés sur lui, il n'est pas atteint, il gagne une rive, y
grimpe, et après plusieurs détours, se trouve là, à cet
angle qui vient de la rive des Esclavons à la Piazzetta où
nous sommes...

Or, au pied de ces colonnes mêmes, au point où vous
êtes assis, il se passait, quelques instants auparavant, la
scène qu'en peu de mots je vais vous dire. Depuis quelque
temps les traîtres manquaient à la sérénissime république;
on ne pendait personne; le peuple cessait de craindre.
Ordre avait été donné aux bravi, aux sbires d'accrocher
cette nuit-là un cadavre aux colonnes, et deux sequins
leur avaient été remis pour se le procurer. Les sbires auraient préféré boire les deux sequins; mais les infirmiers
de l'hôpital de la Giudecca ne livraient pas leurs cadavres
gratis. Les drôles étaient là, leur corde à nœuds à la main,
à déplorer leur course et leur dépense, lorsque Contarini, tout suintant, en désarroi, demi-vêtu, leur apparut à
quelques pas...

Courir à lui, l'interroger, n'en rien obtenir que la dé-
fense désespérée d'un homme sans armes, flairer un suspect, et s'arranger de façon à l'accabler, dans l'espoir de

le tuer d'abord plus ou moins, pour le pendre ensuite...
ce ne fut que l'affaire d'un moment, dans l'action et dans
la pensée de ces bravi! Mais le jeune homme fit une telle dé-
fense et poussa de tels cris qu'on accourut d'un palais voisin, celui-là même, peut-être, dont on a, depuis, fait un
albergo, et où Danieli vous loge. De jeunes seigneurs passaient la nuit là à jouer au tarrocco et à boire du vin de
Chypre avec des comédiennes. Ils délivrèrent Contarini,
qui ne fut reconnu que par l'un d'eux, lequel se fit fort
auprès des autres pour un incognito à respecter... Cet ami
l'emmena, le vêtit et l'aida à s'enfuir avant le jour. Le
lendemain il arrivait à Zara, et deux jours après dans son
gouvernement. Vingt et un ans après, en 1676, il était doge!

Le plus curieux de l'affaire, — termina le comte Alvise,
— c'est que si mon ancêtre avait été surpris à Venise dans
cette escapade amoureuse, considéré comme traître à la
République pour abandon d'un poste confié à sa garde, il
eût précisément et légalement pu être pendu à ces mêmes
colonnes où les sbires avaient espéré l'accrocher comme
un aventurier nocturne, pour économiser le prix d'un cadavre. Au lieu d'être pendu d'une façon — ou de l'autre,
— il fut le huitième et dernier doge de notre nom!

Pour célébrer le bonheur et la gloire de Louis Contarini, cent trente-huitième duc de Venise, nous allâmes,
son descendant et moi, prendre *il cafe ghiacciato* à la
place Saint-Marc.

~~~

Voici ce qui s'est passé à Venise. L'anecdote nous paraît piquante à recueillir :

L'archiduc Charles, qui avait un commandement en Italie vers 1840, se trouvait ici en excursion. Les fêtes, les bals d'hiver étaient dans tout leur essor. Au nombre des maisons les plus brillantes et les plus hospitalières, on comptait celle de la baronne W***, mère du célèbre pianiste Thalberg. On y entendait des concerts excellents, et la plus haute société vénitienne et viennoise s'y donnait rendez-vous.

Parmi les plus belles habituées de ces salons, se trouvait une grande dame polonaise, femme d'un diplomate, la comtesse N...ka. L'archiduc Charles, à chacune de ses excursions à Venise, ne manquait jamais de faire visite à cette brillante personne, et, au bal, il dansait plusieurs fois avec elle. Or, en Autriche, il est d'habitude, lorsqu'un prince engage à danser une femme qu'il distingue, que toute invitation préalable se trouve non avenue, annulée. Le titulaire s'éloigne... et ne dit mot, flatté peut-être, s'il est Allemand, que sa place à côté de la dame soit remplie par un archiduc! Chez nous, les choses se passaient jadis différemment avec les princes. Lorsque, dans les bals de cour, un des fils du roi Louis-Philippe désirait danser avec une personne déjà invitée, un aide de camp allait trouver le danseur inscrit, et lui disait :

« — Son Altesse Royale désirerait danser avec madame ou mademoiselle une telle... Il me charge de vous prier de vouloir bien lui céder votre tour. »

Souvent le prince adressait personnellement sa requête, selon la personne dont il s'agissait...

Mais, en Autriche, on ne procède pas si poliment! L'Altesse s'impose, sans se soucier des invitations qu'a déjà acceptées la dame, et c'est à elle de s'arranger ensuite comme elle pourra avec ses danseurs, dont les tours d'ancienneté sont mis en désarroi par ce tour de faveur archiducale! Le prince en question agit donc un soir de cette façon, — à l'autrichienne, — dans un bal que donnait la mère de Thalberg. S'étant approché de la belle comtesse N...ka, il lui dit :

« — Comtesse, je vous demande la prochaine valse! »

La comtesse n'osa point dire qu'elle était engagée, se soumettant en cela à l'étiquette viennoise, tout naturellement importée à Venise. Mais il se trouvait que celui qui avait obtenu cette valse était un voyageur, — un Français, — que nous pourrions nommer. Il fut sur-le-champ officieusement prévenu de ce qui se passait par un de ses amis.

« — Eh bien ! nous allons voir ! dit-il. »

Et, s'étant sur-le-champ rapproché de sa valseuse, il se tint tout prêt à l'emmener aux premiers accords de la ritournelle. Celle-ci résonne... notre Français s'élance et présente vivement la main à la comtesse pour l'emmener au salon de danse. Surprise, elle répond :

« — Pardon !... c'est que l'archiduc... »

Et, par un geste involontaire, elle cède pourtant la main dont on cherchait à s'emparer... et cette main ayant servi à prendre le bras de la dame, elle se voit vivement entraînée, tandis que son hardi cavalier, feignant d'être très-occupé de fendre la foule, semble ne rien entendre des résistances, des observations que, vivement émue, elle cherche à produire. On arrive ainsi dans le salon de danse, et on se trouve en place pour la valse :

« — Mais vous ne m'écoutez pas! — dit la comtesse
toute pâle... — L'archiduc m'a invitée... je ne puis me
dispenser... »

L'autre profite du bruit que fait l'orchestre et entraîne
un peu impérieusement la dame dans le tourbillon tour-
noyant. Ce n'est qu'après quelques tours de valse que, la
sentant presque défaillante, il s'arrête, et sur la prière
qu'elle lui en fait, ils quittent l'arène. En la ramenant à
sa place, notre voyageur trouve un groupe d'officiers très-
animés...

Voici ce qui s'était passé :

En entendant résonner la valse, l'archiduc Charles
s'était approché pour conduire sa danseuse au salon... et
ne l'avait plus trouvée. Elle avait déjà été enlevée (c'est
le mot!) par le danseur inscrit. Surpris, il interroge l'aide
de camp qui marche toujours à côté d'un archiduc. Celui-
ci, plus surpris encore qu'une comtesse, invitée par un
archiduc, ait osé se sauver, s'informe aussitôt, et apprend
que l'auteur du rapt est un Français! Stupéfaction d'une
telle audace, et fureur des officiers s'ameutant. Le prince
informé et d'abord un peu choqué, sans doute, ne dit mot,
et croit de sa dignité de s'éloigner. Mais tandis qu'il s'en
va plus loin causer avec des généraux, l'aide de camp et
ses amis entourent la baronne W***, pour savoir quel est
ce Français assez imprudent, assez téméraire pour enlever
une valseuse qui attend un archiduc. La baronne, au désespoir, en bonne Viennoise qu'elle est, déclare que c'est un
homme qu'elle a lieu de supposer très-comme il faut, qui
a un nom... qu'elle a connu enfin chez le gouverneur de
Venise, le comte de Thunn, où il était fort bien traité, et

admis dans les conversations si recherchées du maréchal
duc de Raguse... « — Mais le consul de France est là, —
dit-elle, — qu'on s'informe à lui ! »

On cherche le consul. C'était alors le chevalier de Franqueville, un homme d'infiniment de cœur et d'esprit, connaissant le monde et son monde. Le consul déclare que
M. *** est un voyageur de toute distinction et qu'il ne comprend rien à ce qui arrive. On voudrait le pousser à inter-
peller le Français sur sa conduite, et obtenir qu'il quitte ·
le bal...

« — Demain, au consulat de France, je serais tout prêt
à recevoir une plainte qui me serait régulièrement adressée
au sujet d'un de mes nationaux, et j'examinerais ce que
mon devoir m'ordonnerait de faire, — dit noblement M. de
Franqueville, — mais ici, au bal, je ne suis qu'un particulier,
un homme du monde, admis au même titre que M. ***, et,
sauf quelque grave flagrant délit qui m'obligerait à me re-
vêtir de mes insignes, je ne puis m'immiscer dans un débat
tout personnel. Voyez M. ***, il n'a pas quitté les salons, je
suis persuadé qu'il vous répondra ! »

Les officiers, loin de se calmer par cette fin de non-
recevoir du consul, ne s'en montrent que plus animés
contre celui qui leur paraît avoir commis un acte d'in-
tolérable irrévérence envers leur général-archiduc. Un
conciliabule a aussitôt lieu sur le balcon du palazzo, donnant
sur le Grand Canal. On décide que l'un d'eux, un capitaine
de hussards, va porter la parole, — une parole provocatrice,
— au Français, qui continuait à valser avec les Vénitiennes,
comme s'il n'avait pas soufflé une belle comtesse polonaise à l'archiduc Charles ! On attend qu'il ait reconduit

en place la marquise Persico, une des plus jolies femmes
de la cité vénète, et le capitaine autrichien l'aborde.

« — Monsieur, nous désirons savoir à quelle heure on
vous trouvera demain, chez vous, pour une grave affaire ?

» — Monsieur, au ton dont vous me parlez, je dois croire
qu'il s'agit d'une provocation ?

» — Sans doute, monsieur !

» — En ce cas, ce n'est pas moi qu'il s'agit de rencontrer,
mais plutôt mes témoins. Ils seront à midi, chez moi, Albergo Danieli, quai des Esclavons, à la disposition de qui
se présentera... Mais de quelle part ?

» — Vous le saurez !

» — C'est bien. A demain midi !

» — A demain, monsieur... Vous restez au bal ?

» — Comment, si je reste au bal ? Certainement ! à Venise
on ne se couche jamais avant trois heures du matin ! mais
pardon : j'entends la ritournelle, et j'ai l'honneur de danser avec la baronne Galvagna ! »

Et il disparaît.

Une heure après, il partait avec ses amis, Français et
Russes, et leur racontait l'affaire. Il fut convenu que deux
d'entre eux, — un peintre français bien connu, et un colonel aide de camp de S. M. l'empereur de Russie, — se
trouveraient à l'Albergo Danieli à midi, pour accepter
tout duel proposé par les officiers autrichiens, furieux de
la valse raflée à leur archiduc. Mais, par condescendance
envers le consul de France, notre compatriote alla de
grand matin l'informer de ce qui se passait, tout en le re-
merciant de son attitude au bal. M. de Franqueville répondit :

« — Vous allez sûrement avoir avec ces hussards un
duel très-sérieux. Pour m'éviter bien des embarras, et
couper court à toutes les récriminations que le fait peut
faire naître dans ce pays, où le duel est sévèrement prohibé,
puni, je vous demande une chose : c'est de vous battre
hors du territoire de mes fonctions qui se bornent aux lagunes. Allez en terre ferme, hors de l'enceinte où est née
la querelle, et de graves complications pourront être évitées !
Je vois que vous vous êtes cru ici en France... où nos
princes, en pareil cas, se conduisent avec une si grande
courtoisie ! Si j'avais pu prévoir le conflit, je vous aurais
prévenu. Enfin, il est trop tard, et vous voilà sous le
sabre autrichien. Mes vœux vous accompagnent, vive la
France ! »

A midi, les deux amis de notre compatriote se trouvaient
au rendez-vous. Leur mandat était d'accepter toute espèce
de duel... pourvu qu'il eût lieu en terre ferme, hors de la
juridiction du consulat de Venise. Il était bien entendu
qu'il ne pourrait être question d'aucun expédient tendant
à entacher le caractère national dans la personne du
voyageur. Il alla se promener en gondole sur la lagune,
attendant qu'un signal convenu fait au balcon de son appartement lui témoignât que les Autrichiens s'étaient re-
tirés...

Avant midi, il part. Une heure se passe, il erre dans sa
gondole et regarde : rien ! Beaucoup de temps s'écoule
encore : rien ! toujours rien !

Enfin, vers deux heures, une gondole se détache de la
riva degli Schiavoni ; il y reconnaît ses deux témoins.

« — Personne ! « — crient-ils du plus loin qu'ils peuvent.

En effet, les Autrichiens manquaient au rendez-vous qu'eux-mêmes avaient demandé avec tant d'arrogance.

Notre compatriote pria ses amis de patienter encore et de retourner à l'hôtel, de crainte de quelque malentendu. On rentra ; mais l'après-midi s'écoula sans qu'il parût personne. C'était à n'y rien comprendre ! Cinq heures sonnèrent. Alors arriva le chancelier du consulat. Il venait prévenir le parti français d'un fait qui expliquait ce qui semblait inexplicable. L'archiduc Charles avait eu vent de la provocation, et, pour couper court à tout, il avait mis ses officiers aux arrêts pour quarante-huit heures... faisant prier M. de Franqueville de conseiller au Français, si peu au fait de l'étiquette de la cour autrichienne, de continuer paisiblement son voyage vers le sud italien...

Devant cette tournure des choses, notre compatriote ne crut pas devoir résister, et l'amicale invitation du consul lui parut un ordre. Certes, il eût vivement désiré prolonger de quarante-huit heures son séjour, pour ne pas quitter Venise durant les arrêts des hussards... Mais, obéissant à l'impérieuse loi des convenances, — obéissance qu'aurait bien pu activer un peu la police de Saint-Marc, très au fait de l'affaire, — notre homme partit le lendemain matin, en ayant soin, toutefois, de charger le colonel russe de faire savoir à MM. les hussards, dès la levée de leurs arrêts par leur général, que M. *** comptait s'arrêter trois jours à Padoue, à quelques lieues de Venise... pour admirer la vertèbre de Galilée, qui est déposée à l'Université ! Hâtons-nous de dire que tout en resta là, et que ce fut le mieux qui se pût faire. Notre compatriote, les délais passés, s'en fut de Padoue à Florence, où il resta un mois. Alors, l'ar-

chiduc Charles étant retourné dans son gouvernement militaire de Vérone, le consul avisa le voyageur que, si ses
travaux ou ses plaisirs le rappelaient à Venise, rien ne
s'opposait à ce qu'il y reparût. Il revint en effet, et, sauf
un peu de froideur de la part de la bonne baronne W***, —
fort émue, comme Viennoise, de la scène qui s'était passée
à son bal, — tout était pour lui dans l'état précédent. En
citant cette anecdote, nous n'entendons y rien produire
qui puisse être trouvé blessant pour l'archiduc Charles. Sa
conduite en cette affaire fut digne et prudente, autant que
celle de ses officiers peut paraître naturelle. Sans doute, la
fierté d'un prince impérial d'Autriche n'admettait pas qu'il
pût être insulté par un simple voyageur français, — lui dis-
putant une valse et la main d'une jolie femme !

III

Lac de Côme... août.

J'étais insouciant et heureux à Venise, heureux surtout
parce que j'étais insouciant, et insouciant parce que je ne
recevais pas de lettres et que je ne lisais pas de journaux.
La paix, la peste, la guerre ne m'intéressaient guère : je
vivais comme une simple végétation, d'air pur et de soleil
alternant avec l'eau, car le baromètre n'était pas précisément au beau fixe. Au fait, qui est-ce qui est au beau fixe
en ce monde ? pas même la beauté, et Mlle Fix elle-même,
qui est la grâce mutine dans la ·gentillesse, le talent au
théâtre, l'esprit à la ville, Mlle Fix, dis-je, n'est pas toujours la rigoureuse beauté ! Donc, il n'y a guère de beau
fixe, et le baromètre de l'âge ne le tolère pas plus que
celui selon Torricelli.

5.

Le jour j'errais de monument en monument : revoir. La nuit j'errais sur la lagune : rêver. Voyez-vous le stoïcisme et la joie égoïste d'un homme de lettres qui s'est évadé de Paris un beau matin (je dis beau à cause de sa résolution soudaine), et qui, plantant là tout le monde et toutes choses, fait la vie buissonnière, n'écoutant plus, ne regardant plus derrière lui ? L'insupportable sonnette de l'antichambre ne le poursuit plus à travers la phrase ou la conversation commencée ; — il n'a plus à regarder à tout instant la pendule qui avance toujours sur sa vie ; — il oublie dans un coin de sa malle le vernis et la paille, et ne se rasant plus que tous les deux jours, il se demande si c'est la glace du nécessaire de voyage qui donne à son ascétique visage des villes cet épanouissement de chanoine halé.

« Au fait, que pourrait-il arriver chez moi ? — se dit-il. — Je ne postule pas, je ne pétitionne pas, je n'intrigue pas, je n'attends rien de personne. C'est, au contraire, à moi qu'on demande sans cesse... même des choses dont je voudrais bien pour moi ! L'affection des êtres que j'aime n'est pas, comme l'Académie française, une question de résidence, et mes ennemis auront le dépit de me détester et de m'envier un peu plus, parce que je parais heureux. Le pire qui puisse arriver chez moi, c'est le feu ! Eh bien ! après ? Si on me l'écrit, arriverai-je à temps pour l'éteindre ? J'aurai toujours celui de pleurer quelques doux trésors de ma vie intime que l'argent des assureurs ne me restituera pas ! »

Le départ décidé, j'allai trouver un homme d'esprit, — et que je crois de cœur, — qui a eu la faiblesse d'accepter

contre moi les préventions que lui ont données quelques
imbéciles. J'aurais cru peu digne d'essayer de lui ouvrir
les yeux, et quelque désir que j'eusse du résultat, je laissais au temps, aux événements de l'accomplir. L'occasion
me parut bonne,

« — Je pars et vous restez, — lui dis-je, — laissez-moi
vous demander un petit service qui se payera de lui-
même, pouvant parfois vous procurer un piquant délasse-
ment. Ma vie a des engrenages multiples qui ne permettent
guère d'en arrêter brusquement le ressort. Deux fois par
semaine on vous apportera mes lettres, ouvrez-les, lisez-
les. Si quelque chose vous parait assez important, assez
importun pour que j'en sois avisé, avisez-moi. Lisez ainsi
pendant un mois, deux mois dans ma vie, dans mes affaires, dans mes relations, dans celles de mes affections
qui sont abandonnées à leur cours. Après mon voyage,
nous causerons de tout cela, adieu ! »

Or, je partis, comme on l'a vu, pour le pays du bleu, *la
Fantaisie*, un pays bleu comme le ciel, laissant au hasard
le soin d'y mettre des nuages et des rayons.

J'étais donc à Venise depuis une dizaine de jours, re-
voyant les choses, reconnaissant les gens, et reconnaissant
surtout envers six théâtres de Paris et cent salons fermés
qui m'avaient fait ces loisirs. J'avais deux bonnes chambres
planant d'un joli balcon de marbre trilobé à jour sur tout
ce pays que j'aime, et je me laissais quatre fois mettre à
table, comme un Hollandais, lorsqu'une nuit le sirocco se
déclara, nous apportant de la Dalmatie un souffle enflammé

à son passage sur des sables brûlants. C'était l'été qui, las
d'être contenu par un hiver tardif ou précoce, comme
vous voudrez dire, s'était insurgé en désespéré, et, vainqueur dans cette lutte où il avait pour lui les mois du calendrier, il avait mis en fuite son frigide ennemi, nous
éclatant tout à coup avec exaspération !

Le lendemain, il y avait 32 degrés de chaleur à l'ombre
des Procuratives de la place Saint-Marc, et les pigeons
historiques qui volètent par là du matin au soir, se voyaient
contraints de chercher des abris contre les ardentes flèches
du soleil, sur les têtes de tous les saints nichés à l'ombre
des clochetons de la basilique. Jamais été ne fit une entrée
aussi tardive ni aussi flamboyante ! Il rattrapait les mois
perdus, en nous lançant toutes à la fois au visage ses
ardeurs réfrénées. Les toits de plomb du palais ducal me-
naçaient de couler par les gouttières !

Or, les grandes chaleurs ont divers inconvénients tout
particuliers à Venise ; l'Adriatique sans haleine laisse souf-
fler cet épais et allanguissant sirocco, qui cuit dans leur
nid les œufs des oiseaux. L'homme, sous cette puissance
énervante qu'il respire et qui le baigne, perd tout ressort,
et s'affaisse, comme on suppose que le font les gens, je ne
dirai pas d'un autre temps, mais bien d'un autre pays,
qui ont reçu la bastonnade. Voilà pour les nerfs. Restent
les canaux...

Car il me faut, bien à regret, dire un peu de mal de
Venise ! Cette vérité m'échappe comme une vengeance à
l'égard du pont et du chemin de fer qu'elle s'est laissé
infliger, cette profanatrice d'elle-même ! Donc, par les
grandes, par les trop grandes chaleurs, l'eau arrive à peine

à bon nombre de ces canaux qui sont, comme on sait, les rues de Venise, rues dont des gondoles sont les voitures. Alors la vase du fond, toutes les déjections de la ville lancées par là, déterminent, sous l'embrasement de l'atmosphère, des croupissements, des putréfactions dont les émanations ne chargent l'air ni des parfums du nahr, ni des bouffées du benjoin. C'est atroce !

Ajoutez à cela que ces fonds plus que marécageux ne se contentent pas d'empester l'atmosphère. Ils donnent en plus naissance à des milliers d'insectes dont les larves se conservent fécondes dans toutes les anfractuosités des édifices, à travers les années fraîches, comme les grains de blé, trouvés dans les hypogées égyptiens, peuvent encore germer après les siècles. Alors l'air, déjà empoisonné par une horrible insanie, se peuple de nuages entiers d'aiguilles vivantes qu'on appelle *zinzali*, et qui sont, aux Antilles, des moustiques, — et chez nous des fléaux de la famille des cousins... infernale famille !

Cela fait dans l'air nocturne un bruit assourdissant, et fond sur votre peau comme des aiguilles sur une pelote. Les naturels du pays sont seuls exemptés, par le tannage salin de leur cuir, des caresses de ces insectes qui, examinés à l'œil nu, n'offrent que ce piquant spectacle : un petit dard supporté par quatre ailes énormes. Il figure assez un canon de campagne sur ses roues. Où le fuir ? Ne voulant pas lui céder ma peau, je lui ai cédé la place. J'ai pris la fuite, éperdument, malgré les voluptueux sourires d'une créature à demi nue que j'allais caresser du regard chaque jour, au palais ducal, où Paul Véronèse l'a fixée pour des siècles (cette fois, c'est le beau fixe !), sous pré-

texte d'un enlèvement d'Europe par le taureau amoureux
que vous savez.

~~~

Dès le second jour bien caractérisé de sirocco, de canaux à sec et de *zinzali*, je me sauvai donc, attendu que
j'avais entrepris un *voyage d'agrément,* et qu'à ce titre,
en restant là, le but de mon voyage allait devenir singu-
lièrement contestable. Une nuit, je me glissai sournoisement dans une gondole que cette vieille bête de Beppo,
mon gondolier de 1844, prétend avoir appartenu à lord
Byron. Il dit cela pour la louer plus cher, le vieil asthma-
tique ! Je m'évadai par la lagune, sans trop me soucier du
crede Byron gravé sur l'éperon de la barque, qui avait pu
avoir les destinées du couteau de Jeannot. Cette façon de
partir était mon implacable protestation contre le pont du
chemin de fer flanqué sur la lagune, et qui m'agace ! Il
est vrai que les eaux étant fort basses, cette traversée fut
hérissée de difficultés et d'herbes marines, à ce point que
j'y mis deux heures, au lieu des dix minutes du chemin de
fer qui déshonore cette chère cité... sirocco et zinzali à
part. Il nous fallut même faire une halte sur le petit groupe
de rochers qui marque le milieu de la lagune, entre l'île
et Fusine. Et comme le vieux Beppo s'y reposait un peu
d'avoir tant halé la gondole (de Byron... *crede Beppo!*) à
travers les algues, les ajoncs et les christemarines, je m'assis sur le roc, regardant cette longue mâchoire de crocodile que présente Venise toute noire et ses vingt tours sur
le front transparent du ciel. Et alors je me souvins d'une petite histoire, toute vénitienne, qui eut ce rocher même pour

théâtre, il n'y,a pas encore cent ans, ce qui m'autorise
bien à vous raconter l'affaire, pendant que mon gondolier
poussif aspire et soupire. Le héros de l'histoire était un
marquis de Bernis.

Il était venu à Venise voir son parent, abbé galant et
poëtereau comme on sait, et ambassadeur du Roi près la
Sérénissime République. Un soir, comme il assistait à une
régate aux flambeaux, on lui vole sa bourse qui contenait
une assez forte somme. Sa contrariété s'épand en paroles
assez peu mesurées contre l'autorité qui laisse ainsi dévaliser les étrangers, puis il finit par en prendre son parti, et
s'en va. Pendant la nuit, comme il traversait la lagune pour
reprendre en terre ferme sa chaise de voyage, il est tout
à coup arrêté, en face de ce rocher, par une gondole noire
et sinistre qui l'attendait, portant à l'éperon un fanal rouge,
signe distinctif des X...

Ses rameurs pleins d'effroi suspendent la course en im-
plorant la Madone. M. de Bernis, frère de l'ambassadeur,
est plus sûr de lui ; il se lève de la cabine et demande ce
qu'il y a pour qu'on l'arrête ainsi.

« — Monsieur le marquis ! — lui dit un homme masqué
qui se tenait debout contre le *felze*, — on vous a volé votre
bourse, vous vous en êtes plaint avec aigreur, accusant
l'autorité qui laisse, dites-vous, dévaliser les étrangers.
Vos plaintes qui étaient injustes vous sont pourtant par-
données, en raison de votre ignorance de nos lois. Nos seigneurs veulent toutefois que vous reconnaissiez l'injustice
de ces plaintes... Regardez !

Et, ce disant, l'homme masqué soulève un voile, et laisse
voir au marquis et à ses gens terrifiés, sous les projections

d'une vive lanterne qu'il fait brusquement éclater entre ses mains, le cadavre d'un homme étendu sur un drap noir...il a un poignard planté dans le cœur et la bourse de M. de Bernis à la main...

» — Reprenez votre or, — dit l'agent des Dix, — et ne revenez plus dans un pays dont vous ne connaissez ni les ressorts cachés ni la prompte et sûre justice ! » .

Là-dessus, la sombre gondole disparut dans la nuit, emportée sous les rames des sbires.

     ⁓⁓⁓   ●

Lorsque le fameux Beppo m'eût mis à terre, je consentis finalement à prendre le chemin de fer de Padoue, et résolus d'aller dans quelque repli du lac de Côme chercher un peu d'ombre et de fraîcheur.

Je ne fis que traverser Milan, ville immense mais insignifiante, qui n'a d'autre curiosité que cette pièce montée en sucrerie pour dessert, qu'on appelle le dôme. A la Scala chantaient pour les banquettes et pour quelques *cadets* de l'infanterie autrichienne, une demi-douzaine de *primi tenori, bassi, baritoni* et *prime donne.* On donnait du Verdi, je ne sais quoi au juste, dans quoi tous ces braillards s'égosillaient, de concurrence avec un orchestre qui soufflait à pleins poumons, raclait à tours de bras, tapait et frottait enfin à tout crever et casser comme il convient. Tous ces virtuoses avaient beau faire... c'était comme s'ils chantaient, ou peut-être parce qu'ils chantaient ! pas un chat dans la salle. On m'assura pourtant que vu cette solicitude et la grandeur du vaisseau, la salle de la Scala était alors le lieu le plus frais de la Lombardie.

Je préférais le lac de Côme, et partis par le désagréable omnibus au-dessus duquel les bagages sautillent et frétillent comme du grain dans un van. La nuit qui, dit-on porte conseil, apporte plus sûrement encore la fraîcheur. Je l'avais choisie ayant plus besoin de respirer que d'être conseillé. Comme les premières lueurs crépusculaires dessinaient la crête des monts orientaux de la chaîne alpestre sur le ciel pâli, je descendais triomphalement à *Borco Vico* dans l'albergo qui plane sur le premier bassin du lac. N'ayez garde de supposer que je me couchai! Je courus vers la montagne voisine, et y grimpai le plus haut que je pus pour voir lever le soleil.

Ne croyez pas pourtant que je veuille trancher ici du Claude Lorrain, et vous peindre cette prise de possession du monde par l'astre triomphal. Se représenter assis sur un pic, les jambes pendantes sur le vide, et assistant au réveil de la nature, peut tenter les poëtes, gens auxquels la muse met sur l'œil des lorgnons exagérés. Ils empilent tant d'azur, de carmin, d'or, et de pierreries sur leurs descriptions, qu'un simple prosateur comme moi ne reconnaît plus les lieux qu'il croyait connaître.

Mais je reviens à mon pic. Le soleil était déjà levé à l'horizon, lorsque je parvins à m'y hucher. Mais l'horizon d'une vallée, d'un lac, c'est le sommet des monts qui l'encadrent. J'eus donc mon spectacle. L'ombre d'abord traquée par l'ensemble lumineux du ciel, l'est bientôt par les rayons. Elle se réfugie dans les replis des coteaux, dans les anfractuosités des roches,... dans tous les recoins de la nature. L'astre monte, monte toujours et arrive impitoyable, qui la poursuit et la chasse de tous ses refuges. Contrainte

6

à battre en retraite devant son vainqueur diurne, l'ombre va se cacher dans les bois, au bord des fontaines, au pied des vieux murs et derrière les maisons que le soleil inspecte pourtant, en en faisant le tour. Et elle, obligée de tourner comme lui, de coin en coin, pour ne pas être dissipée! Comme je m'en allais, un rayon expulsait le reste obstiné d'une ombre de l'angle d'un rocher. Je la pris sous ma protection, elle marcha à mes côtés, nous descendîmes ensemble...

J'allai dîner chez la comtesse S***, qui habite à côté de l'ancienne villa Raimondi, dans la première courbe du lac. Il y avait vingt personnes, la plupart logées là, dans une somptueuse hospitalité. La comtesse est une femme charmante et originale, qui a la passion des animaux plus ou moins domestiques, et à la campagne elle donne plus que jamais carrière à tant d'histoire naturelle. La salle à manger de la villa est située au rez-de-chaussée, de plain-pied avec un jardin qui finit par des balustrades de marbre surplombant le lac. Comme nous étions à table, fort à l'aise, vu l'espace, et fraîchement assis sur des siéges de natte indienne sous des murs de stuc, mangeant tiède et buvant glacé, j'aperçus...

Mais sachez d'abord qu'en face de moi était assise une fort belle personne, toute vêtue de blanc, ce qui est charmant l'été et même aussi l'hiver, pour tout ce qui est jeune ou qui semble l'être. Rien ne me plaît autant, comme à bien d'autres, que de regarder une très-belle personne; mais la preuve que ne n'est que le sens artistique qui m'anime alors, c'est que j'aime presque toujours mieux la contem-

pler que de causer avec elle. Car la contemplation de la
beauté féminine nous reporte souvent à quelque chef-
d'œuvre des arts, et la nature assez généralement vaincue par ceux-ci, serait sans terme de comparaison, à côté
des œuvres idéales du pinceau ou du ciseau des maîtres.
C'est que l'art choisit et épure. C'est que l'art prend la
taille de l'une, les traits de l'autre, à celle-ci la grâce, à
celle-là le charme. Il fond le tout en quelque beauté suprême qui semble la pétrification du rêve. Il est donc naturel, à la rencontre d'une rare beauté, de songer à ses
sœurs engendrées par les caresses du pinceau de Titien,
de Giorgion ou du Corrége, ou sorties des blocs de marbre de
Praxitèle, de Canova ou de Pradier. C'est ainsi que ces amants
de la nature la plus choisie et la plus voluptueûse ont
peuplé l'art éternel de plus de créatures divines que la
nature n'en offre en pâture à l'implacable faux du temps.
Celle que j'avais en face de moi me reportait au souvenir
de la Mona Lisa du Vinci, plus les sourcils, car cette belle
maîtresse de François Ier décoche sans cet arc les flèches
de son doux regard. Mais ma beauté mangeait du bouilli
aux concombres... Adieu Mona Lisa ! Et ceci n'était rien
encore, car vous allez voir le bonheur de n'être pas trop
poëte « sur la cime des monts » aussi bien que plus en
bas, aux heures vulgaires de la réfection, une des infirmités, dirai-je, plutôt qu'une des jouissances de l'huma-
nité !

Car, au fait ! pourquoi ne vit-on pas d'air, comme les
plantes; d'azote ou d'oxygène, comme on pourrait enfin, sans
tant de soins et de besoins ? L'homme n'en serait que mieux
portant, et plus riche, et plus libre. Manger pourrait n'ê-

tre pas défendu, sans être absolument nécessaire. On ne mangerait que par gourmandise, les choses exquises, comme on respire des parfums, ce qui n'est pas du tout indispensable et qui pourtant est un délice! L'abus serait puni des gastrites, gastralgies et autres maux qui, dans l'état présent des choses, état que j'espère momentané, parce qu'il est perfectible, affligent, non pas l'abus, ce qui serait justice, mais le simple usage de nos organes spéciaux. Le peuple mangerait le dimanche, pour se divertir, comme il boit aux barrières pour s'enivrer et se ruiner.

Fourier n'avait pas pensé à cela. Je reviens, vu l'état actuel de nos infirmités, à la table de la comtesse. Il y avait quelques instants que je n'avais regardé la belle en blanc, voulant lui laisser finir ses concombres au verjus, lorsque levant les yeux j'aperçus...

J'aperçus à ses côtés l'apparition la plus... abrégeons : une tête d'âne! La belle jeune personne embrassait cette bête imprévue, incongrue; ses boucles brunes étaient mêlées à ses poils gris, et sa main d'albâtre veinée de bleu lui présentait les miettes d'un biscuit anticipé (on pourrait dire antichippé!) sur le dessert servi à la Russe... voici le mot de cette inconcevable énigme.

Des oiseaux, goût parisien de la comtesse maîtresse du logis, elle était passée aux chats et aux chiens. Tout un été, elle avait adopté une biche; après quoi des singes, puis des cygnes. Ceci était bon signe... elle revenait à l'ornithologie, aux bêtes à plumes qui sont bien moins intelligentes, mais bien plus poétiques que les bêtes à poil. Tout à coup, la voilà qui s'éprend d'un petit ânon qu'elle voit chez un fermier de la colline, et qui, né familier et courtisan comme bien des ânes, vient flairer la main où elle tient du pain pour les paons. Il n'en fallut pas davantage pour mettre l'asinus en faveur, et le voilà introduit à la villa ! S'il faut tout dire, le drôle y déploya des allures assez imprévues, et devint en peu domestique comme un chien ! Il allait partout et s'était fait à la nourriture des bipèdes. Aussi, soit pour la singularité du fait, soit plutôt pour plaire à la comtesse, chaque hôte de la villa s'empressait-il de faire fête au maître Aliboron, qui connaissait la cloche du dîner aussi bien que les pigeons errants de la place Saint-Marc connaissent, à ses tintements, l'heure où le legs immémorial d'un prévoyant capital leur assure une distribution de maïs aux fenêtres de la comtesse Polcastro, à Venise.

L'âne s'était ainsi fait délicat, dégoûté comme un King'-Charles, et quant à s'aviser à quelqu'un de monter dessus, ah bien oui ! Sa crinière était tressée par la main des jeunes filles, et c'était à qui fournirait des rubans roses pour y faire des rosettes. Et jusqu'aux hommes de le trouver charmant ! *Asinus asinum fricat.* On faisait la cour à la comtesse par l'entremise de l'âne. Je tombai au milieu du culte de cette idole sans y être préparé, et ce fut la cause de tous mes malheurs !

L'ânon vint me flairer, comme un nouveau venu, et comme pour m'assujettir, m'asservir, et exiger dîme et prestation en nature. Il fourra sa tête sous mon bras levé tandis que je buvais, et mit le naseau dans ma jolie salade, toute avivée de capucines et de cistrix. Je commis une inconvenance énorme : je lui décochai une chiquenaude sur le chanfrein et lui dis familièrement :

6.

« — Oho, messire! Il y a de la salade sur pied, au po-
tager, pour toi! Chez nous, quand on dîne avec tes pareils,
ils ont aussi le poil gris, même blanc... mais ils sont en
habits brodés de certaines classes de l'Institut! Passe au
vestiaire! »

Ce fut soudain sur toutes les rives de la table un scan-
dale considérable; on me regarda avec terreur, horreur.
La comtesse pâlit, et quelques mots en dialecte comasque
expirèrent sur ses lèvres, qui prirent une courbe indignée.
Redevenue un peu maîtresse d'elle-même, après une si
rude secousse, elle appela l'ânon :

« — Çà! çà! — fit-elle, en se faisant passer un saladier tout plein, encore intact, immaculé et magnifiquement
décoré de fleurs innocentes (comme moi!) et de jaunes
d'œufs alternant avec de petites oasis de persil et de bette-
raves, le tout formant une superbe rosace. — Çà! çà! »

L'âne vint à elle, et la personne de sa gauche s'étant
respectueusement rangée, elle tendit à la bête (l'âne) le
saladier fleuri. Cette solennelle réparation ne sembla que
justice aux parasites de la comtesse, et un murmure d'ap-
probation flatteuse l'accueillit. La beauté en blanc d'en
face me parut tout particulièrement indignée contre moi.
Tandis qu'on prenait le café dans le jardin, je m'en allai,
à la française, comme on dit en Italie, — *à l'anglaise*,
comme on dit en France, — laissant en pourboire aux domestiques dix fois la valeur de ce que j'avais mangé. On
me dit que plus tard la comtesse, sans doute revenue de
l'âne à elle-même, m'avait fait l'honneur de me demander... cherche!

Le lendemain, j'étais chez Mme Pasta, dans le second bassin du lac.

Voici comment je fis, il y a une douzaine d'années, la connaissance personnelle de Mme Pasta. De Bériot, je crois, m'avait donné une lettre de recommandation pour elle. J'arrive au lac de Côme, je prends une barque et nous voguons. J'étais très-désireux de connaître cette aimable et célèbre femme qui quitta le théâtre avant que je n'entrasse dans la vie sociale, et que je n'avais pu entendre que de loin en loin, dans de tardifs concerts. J'arrive.

La villa Pasta se dresse sur la rive droite du lac, au milieu d'une plate-forme derrière laquelle s'élève, toute raide, une montagne boisée. Une belle avenue de châtaigniers borde la longue terrasse qui finit par une sorte de darse, où la nuit on enchaîne les barques et les bacs. Il y a deux corps de logis ; l'un, le principal, a l'aspect d'un théâtre, avec portique d'ordre ionique et fronton. Ce sont en quelque façon les armes parlantes de la propriétaire. Là sont, au rez-de-chaussée, les salons ; aux étages les chambres d'amis, car tout l'été on traite ; les hôtes se succèdent sans cesse dans toutes ces chambres hospitalières et presque numérotées ; les gens s'écrivent pour savoir quand on part, afin d'arriver, et n'être pas de trop, vu l'espace. Il y a bien une quinzaine de lits. Mme Pasta, sa fille mariée, ses petits enfants, et sa vieille mère, car la famille offrait quatre générations sur pied, habitaient un pavillon situé tout au bout du jardin, à l'extrémité opposée à la darse. J'arrive donc, c'était en 1842.

Mon batelier me déposa à l'escalier qui grimpe, en se tordant au bout de la châtaigneraie. Je ne trouve personne pour me recevoir. J'avance circonspect et curieux. J'aperçois une femme quelconque qui me tourne le dos, accroupie et arrangeant des marcottes dans du terreau. Elle avait sur une tête en désordre un vieux chapeau de paille crévaillé, déjeté ; une jupe d'indienne pendant en grimaçant à sa taille épaisse ; ses bas tombaient sur ses talons ; ses bras nus et bruns étaient tout gâchés de terre.

« — Dites-moi, — articulai-je dans mon italien le plus pur et aussi le plus déplacé pour le cas, — Mᵐᵉ Pasta est-elle visible ? j'ai une lettre de France à lui présenter. »

La femme accroupie se releva et se tourna vers moi, un pot d'une main, un oignon de l'autre. Elle me regarda un instant et me dit en bon français :

« — Je vais voir, monsieur... veuillez vous promener quelques instants sous cette allée ; voulez-vous me confier la lettre ?

» — Certainement ! » — dis-je un peu surpris. Elle prit la lettre, et s'en fut vers le pavillon du fond, où je sus depuis qu'habitait Mᵐᵉ Pasta.

Il s'écoula une petite demi-heure pendant laquelle je goûtai les premières et vives impressions de ce beau séjour, que j'ai habité depuis avec tant de solitude et de bonheur, en ses replis les plus inconnus aux Anglais, ces infatigables Christophe Colomb de tout endroit où ils peuvent articuler leur éternel *beautiful!* Après cette faction admirative, je vis venir une femme... mais je reconnus bientôt que ce n'était pas celle qui m'avait reçu. Mᵐᵉ Pasta m'attendait. Je suivis et fus introduit dans une petite salle basse, tout abritée d'arbres, tout assombrie de stores. Les yeux pleins de soleil, j'eus quelque peine à saisir, dans cette brusque transition, la présence de la célèbre femme chez qui j'entrais. Pourtant, une forme blanche était à quelques pas de moi, qui me fit, pour m'inviter à m'asseoir, un geste antique. C'était elle ! Nous causâmes.

Peu à peu ma vue s'étant familiarisée avec la teinte du lieu, je pus contempler les traits de Mme Pasta. Elle s'aperçut que je la regardais avec autre chose que de l'admiration pour les belles lignes de sa face de camée. C'était de la surprise ?

« — M'avez-vous déjà vue ? — me dit-elle.

» — Les traits de Mme Pasta sont connus de tout le monde, — crus-je devoir répondre, — tous les arts les ont popularisés...

»' — Mais vous ne m'avez vue ni à la scène, ni... ailleurs ? — ajouta-t-elle, avec ce fin et bon sourire qu'elle a.

» — Non, madame ! »

Si ces lignes tombaient sous les yeux de l'illustre Norma, elle apprendrait pour la première fois que je l'avais reconnue dans son très-agreste négligé du jardin. Elle avait sa villa pleine de monde ; je restai seulement jusqu'au soir pour l'entendre lancer du lac des vocalises dans son écho. Car elle chante et navigue : c'est une vraie sirène. Le soleil couché, on amène toute une flottille de barques, tout le monde y prend place, les plus habiles rament. Elle occupe seule un petit bachot rouge dont elle manœuvre les deux avirons avec une dextérité consommée. On pousse au large, l'émérite diva rame vers le milieu du lac, on la suit, on l'entoure, et le point bien reconnu, elle lève ses

avirons, s'appuie les coudes sur les poignets croisés, et
chante. C'est un prodigieux duo entre elle et l'écho ! Elle
le connaît si bien qu'elle sait ce qu'elle peut exiger de lui,
et j'ai entendu là un effet inconnu dans les fastes des
échos. Comme celui-ci est assez lent, elle a le temps de
lancer un trait d'environ six mesures, avant que la montagne et ses rocs sonores ne s'en emparent. Aussitôt que
l'écho commence, la cantatrice reprend son trait une tierce
au-dessous, et voilà un duo inouï ! Et lorsque la seconde
phrase va être répétée dans cette tonalité nouvelle, elle la
reprend et chante le dessus, si bien que c'est à n'en plus
finir, et que c'est charmant !

              ~~~

J'allai la même nuit coucher à Bellaggio, au bord du lac,
en face de la célèbre villa Sommariva, qui contient encore
les fameux bas-reliefs de Thorwaldsen, représentant le
Triomphe d'Alexandre. Sommariva en mourant légua les
meubles et objets d'art aux uns, l'immeuble aux autres.
Les bas-reliefs, incrustés en frise au haut d'une galerie,
faisaient-ils partie de ceci ou de cela ? la question fit naître
un procès. Ce procès a été jugé en faveur des héritiers
de l'immeuble. Je me promis d'aller les revoir, bien que
j'eusse les yeux tout remplis encore des parthénopées.

J'étais donc là depuis quelques jours, flânant sur l'eau,
errant sur terre et relisant *I Promessi sposi* de Mahzoni,
dont l'action se passe sur ce lac même, dans un détour
qu'on appelle Lecco. L'albergo qui me contenait ne recevait aucun journal, il n'y avait pas de piano, il n'y avait
pas même d'Anglais, ni aucun voyageur quelconque, j'étais

heureux ! Mais les destins sont changeants : Un soir que j'étais à me baigner dans le lac, nageant et barbottant à la pointe de Bellaggio, pendant qu'on pêchait mon souper, une espèce de gendarme lombard se manifesta avec son baudrier jaune sur la plage, et se mit à crier pour voir mon passe-port.

« — Je ne l'ai pas sur moi ! » — lui répondis-je, en faisant la coupe. Mais une heure après, comme je soupais d'une grosse truite et d'un certain petit vin local, âcre à faire danser les chèvres, le gaillard revint, et je lui déployai la chose.

« — Il faudrait aller à Milan vous faire délivrer un permis de séjour, » — me dit-il, après avoir épelé la pancarte où mon signalement est médiocrément daguerréotypé.

Je sus bientôt par l'albergatore qu'il y avait de la fermentation çà et là dans la Péninsule. Je compris que tout cela était malsain, et au lieu d'aller me faire accorder le permis de m'en aller, au *buon governo* milanais, je bourrai à regret ma malle et me fis transporter à quelques lieues au nord du lac, aux confins suisses et sardes.

~~~

Il y a douze cents ans, — si vous le permettez, — une reine lombarde, du poétique nom de Théodelinde, veuve d'un certain Antaris, fut suppliée par son peuple de se choisir un nouvel époux. Turin avait alors pour duc un vaillant soldat, du nom plus sauvage d'Agiluppe ou Agilulphe, — qu'elle choisit *in petto*. Sous prétexte de débattre quelques intérêts de bon voisinage, elle l'invita à

venir la trouver à mi-chemin, dans un endroit appelé par
certaines cartes modernes *Abbiate grasso*, et par d'autres
Abbate grasso, ce qui, dans le premier cas, se traduit par :
Ayez du gras! — et dans le second par : *Abbé gras.*

Ici, la légende du sixième siècle est courte et charmante.
La jeune reine ayant rencontré le duc de Turin, fit apporter une coupe pleine d'une liqueur dont l'histoire n'a
pas fixé l'espèce, et, en ayant bu la moitié, l'offrit à Agilulphe pour qu'il l'épuisât. Ce qu'ayant fait, il voulut respectueusement lui baiser la main.

« — Allez droit au visage, seigneur! — dit la princesse,
— car lorsque mon peuple me prie de prendre un nouvel
époux, c'est vous que je choisis, et toute ma personne vous
appartient désormais, comme tout mon royaume! »

La couronne lombarde, représentant un plus grand État
que l'autre, ce fut elle que ceignit le nouveau roi des États
fusionnés. Quant à la couronne de Turin, celle d'Agilulphe,
restée au trésor de Monza pendant de longs siècles, elle
fut apportée à Paris en 1799, et placée dans le cabinet des
médailles de la bibliothèque, — depuis royale, nationale
et impériale, — et elle fut volée en 1804... Étrange destin
de cette couronne, forgée au sixième siècle pour le front
des rois sardes, et fondue au dix-neuvième siècle par des
filous parisiens!

La fameuse couronne de fer n'est pas aussi ferrugineuse
qu'elle le dit, et nous en pouvons tracer une description
de visu. Elle est d'or et a la forme de ce qu'en blason on
appelle un *tortil* de baron, soit, un cercle d'environ trois
doigts de large, incrusté de gros cabochons de couleurs diverses. Mais à l'intérieur est la véritable couronne de fer

c'est-à-dire un anneau que la tradition veut formé d'un des clous qui servirent à crucifier Jésus-Christ...

Cette couronne prestigieuse a été posée en 774 sur le front de Charlemagne par le pape Adrien 1er. En 1452, elle fit le voyage de Rome pour coiffer Frédéric IV, — et en 1530 celui de Bologne, pour ceindre Charles-Quint. En 1805 enfin, Napoléon Ier se la posa lui-même sur le front, en répétant l'exclamation que la tradition attribua à Agilulphe, douze siècles auparavant: *Dieu me la donne, gare à qui la touche!*

Ce trésor historique et religieux était renfermé au sommet d'une grosse croix de cuivre doré, qu'on exposait, en certains jours, à la suite d'un office spécial, dans la cathédrale de Monza, — espèce de Versailles milanais, à quatre lieues de la capitale.

On ne l'apercevait donc que difficilement, à travers la glace de cristal de roche qui l'enserrait, au sommet de la croix. Pour la voir de près, il fallait une autorisation spéciale du gouverneur militaire de Milan. Mais pour satisfaire la curiosité vulgaire des touristes de passage, les chanoines de Monza ont, depuis longtemps, fait exécuter une imitation de la précieuse couronne, qu'on peut regarder et toucher à son aise, — qu'on peut même se poser sur le front, en s'attirant les bonnes grâces et l'indulgence du custode, au moyen d'un *swanziger* de plus au pour boire!

Quelques jours après s'être couronné du clou de la passion de Notre Seigneur, l'empereur Napoléon créa l'ordre de cette Couronne de fer pour récompenser les services civils ou militaires rendus à l'Italie. Il y eut tout d'abord cinq cents chevaliers, cent commandeurs et vingt grands cordons.

7

Le bijou de l'ordre fut la représentation exacte de la fameuse couronne, pendue à un ruban jaune-orange à liserés verts. Une dotation de 800,000 francs fut prise sur les revenus du *Monte Napoleone* (mont de piété) de Milan. Cette dotation s'est considérablement accrue depuis 1815, époque où le Milanais revint à l'Autriche. L'empereur François II ressuscita cette décoration, d'abord considérée comme ensevelie dans les ruines du royaume d'Italie, et la réunit à ses ordres impériaux, en modifiant ses insignes. La croix vit l'aigle à deux têtes s'élever au-dessus de la couronne de Monza, portant au ventre un écu d'émail bleu, timbré de l'initiale du nouvel empereur. Le ruban resta jaune-orange, mais changea en bleu son liseré vert. La noblesse fut acquise de droit aux décorés, avec le titre de baron pour la commanderie, et de conseiller R. I. privé pour le grade supérieur. — Il reste encore quelques Français décorés de l'ordre *français* de la Couronne de fer; — mais ils s'éteignent de jour en jour et nos compatriotes ne reçoivent plus désormais qu'un ordre étranger.

⁓⁓⁓

...Lac Majeur. Aux îles Borromées. — Jean-Jacques songea d'abord à placer là les amours de Saint-Preux et de Julie; il n'y renonça que parce que ces lieux, ornés par l'art, manquent de simplicité. Le fait est que, plutôt que la *Nouvelle Héloïse*, ce sont les amours de quelque La Vallière qu'il serait séant de raconter là! A l'*Isola Bella* se trouvent, dans la galerie du palais, soixante-quinze tableaux du chevalier Tempesta. Ce fougueux personnage, qui ne maniait pas moins bien le poignard que le pinceau, avait une

femme légitime et en aimait une autre ; il tua celle-ci pour
épouser celle-là. Bien que la justice du temps fût assez
coulante en fait de privautés semblables, Tempesta fut traqué par les parents de la morte, et se réfugia chez le seigneur Borroméo, où il resta sept ans, peignant pour tuer
le temps, faute d'autre femme à tuer. Ce sanglant musée
d'un seul homme ne vaut pas la Sixtine.

...Le jardin de l'Isola Bella offre les deux plus grands
lauriers (sauce... et non rose) qui soient peut-être au
monde. Ils dépassent en hauteur les arbres des Tuileries.
Ils furent trouvés là, leurs racines serpentant dans les
rochers, lorsqu'on construisit les jardins d'Armide, ou de
Circé, qui font de l'île un paradis terrestre et non méta-
phorique. Bonaparte, au début de ses campagnes en Italie,
grava sur le plus grand de ces lauriers le mot BATTAGLIA.
On montra longtemps l'écorce aux visiteurs comme une
curiosité. Le général autrichien d'Aspre, se trouvant là en
1835, tira son sabre et hacha le mot. Mais, chose étrange,
la nature protégea la gloire, et les blessures du sabre d'un
vaincu se trouvant plus tard cicatrisées, le mot *Bataille*
ressort aujourd'hui, grandi avec le temps...

...La petite *île des Pêcheurs* n'a pas un demi-mille de
circuit, et elle réunit pourtant vingt-six familles formant
une population indigène de plus de trois cents habitants !
Montesquieu a raison en constatant la propagation des
ichthyophages. L'*Isola Bella*, qui a trois milles de tour,
contient trois maîtres et douze valets.

... Le lac prête ses eaux à trois États qui s'en partagent
les rives : l'Autriche lombarde, — le Piémont, — la Suisse.
Jadis, sur le vapeur qui met cinq heures à aller de Sesto

Calende (débouché du Tessin) jusqu'à Magadino, on lisait, — sans que la police autrichienne y pût rien faire, — les journaux indépendants du Piémont et les fueilles libérales de la Suisse, à côté de la *Gazzetta officiale di Milano;* de sorte que plus d'un sujet italien de l'Autriche, voulant savoir quelque chose de plus que ce qui était parcimonieusement imprimé dans la *Gazzetta,* s'embarquait pour une course sur le vapeur, comme on entre pour une séance dans un cabinet de lecture.

...A l'extrémité nord du lac, s'élève un roc formidable, d'où croule un fort en ruine qui servit, au quinzième siècle, de repaire à une association de bandits pillards de la contrée, formée de cinq frères du nom de Mazzarda. Lorsque la princesse de Galles arriva en Italie, séduite par le pittoresque sauvage du lieu, elle voulut y bâtir une villa. Elle fit transporter, à grands frais, de Suisse, les matériaux, et de Paris et de Londres des ameublements somptueux. Mais, pendant une petite excursion qu'elle fit à Milan, tout fut pillé par les descendants des Mazzarda. Cette tradition dégoûta la princesse de tout romantisme, et elle partit pour Naples.

~~~

... IVRÉE se vante d'avoir été fondée cent ans avant l'ère chrétienne ! La colonie romaine est aujourd'hui savoyarde. Il y a un pont (romain) et un château prison. Cette prison est le premier monument qu'on trouve en mettant le pied en Italie par le grand Saint-Bernard. Elle frappe le voyageur philosophe de cette réflexion : que les prisons ont joué un rôle très-important dans l'histoire de l'Italie, et qu'elles ont été l'asile de tous les grands hommes, étant là, pour la gloire, ce qu'à Athènes l'ostracisme. fut pour la popularité. Tasse, Galilée, Machiavel sont les trois jalons d'une immense liste qui a aussi compté Cellini et Corrége.

~~~

... VERCEIL. Inondation générale à dix milles à l'entour de cette vaste plaine où Marius défit les Cimbres, ce qui a inspiré à Decamps un de ses plus merveilleux tableaux. Cette inondation durera jusqu'au mois de septembre, à cause du riz qui veut être noyé pour prospérer. Cela donne envie de passer bien vite, et de fuir la *mal'aria*. Mais avant de franchir la Sesia, il a fallu voir le célèbre livre des Évangiles qui est, selon les uns, l'œuvre manuelle d'Eusèbe, premier évêque de Verceil au quatrième siècle, — et, selon les autres, un autographe de saint Marc. Je repousse cette seconde attribution par cette simple raison que le livre est en latin, et que les Apôtres n'ont jamais écrit qu'en grec ou en hébreu. La tradition locale est ou était, pour qu'on vous ouvrît le livre, de se mettre à genoux et d'en baiser la couverture. Mais nous avons changé tout cela ! Moyennant un léger pourboire au custode, on ne s'agenouille point sur la dalle peu balayée, on ne baise plus le cuir et le cuivre, peu attractifs même pour les doigts, et l'on n'en voit pas moins l'œuvre, soit d'Eusèbe, soit de saint Marc, qu'on baptise à son choix, selon sa science ou sa dévotion.

~~~

... NOVARE, vieux municipe, dit Tacite, de la Gaule

transpadane. Depuis, les Espagnols ont passé par là, et y ont laissé des vestiges de leur architecture. Dans la sacristie de Saint-Gaudence, un beau tableau du Guerchin (saint Jérôme), que nous avons eu à Paris, mais que le crédit du ministre Prina nous a fait reprendre après 1815, et qui a été restitué à la patrie du peintre. On visite la maison du susdit ministre des finances du royaume d'Italie, lequel fut massacré à Milan dans une émeute, à une époque où chez nous, on se bornait, à propos des prévaricateurs, à lancer chansons ou brochures. Le plus ardent des ennemis de Prina, le comte Gonfalonieri, a payé son délire patriotique plus cher que de sa vie : il a passé vingt ans au Spielberg! »

... Novi. C'est ici que périt Joubert, un des plus brillants généraux de nos premières guerres d'Italie, surpris à la pointe du jour par le vieux Souvarow (1799). La ville, abritée par une montagne apennine, offre le vrai quartier général d'une armée. On y reviendra! Quelques palais sont habités par des nobles génois, venant là vers l'automne en villégiature. Il y a trois Novi en Italie : un petit, que le voyageur toscan risque, par les jours de pluie, d'emporter délayé à la semelle de ses bottes ; — un moyen, qui fut aux Gonzague, dans le Modénais ; — et celui-ci, théâtre passé et futur d'événements militaires imposés par la politique et la géographie.

... Tortone. L'église s'est ornée de tout ce qu'elle a pu. On voit sur un bas-relief *Castor et Pollux*, et *la Chute de Phaéton,* deux sujets d'une mythologie assez imprévue dans un temple chrétien. Ceci me rappelle qu'à Cologne, dans les caveaux du dôme, on voit la châsse des trois mages, Gaspar, Melchior et Balthazar, toute constellée de pierreries de second ordre : topazes, améthystes, chrysophases, grenats, adamantoïdes, — plus, de quelques pierres dures : cornalines, aigues-marines, onyx, camées... Or, parmi ces dernières, beaucoup sont gravées, et il ne faut pas précisément de loupe pour reconnaître que plus d'une offre des sujets d'un paganisme si outré, que leur place serait plutôt dans le musée secret de Naples, que sur un reliquaire des hauts temps du christianisme...

Un habitant auquel je fais remarquer l'inconvenance de bas-reliefs mythologiques dans un temple catholique, me répond :

« — Ne faites pas attention, nous sommes ici dans un pays de rizières...

» — Eh bien! quel rapport y a-t-il?...

» — On y *riz* de tout! »

Et comme cette ineptie ne me fit pas rire... mon homme, croyant bien s'excuser, ajouta :

« — Je vous dis ça, monsieur, parce que vous êtes Français, le pays des farceurs, et que j'ai pensé que ça vous ferait plaisir à entendre! »

∿∿

... Nous revenons de visiter le champ de MARENGO. Nous avons cherché la colonne érigée par nos soldats à l'endroit où Desaix fut tué. Elle a disparu par une cause étrange. On nous a raconté que la comtesse R..., Génoise, craignant que ce monument ne fût un jour insulté, renversé, détruit, le fit abattre, et... enterrer au lieu même où il s'élevait. N'est-il pas singulier de voir les honneurs de la sépulture accordés à un monument? Au reste, on déterre journellement à Athènes, à Rome, à Carthage, des colonnes, des obélisques, des tables votives qui consacrent de moins hauts faits d'armes que cette bataille décisive, où Bonaparte et Desaix vainquirent Melas et ses Autrichiens, et conquirent la paix de Lunéville qui mit fin à la seconde coalition.

Desaix est enterré au sommet des Alpes, dans l'église du grand Saint-Bernard, sur les confins d'un État libre, et l'on peut dire que son tombeau est le plus élevé qui soit dans l'univers. Si haut, et dominant parfois les nuages, il semble une apothéose!

» Ce tombeau est de marbre blanc alpestre; il ne porte aucune inscription. Le hibou de Minerve est bizarrement placé là où l'on attendait une croix. Pas d'inscription, pas même un nom! Bonaparte avait déclaré qu'il rédigerait l'épitaphe de son frère d'armes d'Égypte et de Marengo. Il l'envoya en effet, plus tard, lorsqu'il fut Napoléon. Un préfet fut chargé de la faire graver à Genève. Comment n'arriva-t-elle jamais à destination! La tradition raconte le malheur du moine qui l'emportait sur un mulet, et qui fut renversé par une avalanche au plus profond des abîmes. Ceci eût bien valu la peine d'être recherché : l'épitaphe de Desaix, rédigée par son émule devenu empereur, tracée en lettres d'or sur une plaque de marbre aujourd'hui brisée en morceaux au fond de quelque précipice... quel trésor pour un musée ! Je m'étonne que quelque Anglais n'ait pas entrepris la recherche. Revenons à Marengo.

Un ancien officier de l'armée d'Italie, le chevalier Delavo, devenu propriétaire de la ferme, dont les dépendances de cent hectares furent le théâtre de la célèbre bataille, a réuni dans une sorte de petit musée guerrier toutes les armes, les projectiles, les insignes retrouvés dans les champs arrosés de tant de sang, et où ont été ensevelis tant de cadavres en habits bleus et surtout blancs. Une statue est élevée au premier consul dans la cour, à l'ombre d'une immense muraille sur laquelle une fresque donne à distance l'illusion d'une suite de monuments commémoratifs. On dit que le propriétaire cherche à vendre son domaine dans les prix de 500,000 francs. Quelle superbe occasion pour un spéculateur, un agronome, un grognard ou un misanthrope, pour devenir seigneur de Marengo et pour se promener dans ses champs... de bataille, au milieu de ses propres revenus, et des souvenirs de la gloire... des autres !

I V

Bonn, ... septembre.

En arrivant au Rhin, le côté imposant du voyage m'as-
servit, et j'ai toutes les peines du monde à ne pas planter
là la fantaisie, pour me mettre à étudier. Mais rassurez-
vous, je continuerai à regarder le Rhin avec un lorgnon,
réservant la loupe pour un autre voyage.

J'avais une hâte extrême de m'engager avec le Dampfschiff dans les méandres du fleuve, que j'allais remonter,
comme il convient pour mieux voir, de ce fleuve qui venait à moi, pour ainsi dire. On m'en empêcha. — Il faut
aller jusqu'à Bonn par la vapeur terrestre,—me dit-on,—
et ne prendre la vapeur marine qu'à partir de là ! Celle-ci
vous coûterait trois heures, une seule de l'autre et vous

arrivez! La belle mise en scène du Rhin ne commence qu'à Bonn; mais alors c'est à grand orchestre!

J'obéis; je pars. A demi-route je descends visiter le château de Bruhl, construction plus massive qu'élégante du dix-huitième siècle, qui développe les trois côtés de son carré sur un jardin et un parc plantés par Le Nôtre. Cet ancien château de chasse électoral appartint un moment au maréchal Davoust qui ne put, bien entendu, le vendre, et encore moins le garder. Le tout se borna à le regarder. Napoléon le reprit à Davoust pour le donner à la 4e cohorte de la Légion d'honneur. Les traités de 1815 le reprirent à la Légion pour le donner au roi de Prusse. Le temps le prend peu à peu au roi de Prusse.

Bruhl est le cottage des Colonais, leur villégiature, leur *environ*. Les maris arrivent là le soir retrouver femme et enfants, et respirer en famille le frais... et les *cousins*. Cologne et Bonn s'invitent réciproquement, pendant la belle saison, à venir prendre le café ou le thé à Bruhl, qui les sépare, à travers une demi-heure de chemin de fer, toutes les familles désertant la ville où manquent les eaux courantes épuratrices de rues. La colonie d'émigration plante ses premières tentes à Bruhl, puis à Bonn, et va plus loin s'éparpiller dans les nombreux et charmants villages sous les fenêtres desquels coule le Rhin. On pourrait, de ces fenêtres, lancer au fleuve sa correspondance cachetée... dans une bouteille. Le fougueux messager l'apporterait rapidement au pont de bateaux. Mais un aussi poétique moyen irait peu aux affaires d'une maison de commerce ou d'un ménage : il faudrait une histoire d'amour pour s'y confier.

Tous les hôtels fréquentés par les étrangers planent
nécessairement sur le Rhin. Des Anglais avec leurs Anglaises accaparent toutes les chambres qui ont vue sur le
fleuve. Ils passent leurs journées, une longue-vue à la
main, à compter les arbres des sommets, et à inscrire ces
vives impressions sur un album, avec le détail de leur déjeuner et le prix du blanchissage. Ils s'écrivent de ville en
ville et s'inscrivent pour se léguer les uns aux autres ces
chambres privilégiées, si bien que les autres voyageurs ne
peuvent jamais en attraper une. C'est exaspérant.

Le *tourist* anglais est le fléau des grands et des petits
chemins. Il est impossible de voyager parallèlement avec lui
sans se fâcher. Si dans les hôtels il accapare et retient les
meilleures chambres pour ses tribus voyageuses, dans les
wagons il s'empare des meilleures places et a grand'peine
à enlever ses sacs de nuit pour laisser s'asseoir près de lui
les humains qui surviennent. A table il happe les meilleurs
morceaux, prend deux fois du plat dont les autres n'ont
point encore mangé, vous passe le bras devant le nez et
confisque le dessert. Toutes les sonnettes sont pour lui en
branle continuelle, et les domestiques affairés, effarés, ne
grimpent et ne trottent qu'à ses caprices. L'hiver il barricade la cheminée et consomme le pâle rayon de soleil.
L'été, il s'étale dans l'endroit frais et confisque l'ombre. Si
un beau point de vue défile, il obstrue la portière, comme
si les boutons de son paletot étaient autant d'yeux pour
regarder! Son parapluie, sa canne, ses jambes vous gênent,
ça lui est égal! Il ouvre ou ferme la glace comme cela lui

convient et comme s'il était seul. Pour passer il vous culbute ; pour s'asseoir il vous écrase. S'il lit le journal que vous attendez il le retient à l'heure; s'il s'arrête dans un lieu public, il se goberge sur trois chaises quand les autres restent debout. Bref il est tout, vous n'êtes rien, et notez qu'il liarde plus que personne et que le fameux temps des *milords anglais* appartient désormais à la fable !

Mais il faut bien constater la façon de voyager des Anglais. Ils voyagent surtout pour ne pas être dans leur pays où tout est effroyablement cher, excepté la faïence, les homards et la flanelle. De sorte que, ce qu'ils recherchent par-dessus tout, c'est le bien-être matériel. L'aspect moral du voyage est pour eux chose tout à fait secondaire. Voyez-les, interrogez les cicerones, les domestiques de place ; ils vous diront qu'un Anglais grimpe au haut d'un clocher, d'une montagne ; arrivé là, il ouvre son *Guide*, lit la description, ne regarde rien, et redescend. Le soir il écrit sur son album: « Monté sur le dôme de Cologne ; 883 marches ; allumé un cigare de deux pences à la 327e ; un clou de ma botte m'a piqué à la 674e ; donné trois silbergros au gardien: morale, c'est très-haut et très-cher. »

Tels sont les fruits du voyage. Et malgré ce système-là, ils vont partout, et les premiers. Je n'en sais rien, mais je parie qu'à cette heure l'Orient en est plein, non pour voir, mais pour y avoir été. Un jour, c'était en Suisse, je vis trois hommes imperceptibles au sommet d'un pic des plus élevés de la *Yung-Frau*. Je dis à mes compagnons : — Voyez là haut ces trois Anglais ! — On rit. — Pourquoi des Anglais ?

Le soir, nous sûmes que j'avais dit juste. Ils étaient allés

là regarder *dans le Guide* la vue du pays. Mais, je le répète, si tels sont les fruits du voyage spirituel, comme ils
s'arrangent de façon que le temporel s'en trouve bien!
A Bonn, l'Angleterre occupait, sans protectorat, toutes les
chambres donnant sur le Rhin, c'est déjà dit. Au jardin,
dans une aile agréablement repliée à travers la verdure,
ils ont installé un petit club, un English-Club, à l'unique
et exclusif usage de leurs compatriotes de passage. Il y a
deux pièces : une pour le billard, l'autre pour la lecture.
Sur les murs s'étalent toutes les cartes possibles du Rhin,
de l'Allemagne, de l'Europe même, et toutes les affiches
qui intéressent la locomotion. La table est couverte d'al-
manachs, de guides, de dictionnaires, d'itinéraires. Il y a,
en outre, cinq ou six journaux absolument anglais. Chaque
Anglais vient là faire son courrier, lire, chercher, se ren-
seigner, rencontrer ses nationaux : c'est comme une sorte
de consulat privé, hospitalier, ouvert là à la nation errante :
English-Club! Qui est-ce qui paye cela? Je n'en sais rien.
Mais ce que je sais bien, c'est qu'un Français qui voyage
cherche vainement un journal de Paris dans tous les lieux
publics, et qu'il est abandonné à lui-même, comme un
ilote, un paria, un pestiféré, tandis que les Anglais
voyagent confits dans leur fluide britannique, et trouvant
partout comme un petit coin d'Angleterre pour les recevoir
et les aider. J'ai beau dire, ceci démontre une grande
nation !

Vous aurez souvent remarqué ceci en voyage : c'est
que les hôteliers se montrent fâchés de vous voir sortir, et

désappointés si vous entreprenez quelque excursion hors
de chez eux. Pour le maître d'une auberge, un voyageur
est un sac d'écus qu'il s'agit de dégonfler, et les soins qu'il
a pour vous ne sont que le soin qu'il prend d'opérer sur
ledit sac, que vous êtes, d'une façon tout à fait pneuma-
tique. Or, si vous sortez, vous dépensez ailleurs que chez
lui, il est furieux ! Dès que vous arrivez à la porte d'un
hôtel, au Rhin comme ailleurs, commence autour de vous
une stratégie rapace, une suite d'opérations circonvalla-
trices et obsidionales dont l'objet est le siége de votre
bourse, et le but de vous faire dégorger de l'or. Dans tout
gasthoff comme il faut, dès qu'une voiture, une brouette,
un simple commissionnaire même, s'arrête à la porte, le
maître apparaît, vêtu de noir comme un médecin, cravaté
de blanc comme un juge, le sourire aux lèvres comme
la statue de l'Hospitalité. Cette cravate blanche saisit aussitôt à quelle nation et à quelle classe vous appartenez. Le
travail cérébral qui s'opère alors chez l'aubergiste est
aussi curieux que rapide. Cet homme connaît à première
vue les types humains qui servent de grandes lignes à sa
brusque classification ; il a étudié les allures, les physionomies, les vêtements, et jusqu'aux étoffes particulières à
chaque provenance. L'Anglais qui s'évade de son île, com-
passé, gourmé, plein de *shoking* et en habit noir, emprunte, en touchant nos bords, des airs dégagés, et achète
des vêtements de fantaisie ; on sent qu'il est déguisé, déguisé en continental. Il est d'ailleurs reconnaissable au
poil, au ton, à vingt diagnostics. Et puis l'Anglais abonde,
déborde, afflue tellement, qu'à tout hasard on peut lancer
du *Good morning* à tout être qui arrive avec ses paquets.

Le Français avait autrefois le monopole presque exclusif
des moustaches ; mais les Anglais ont arboré cet appendice
guerrier avec bien plus de crocs que nous, depuis les événements que vous savez. Le Français n'en reste pas moins
très-reconnaissable par divers traits, que j'aime autant
passer sous silence, mais, entre autres, par son gibus,
son cigare et son ruban. Les Russes, les Polonais, ont
l'élévation de la taille, une certaine sévérité de tenue, un
peu de raideur militaire. L'Allemand a l'air bonasse et une
casquette. L'Italien est tout hérissé de barbe noire et roule
des regards d'ancien tyran d'opéra-comique, en gesticu-
lant épileptiquement. L'Espagnol manque absolument, trop
fier et trop pauvre pour quitter les bords de ces fleuves
altérés qu'on appelle le Mançanarès et le Guadalquivir.
Depuis quelques années, l'Américain s'unit à l'Anglais, et
ce sont ces deux fils d'une mère divorcée qui pullulent
désormais le long du Rhin.

Donc notre aubergiste, qui sait un peu de français, pas
mal d'anglais, tout son allemand, quatre mots d'italien,
et pas un seul de russe, applique sur-le-champ à l'arrivant
non-seulement la langue, mais aussi le langage qui lui
convient. Il a bien vite saisi s'il faut à ce monsieur le premier étage, le second, la façade, la cour, ou le fond, là-
bas, du corridor. Il sait les diverses petites ruses de tout
débarquant, comme un marchand devine l'objet dont le
chaland a envie, en voyant celui-ci le déprécier et faire
semblant de passer à un autre. L'aubergiste a donc rapidement classé son homme, et il le pique aussitôt sur son
livre de recette, comme un entomologiste fixe un insecte
dans sa collection, disant aux garçons accourus le numéro

qu'il faut qu'on lui donne. Car tout voyageur n'est plus, dans une auberge, ni monsieur, ni lord, ni signor, ni meinherr un tel : c'est le 34, le 17 ou le 62. Vous ne vous appelez plus, on vous compte. Gare l'addition! Si l'on vient pour vous voir, dites bien qu'on demande : « Monsieur le *trente-six* est-il chez lui? »

Il y a des arrivants dont l'aubergiste flaire sur-le-champ qu'il n'y aura rien à faire; il n'y aura rien à frire pour eux! on les fourre au quatrième, par le petit escalier, dans les nonantes; on leur laisse accrocher et décrocher leur clef sans la leur prendre officieusement des mains; le maître du gasthoff les considère comme tenant abusivement la place d'un meilleur, et ne les considère même pas! On leur donne la note, ils payent; l'hôtelier ne les reconduit pas, bon voyage! Ça déjeunait de simple café, ça dînait dehors, ça passe deux jours petitement, avec un sac de nuit et un parapluie; ça tient de la place pour une dépense de huit francs... Une autre fois, va chercher gîte ailleurs si tu n'es pas content, mon bon homme!

Mais voilà des gens de plus de malles! Ils veulent une chambre à balcon et demandent la carte des vins. Ce ne sont certes pas encore là ces numéros à courriers et femmes de chambre, qu'on loge de 1 à 12, et qui mangent chez eux, sonnant à tout moment et à tout casser pour avoir quelque chose! Ce sont des voyageurs suffisants, des passants passables, qui mangent peu, boivent bien, et achalandent fructueusement un *Grand Cerf*, un *Hôtel Victoria* ou un *Aigle* quelconque; mais une fois entrés, qu'ils se gardent de sortir!

Car l'aubergiste n'entend pas qu'on s'en aille ainsi faire

8.

des parties pour visiter les environs. Il tient essentiellement
à ce que le consommateur reste dans ses environs à lui,
pour déjeuner, dîner, souper, demander à tout moment du
thé, du soda-water, du vin du Rhin, et n'importe quoi. Ne
le consultez pas sur le temps : il prévoit la pluie. Ne lui
demandez pas à quelle distance est situé tel château, burg
ou ruine : c'est très-loin, et ça n'est pas aussi intéressant
que c'est loin ! Le voyageur modèle, pour l'aubergiste,
c'est cet Anglais dont la race se perd, hélas ! qui arrive
dans un hôtel, et qui passe ses journées à consommer
dans sa chambre, en lisant son *Guide*. Il est, à ses yeux,
fort inconvenant et abusif à vous, de déguerpir ainsi dès
le matin pour aller courir et presque battre la campagne,
sous prétexte de visiter des sites curieux, au lieu de rester
tranquillement dans la salle à manger à boire du vin de
Champagne, le café, le pousse-café et le punch, auquel
on allume de blonds cigares fournis par la maison. Ah !
vous vous imaginez que vous voyagez pour former votre
jeunesse ou distraire votre âge mûr ! pas du tout. Vous
devez voyager pour enrichir les aubergistes, tels sont le
but et la mission: Quiconque sort, dîne dehors et vit sobrement, trahit et vole cet homme !

~~~

Sous ce rapport, je dus bien décevoir mon hôte à Bonn,
et encourir le blâme de ses désillusions. Je ne restai pas
un jour tranquille ; j'étais toujours à courir. J'avais une
trop belle chambre pour que cela durât ; aussi ne tarda-
t-on pas à me mettre à l'ordre, et au troisième. Ça m'était
égal, je partais dès le matin et ne rentrais que la nuit.

Mais j'étais encore assez de temps à l'hôtel pour n'y pas dormir, sur un lit dur comme un lit anglais, ces fameux lits de Londres dont les matelas semblent d'immenses biscuits de mer, des matelas de matelots ! La position de mon lit, de cette claie, était telle que, dès quatre heures du matin, j'avais le soleil dans les yeux, comme une épigramme à ma paresse. C'était l'heure peut-être où j'aurais réussi, las de mon martyre, à m'ensommeiller un peu, n'eût-ce été que pour rêver que je dormais ! Mais ce diable de soleil me lardait de flèches acérées et brûlantes, contre lesquelles je protestais sans rideau, moi, comme lui sans nuage. — Et les volets ? — me direz-vous. Eh ! c'est justement ce dont j'ai à vous parler. Je les fermais soigneusement du côté de cette fenêtre aveuglante et incendiaire, chaque fois que je sortais, et chaque fois que je rentrais, je les trouvais ouverts. C'était la fille ! J'avais pris de la ficelle, et j'avais attaché le verrou. Le lendemain, tout était dénoué et ouvert. J'avais compliqué les nœuds d'une nouvelle corde. La fille avait dû passer une heure à s'arracher les ongles pour défaire mes nœuds et tout rouvrir. Il m'avait paru digne à moi de ne rien dire, de poursuivre l'épreuve, et de lutter stoïquement d'obstination. Je compliquai mes nœuds, je les engluai de cire à cacheter, je mis les scellés, mon cachet, deux ou trois clous ; puis je traînai un secrétaire contre la perfide fenêtre... Inutiles efforts ! soins vains et superflus !

Que se passait-il dans la tête de cette créature ? Voulait-elle me contrarier ? non probablement. Elle tenait à remettre chaque jour les choses en place et voilà tout.

Un soir, comme j'étais assis au bout du jardin qui plane
sur le fleuve, flânant de la pensée çà et là dans le paysage
assombri, j'entendis une claire voix de femme s'élancer
de la fenêtre ouverte d'une maison voisine. Outre les sons,
cette fenêtre laissait aussi échapper la lumière, qui s'en
allait couper d'une bande dorée le Rhin, s'y pailletant et
fuyant toujours. L'heure, l'aspect, la chose, tout était
charmant ! Cette femme, que je ne pouvais voir, avait une
grande voix digne de ce grand théâtre, dont les coulisses
étaient des monts de basalte hérissés de pins. Le fleuve
murmurait à ses pieds une basse continue, plus grave qué
celle du piano dont elle s'accompagnait d'une façon magis-
trale. J'étais curieux de savoir qui était cette femme, et je
le sus. Le hasard fait bien les choses, et c'est un plus
grand poëte que personne ! La femme qui chantait si bien
et si à propos pour un voyageur inconnu, c'était la fille, la
propre fille de cette Bettina d'Arnim que son culte pour
Gœthe a rendue célèbre. Mariée à un colonel de hussards
prussien logé là, la comtesse O*** animait ainsi souvent le
soir cette mise en scène pleine de poésies crépusculaires,
en y lançant la mélodie. Ce nom, ces souvenirs allaient
bien à l'impression que donnait cette scène ; elle se com-
plétait ainsi, et la voix s'était tue, que je pensais encore
au poëte illustre dont j'allais voir la libre patrie, et à la
femme célèbre qui lui a fourni, dans une correspondance
renommée, les pensées de plusieurs de ses beaux sonnets·
Le vieux Gœthe, comme ces dieux impassibles des mytho-
logies caduques, se laissait adorer et trouvait fort doux ce

poétique et juvénal encens. Mais Mme Gœthe, qui vivait
moins dans les nuages, et dont le lyrisme n'était autre
que celui d'une ex-jolie fillette que le poëte avait rencontrée
dans les distractions de sa jeunesse, et qu'il avait épousée
en unique vue du ménage, Mme Gœthe, dis-je, prenait en
mauvaise part ce culte de Bettina pour son mari, et un
jour qu'elle la rencontra dans je ne sais quel musée, elle
lui campa un soufflet qui a retenti dans toute l'Allemagne.

~~~~

Il serait curieux de faire le voyage du Rhin, l'ouvrage
de M. Victor Hugo à la main, non pas à titre de *Guide*, au
contraire, mais plutôt pour mettre la poésie, l'imagination, le rêve, à côté des impitoyables réalités. Ce livre
jouit d'ailleurs d'une réputation telle, que nul voyageur de
quelque intelligence ne part sans le relire, sans l'emporter avec soi. Il prête des idées à ceux qui n'en ont pas, il
modifie, et parfois aussi bouleverse, celles des gens qui en
ont; quoi qu'il arrive, enfin, il vous trouble, il vous se-
coue; ce n'est pas un livre qu'on a sous le bras, — c'est un
compagnon!

M. Victor Hugo aborda le Rhin par Cologne, c'est-à-dire
à contre-courant. Nous sommes persuadé qu'il a eu tort.
Pour parler d'un fleuve, il faut le descendre, le prendre
pour ainsi dire à son berceau, le voir naître, grandir, s'é-
battre, vaincre, puis mourir. Il faut regarder les choses à
mesure qu'il les baigne. Son histoire suit son cours.

Mais M. Victor Hugo a des procédés à lui, procédés où
éclate à tout moment le contraste et l'antithèse. Il apporte
dans le livre certaines allures du théâtre; il y dresse fré-

quemment des décors; il y soigne continuellement ce qu'on appelle la mise en scène. Il poursuit l'effet, il l'attrape souvent. Il poursuit le bizarre, il l'attrape trop. Lorsqu'il recherche le comique, c'est le lecteur qui est attrapé! Bref, M. Victor Hugo voulait entrer au Rhin sous l'évocation d'une figure grandiose qui se prêtât pour lui à de continuelles images, à des rapprochements solennels, à des comparaisons brusques, à d'étincelants chocs de mots, sinon toujours à de vives pensées, et laissant la logique et la tradition au Midi, il a attaqué le fleuve par le Nord. Et cela, afin de s'y embarquer avec cette grande figure de Charlemagne qu'il est d'abord allé évoquer à Aix-la-Chapelle, au milieu du premier flot d'antithèses qui lui fait dire: « J'ai vu pour 3 francs 75 centimes, prix fixe, le bras de Charlemagne, ce bras qui a tenu la boule du monde...—après le bras, j'ai vu le crâne, ce crâne qui a été le moule de tout une Europe nouvelle, et sur lequel un bedeau frappe avec l'ongle. »

Le poëte voulait opérer le violent rapprochement de cet ongle de bedeau montrant, comme une curiosité d'étagère, ce crâne d'empereur et de saint. C'est assez pour l'antithèse!

Mais, antithèse à part, vous voyez combien, dès ce début, les images sont forcées, et vous remarquez l'inexactitude même des mots chargés de s'entre-choquer sous prétexte de pensée. En effet, si Charlemagne, comme tous les empereurs d'Allemagne et autres lieux, tenait, en costume d'apparat, à la fois la boule qui représente le monde, et le sceptre, il n'était pas pour cela maître du monde, et César le fut plus que lui, du monde connu d'alors. Donc, payer 3 francs 75 centimes, prix d'un superbe bilboquet qui, lui aussi, figure admirablement *la boule du monde*, et en plus le sceptre... c'était fort cher. Quant au crâne sur lequel ce bedeau tape de l'ongle, *Europe nouvelle* dont il aurait été *le moule*, il offre une géographie toute spéciale à M. Victor Hugo, et que la carte dessine d'une façon bien extravagante pour l'image.

Au reste, le projet de reconstruction du tombeau que conçoit M. Victor Hugo est fort beau, et il serait heureux qu'il pût être exécuté. Tirant parti de la visite de l'empereur Napoléon aux restes de Charlemagne, il fait ce curieux rapprochement, que celui-ci mourut en 814, et que celui-là tomba mille ans après, en 1814.

Voici maintenant une véritable puérilité succédant à une grande page toute pleine d'évocations historiques et de rapprochements impériaux. Le suisse de l'église d'Aix-la-Chapelle est un vieux soldat français qui parle aux visiteurs de son capitaine, un brave qui portait ce nom vulgaire : *la Soupe*. M. Victor Hugo se demande si ce *la Soupe* descendait du *duc de Bouillon*... Ce sont les taches du livre.

M. Victor Hugo n'a passé que deux jours à Cologne. Mais à défaut de l'étudier sur place, il avait étudié dans les livres l'histoire locale. C'est ce manque de constatation qui l'a amené à parler dans son ouvrage d'une foule de choses : monuments, œuvres d'art, reliques, dont les habitants actuels de Cologne n'ont aucune connaissance, et qui semblent pour eux appartenir bien plutôt à la Fable qu'à l'histoire de leur pays. Après avoir énuméré toutes ces merveilles inconnues, l'auteur finit en exprimant le regret de n'avoir pas eu le temps de les voir. Pour les voir, il manquait encore autre chose que le temps : leur présence !

Par contre, le poëte, qui regrette tant de n'avoir pas vu ce qui n'est pas, a vu autre chose dans ce qui est. Ainsi, par exemple, des commissionnaires en uniforme bleu à collet orange, qui portent les sacs de nuit des voyageurs et qui travaillent *pour le roi de Prusse*... parce qu'ils partagent la taxe avec le roi. Cette dernière affirmation, fort gratuite assurément, n'a d'autre excuse que le désir de justifier l'application de cette banale locution : « Travailler pour le roi de Prusse, » détournée même ici de son sens au profit d'une médiocre plaisanterie; puisque dans les idées vulgaires, travailler pour le roi de Prusse signifie travailler sans profit.

Notre auteur va, la nuit même de son arrivée, visiter la cathédrale de Cologne. Cette visite nocturne au splendide monument qui eût pu être dans vingt ans une des sept merveilles du monde moderne (s'il n'était menacé d'être écrasé, enfoui, par la masse du pont qu'on vient de construire *précisément* en face, sur le Rhin...), cette visite à la cathédrale, disons-nous, éclate en magnifiques pages sous la plume de l'archéologue. Il est impossible de ne pas reconnaître la vive poésie de cette fantastique description d'un monument vu pour la première fois en pleine nuit. On ne sait pourquoi, une fois arrivé à Cologne et au pied de ce dôme captivant, M. Victor Hugo retourne sur ses pas pour tâcher de peindre comiquement quelques particularités de la route d'Aix-la-Chapelle; ainsi, par exemple, ce portrait d'un chasseur : chapeau rond vert-pomme, cocarde lilas en satin fané, blouse grise, *grand nez*, fusil. Tout ceci est pour le « grand nez » fourré au milieu du portrait. C'est d'un bien mince comique! Quant au fusil, il eût été singulier que ce chasseur n'en eût pas. Plus loin, il voit quatre hommes qui mangent d'un grand appétit : l'un rouge, l'autre pourpre, le troisième cramoisi, le quatrième violet, » ce qui est de la teinturerie, et qui lui ont semblé : « le dieu Goulu, le dieu Glouton, le dieu Goinfre et le dieu Gouliaf. » Ce choc de mots, on le comprend bien, ne supporte pas l'ombre de la réflexion. Ces quatre nom ssont les vulgaires synonymes de la gourmandise, et ces adjectifs ne légitiment d'aucune façon le mot dieu. Tant qu'à s'obstiner à être plaisant, M. Victor Hugo avait été plus heureux en parlant du superbe tapis *peint* sur le plancher de sa chambre pour lui tenir les pieds chauds... Et encore tout cela est-il peu dans le ton général du livre, qui est plutôt déclamatoire et imagé, et conséquemment bien loin d'un voyage familier.

Je rouvre le livre, et tombe, à propos de la visite du dôme, sur une autre image, non pas forcée, mais déraisonnable : « L'homme d'airain qui est couché sur cette dalle, dit l'auteur, et *qui a pu* bâtir cette cathédrale, ne peut aujourd'hui écraser les araignées qui le tiennent lié à la terre, comme Gulliver, sous leurs innombrables fils. Hélas! les bras de bronze ne valent pas les bras de chair! »

Franchement, cette constatation de M. Hugo, qu'une statue n'a pas le mouvement de l'homme vivant, n'attendait pas à être faite, et l'antithèse, ce tic littéraire de l'illustre poëte, est encore ici payée trop cher. J'aime mieux vanter de bon cœur la belle page où l'auteur parle de Marie de Médicis, morte si misérable à Cologne, et dont,

9

par un continuel entraînement vers la mise en scène, il
feint d'avoir par hasard rencontré le tombeau, parce qu'un
clou de la dalle aurait crevé la semelle de sa botte. Relisez
aussi la description de Cologne, vue, de nuit, du rivage
de Deutz ; M. Victor Hugo excelle dans la description, il
peint autant qu'il écrit ; c'est admirable.

C'est Victor Hugo qui, le premier, et dans ce livre, a
parlé, côte à côte avec Charlemagne, des « serviettes
grandes comme des mouchoirs,—des draps grands comme
des serviettes, — du gigot aux cerises, — du lièvre aux
pruneaux, » et autres nouveautés que le voyageur français
trouve en Allemagne. Il donne aussi place dans ce livre si
souvent pompeux et austère, à ce plat aphorisme d'un
commis voyageur : « Que l'*eau* du Rhin ne vaut pas le *vin*
du Rhin. » Le poëte trouve également très-digne de remarque qu'un garçon d'auberge dise *bichon* pour *pigeon*.
Je crois fort que ni Levassor ni Grassot ne voudraient de
telles platitudes pour leurs rôles d'Allemands, et que
M. Victor Hugo eût bien fait de les dédaigner. Le goût est
une qualité qui devient rare dans notre littérature. Elle
appartenait pourtant au génie français : et on l'eut à un
degré très-remarquable après Molière, au dernier siècle
surtout.

~~~

Il y a dans ce beau mais bizarre livre, un chapitre très-
amusant, très-connu : celui du *pourboire*. M. Victor Hugo,
qui déplore l'extension des vieux usages, débute par cette
phrase un peu naïve peut-être : « La précieuse bourse du
voyageur contient tout pour lui, puisque la sainte hospi-

talité n'est plus là pour le recevoir au seuil des maisons, avec son doux sourire et sa cordialité auguste. » Hélas ! dirons-nous aussi, c'est depuis qu'il n'y a plus de grands seigneurs féodaux qui nourrissaient des populations de serviteurs ou de pauvres, que ceux-ci ont dû se créer par eux-mêmes des moyens d'existence ; alors, les uns se sont faits aubergistes, ils logent et hébergent les voyageurs ; les autres se sont faits commissionnaires, domestiques, valets de place, et ils demandent que les poëtes en voyage les payent des services qu'ils leur rendent : le tout, afin de vivre ! Je pense qu'au temps des *doux sourires* et de l'*auguste cordialité* de-cette hospitalité de grands chemins que M. Victor Hugo regrette, on ne voyageait guère qu'à pied, le sac sur le dos, ou sur des mules, avec peu de bagage. Or, si mince que soit le bagage d'un poëte, je pense qu'à ce mode de locomotion des temps regrettés, M. Victor Hugo doit préférer l'ardente vapeur qui, soit sur terre, soit sur l'eau, l'emporte vers des lieux qu'il n'eût jamais visités sans ces progrès d'une civilisation que, sur d'autres points, l'illustre poëte ne semblait pas trouver assez avancée.

~~~

Le lendemain matin de mon arrivée à Bonn, et comme je me dépêchais pour aller déjeuner dans le jardin sur le bord du fleuve, faute d'une fenêtre d'où on le vît, ma porte s'ouvre brusquement, et je vois entrer une jeune fille en rose. Son visage, son joli visage était plus que rose, voisin du pourpre, et ses yeux plus que bleus paraissaient noirs.

« — *Ah! finde ich sie endlich!* » — s'écrie-t-elle, les yeux décidément plus que noirs, et hors de sa tête.

Assez surpris de cette brusque invasion, et d'être, comme elle le déclarait, enfin *retrouvé* par cette jeune mais peu timide beauté, je rassemblai tout ce que je savais, y compris ce que je ne savais pas d'allemand, pour lui demander ce qu'elle me voulait de cette façon furibonde :

« — *Was steht zu Dientz!* » — répondis-je, en passant une veste de chambre et me passant aussi la main dans les cheveux, pour avoir meilleur air.

« — *Ah! sie sind's, Abschealicher die mir mein en Brautigam verführen!* »

Il paraît, comme vous voyez, que j'avais détourné d'elle le futur de cette douce créature, en raison de quoi j'étais un *Abschealicher*... c'est-à-dire quelque chose dans le genre d'un infâme, d'un fieffé scélérat! L'accusation me parut aussi cocasse que matinale. Je vis bien toutefois que j'aurais quelque peine à faire éclater la blancheur de mon innocence dans une langue qui m'était aussi impénétrable :

« — Permettez! permettez! » — lui dis-je, voyant qu'elle s'approchait un peu... un peu trop.

En effet, elle ne permit rien du tout, et s'abandonna à un déluge de récriminations, fréquemment jalonnées de son désagréable *Abschealicher*, le seul mot que j'y comprisse, tant elle allait, elle allait... Je ne veux même pas vous dissimuler qu'à tant d'éloquence se joignait une pantomime encore plus expressive, si bien que je sentis qu'il fallait en finir avec ce hors-d'œuvre, et que je sonnai vigoureusement.

Un garçon d'hôtel qui était dans une chambre, une

chambrée d'Anglais, en face de moi, en face du Rhin, accourut, et je lui dis de flanquer cette mégère à la porte.
En la voyant il parut la reconnaître, et l'interpellant, je
compris bien à son ton, à quelques mots connus, qu'il ne
lui débitait point de madrigaux. Et voilà que tout à coup
la belle (elle l'était véritablement!) tombe sur le canapé,
passant brusquement d'une vive surexcitation à une complète défaillance; telle, supposons, une ardente manivelle
dont le ressort se casse tout à coup. Son ire se noie dans
un déluge de larmes; l'œil de feu, de jais, redevient d'azur,
et son geste allangui ne sait plus qu'implorer le mécréant
que, tout à l'heure, elle eût bien mis à mort. Voici en deux
mots ce que le garçon me raconta.

Cette jolie créature s'appelait Tony, mais elle eût dû
s'appeler Ariane, car elle était abandonnée. Habitant le
petit pays voisin nommé Medlem, un brillant étudiant de
l'Université, appartenant à la faction des casquettes rouges,
espèce de Nicolotto rhénan, de Guelfe universitaire, l'avait
aimée, ou, pour le plus sûr, s'en était fait aimer, aimer
jusqu'à mainte preuve. Le mariage exigé d'un côté, le côté
faible, — avait été promis de l'autre. Un beau jour arrive
à Bonn un Français, qui loge dans cet hôtel, où l'étudiant
venait dîner. Voisins de table on lie connaissance, la sympathie se détermine; avant huit jours on en est aux confidences et, le lendemain des confidences, aux conseils. Le
Méphisto parisien dissuade Faust, qui n'y songeait d'ailleurs guère, d'épouser Marguerite, et Marguerite qui l'apprend, revêt une peau de tigresse et fond chez le Français.
Mais il y avait Français et Français! L'autre était parti
depuis trois jours; il n'y avait plus que sa chambre; je

9.

l'occupais. En bas, elle demanda sans doute *le* Français ; c'est beaucoup qu'il y en ait un par auberge ! on me la décocha ; vous savez le reste.

Il paraît que cette même chambre que j'occupais est la chambre dramatique du Gasthoff. Il y a quelques années, une famille qui logeait là·veut faire une excursion au Drachenfeld ; le·papa, la maman ont un enfant de quatre ans, entre autres, qui ne peut être de l'ascension ; on prie une dame, une connaissance improvisée là, sans doute, laquelle témoignait, du reste, beaucoup de sympathie à l'enfant, de s'en charger. Elle consent ; on part.

Vers le soir la dame descend un instant devant la porte. Tout à coup, une masse lui glisse rapidement devant les yeux, et tombe à ses côtés : c'était l'enfant, tué roide ! Elle éprouve un tel saisissement qu'elle tombe elle, morte aussi !

~~~

Bonn, comme ville, est de peu d'intérêt. Mais ce qui l'entoure est charmant, et là commence véritablement le Rhin et ses prestiges. Les étrangers s'y arrêtent pour faire de curieuses et magnifiques excursions dont la fatigue passe et dont le souvenir reste. C'est ordinairement de Bonn qu'on va visiter le *Rolandseck* et les sept montagnes dont les gigantesques masses forment comme les piliers d'ouverture du paysage rhénan. Le Rolandseck emprunte son nom au preux Roland que la tradition fait aimer et mourir sur ces bords et non en Espagne, donnant ainsi une entorse à Turpin, l'historien de Roncevaux, à l'Arioste, à l'Arétin, et à maint autre, aussi mal informés que le ro-

mancier-archevêque. Le paladin de Charlemagne, Schiller
lui-même le prétend, échappé à une mort dont le bruit
s'était répandu dans le pays, serait arrivé comme un res-
suscité tardif, pour trouver sous le voile de la nonne celle
à laquelle il devait donner celui d'épouse. L'inconsolable
preux se serait bâti un ermitage sur un mont regardant
l'île du couvent fatal, et y aurait changé sa cuirasse en
cilice. Un soir Hildegarde meurt de chagrin de n'être pas
mariée, et le lendemain matin Roland en fait autant en face.
Le *Guide Bœdeker* qualifie le chevalier Roland *pair de
France*. Il y a erreur. C'est M. d'Argout que j'ai vu hier
passer se rendant à Hombourg, qui a été pair de France.

Au reste, le couvent où mourut la fiancée du neveu de
Charlemagne, cette belle Hildegarde, fille des sires de
Drachenfeld, a eu des vicissitudes curieuses. Au douzième
siècles, un archevêque de Cologne le bâtit au milieu de
cette première île notable qu'offre le nord du Rhin. Tantôt
peuplé de moines, tantôt de nonnes, tantôt vide, il traverse
les siècles, démoli par le temps, rongé par les plantes, re-
bâti par les hommes. En 1673, un régiment suédois le saccage. Ils passent... les moines reviennent. 1793 arrive, et
les Français aussi. Plus de couvent ni là ni ailleurs! Un
spéculateur vient et dit : J'en ferai une auberge ; à la
fumée de l'encens succédera celle de la pipe, et l'air et les
paroles des chants seront changés ! Napoléon arrive à son
tour et trouve que l'auberge a des airs de couvent qui
vont mal avec les idées du jour ; il veut tout jeter dans le
Rhin, et c'est Joséphine qui, charmée de la beauté du site,
arrête les pioches. 1815 voit les marmitons en fuite et les
nonnes de retour après exorcisme et reconsécration. Mais

en 1822 toutes les religieuses sont mortes de vieillesse, et la Prusse vend l'île de Nonnenwerth, qui redevient Gasthoff. Après Roland et Napoléon, Liszt passe par là, trouve l'endroit pittoresque, loue l'auberge, couvent de la veille et du lendemain, et en compagnie de *Daniel Stern*, le futur historien de la révolution de Février, il s'installe là, et y pianote de toutes ses forces pendant deux ou trois étés. L'idée lui prend même d'acheter l'île; mais des religieux reviennent encore et, en 1845, ce sont eux qui replantent la croix à la place de l'enseigne. Pour la suite, les temps le diront!

〰〰〰

On passe le Rhin sur un bateau-radeau, on trouve des chevaux, des ânes, on met une heure à gravir le Drachenfeld, on arrive au pied d'une ruine fièrement campée au sommet du roc, et là, d'une terrasse et d'une auberge, on a la première belle vue du Rhin. Je fis l'ascension dans une société qui s'extasia, comme moi, sur cette admirable vue. L'une des dames trouva quelque chose de mieux encore à regarder : elle avait un miroir de poche.....

Schiller nous dit l'origine de ce nom Drachenfeld. Il y avait une fois un dragon, animal fabuleux; il habitait une caverne, comme de raison, et au pied de ce mont, comme on peut voir. Il fallait au drôle des victimes humaines, sans quoi il ravageait tout. Les habitants lui procuraient des voyageurs sans défiance, qu'il croquait, l'animal! Un jour passe une belle jeune fille; les dragons de tous les temps, même les moins fabuleux, les ont toujours aimées. On pense être infiniment agréable au monstre en lui servant la jeune fille, qui était de toute beauté. On l'attache à un arbre, en face de la caverne, et on la laisse se débrouiller. Le dragon arrive... et voilà la bête et la belle face à face, l'une toute couverte d'écaille et la gueule enflammée; l'autre n'ayant pour tout vêtement qu'une angélique pudeur et la résignation d'une martyre. Que va-t-il se passer d'affreux?

Voici. La jeune fille fait le signe de la croix et prononce le nom de Jésus. A ce nom, à ce geste, le monstre bat en retraite au milieu de rugissements qui soufflent une odeur pestilentielle, et il s'en va, à reculons, tout droit au Rhin, où il fait la culbute... On n'en a jamais entendu parler depuis. Les barbares habitants du pays, éclairés par ce miracle, abjurèrent leur idolâtrie, et se convertirent tous aux exhortations de la jeune fille, à laquelle on rendit hommage et ses vêtements. Cette légende pourrait bien être la même que celle de la Tarasque et de sainte Marthe. A vérifier, dirai-je, comme d'un blason douteux on dit : A enquérir.

L'éminent directeur du Conservatoire de Cologne, Ferdinand Hiller, passait l'été à Bonn. Un dimanche je trouvai chez lui Franz Liszt, arrivant de Bruxelles, allant à Weimar. Il y avait bien une douzaine d'années que je n'avais ni revu ni réentendu le Paganini du piano. Je le trouvai naturellement vieilli d'aspect, si toujours vif et charmant d'esprit, toujours prodigieux d'exécution. Liszt est désormais bien voisin de la cinquantaine; il est toujours sec, nerveux, anguleux. Son profil a pris quelque chose d'ascé-

tique, d'ivoirin, de sculptural. Il rappelle beaucoup, par
ses lignes magistrales et ses vives arêtes, les traits du
Napoléon exténué de l'armée d'Égypte. Trois ou quatre
verrues, disséminées çà et là sur son masque, attendent
l'infaillible caustique de Vienne (chaux et potassium) pour
tomber. Liszt s'obstine à conserver cette ample et longue
chevelure qui fut plus utile à ses succès qu'on ne l'a cru.
Elle grisonne sur les tempes, a le désordre d'une crinière,
et méconnaît toute pommade, n'ayant apparemment d'autre peigne que les cinq doigts d'une main princière.....

Paganini, — le Liszt du violon, — et lui, — le Paganini
du piano, — ont eu les plus désordonnés, les plus furieux
succès d'artistes de ce siècle. A Berlin, il y a quinze ans,
des femmes éperdues d'enthousiasme mettaient dans des
fioles les restes de son thé. On sait tout le tapage qu'il fit
à Paris, et quel lion ce fut, crinière à part. C'était, il faut
tout dire, un prodigieux artiste, et un grandiose char-
latan! Personne ne justifia mieux que lui le succès; mais
nul, non plus, ne sut mieux s'en préparer la mise en scène.
Arrivée à ce degré, l'exploitation d'un grand talent touche
au génie. Affiches colossales; réclames réitérées (alors
dans leur enfance et balbutiant encore; il les fit parler!);
articles délirants, actes de philanthropie; souscription à
tous les monuments et à tous les malheurs publics; dons
aux pauvres; encouragements aux jeunes artistes; hommages aux autorités; bons mots et bonnes actions; distri-
butions de bagues (on n'ose écrire de blagues...) et de
tabatières; promenades en public; suite nombreuse de
thuriféraires; correspondance publiée; présence constatée
dans les théâtres en vogue; portraits et statuettes; charges

et logogriphes; odes et caricatures; cordes cassées; pianos effondrés; attaques de nerfs, chevelure et pâmoison... Liszt a usé, abusé de tout, et ouvert une voie inconnue, audacieuse, excessive, au charlatanisme, — comme il a franchi tous les artistes passés et futurs dans les prodiges de l'exécution !

Il a gagné ainsi des sommes fabuleuses; mais il n'en est pas plus riche, car, si pour dépenser beaucoup il dut beaucoup gagner, il eût certainement gagné beaucoup moins s'il n'eût pas dépensé autant. Il serait profondément injuste de ne pas dire que le cœur se mêlait à tout ce gaspillage, et que, si l'illustre artiste souscrivit parfois à ceci ou à cela, en vue de la publicité du journal et de son prochain concert, les sommes qu'il a données de la main à la main... à des mains qui ne l'écrivaient pas, sont considérables, et ici la bonté du cœur excuse bien des excentricités de la tête. Lorsqu'il conçut l'idée d'un monument pour Beethoven dans sa ville natale, la souscription s'élança d'abord avec assez d'ardeur, mais elle se ralentit, comme cela arrive presque toujours en pareil cas. Liszt, la voyant arrêtée si loin du but, combla la distance en y jetant soixante mille francs. C'est ainsi que le monument put être fait. Il y aurait d'autres traits analogues à citer encore. Ceci fait pardonner bien des sabres hongrois !

Listz n'a pas joué à Paris depuis vingt ans. Il s'est peu à peu retiré dans une vie plus calme, où il se voue à la composition. A l'entendre, il ne serait plus virtuose, exécutant, pianiste enfin, que pour l'intimité. Accueilli par la petite cour de Weimar, il y vit en artiste indépendant et peu assujetti par sa charge de maître de chapelle.

Cette cour a conservé en Europe ce vif parfum d'art, d'esprit, de belles-lettres qui fit son illustration alors qu'elle était le refuge, l'asile de si grands noms, et Liszt y est traité comme le méritent son immense talent et son charmant esprit.

Après le dîner de Bonn, où Ferdinand Hiller recevait Liszt toujours suivi de quelques sous-pianistes attachés à sa personne, on s'enferma dans un salon; alors Liszt fit œuvre de ses cent doigts. C'est toujours un prodigieux exécutant, un Hercule électrique : la force sans pareille dans la rapidité sans exemple ! Comme lecteur, il est peut-être unique; il devine autant qu'il lit. Nous en eûmes un curieux exemple à le voir aux prises avec les nouvelles *Études rhythmiques* de Ferdinand Hiller, qui sont des œuvres d'une très-grande difficulté de compréhension première, comme toute chose neuve, inventée. Il nous exécuta cela comme si c'eût été l'air de Marlborough ! Je cite ce guerrier, parce qu'il s'empara jadis de la ville de Bonn où nous étions, et qu'en souvenir de cette humiliation, les orgues de barbarie jouent encore ici l'air de son départ pour la guerre.

~~~

On se baigne très-agréablement dans le Rhin. Il y a à Bonn deux établissements flottants où l'on prend des bains cellulaires. Vous descendez marche par marche dans le fleuve jusqu'au col si l'immersion vous convient, et vous barbotez dans un espace de trois mètres carrés que traverse ce courant rapide, qui cause une sensation singulière et agréable aux corps accoutumés aux placides bai-

gnoires parisiennes. De plus osés se baignent sans cellule,
sur les marges du Rhin, où le courant est moins vif. Ceci
au grand regret des familles qui possèdent par là le kiosque
de leur jardins, et qui ont, le soir, le spectacle presque
forcé des ébats de ces tritons. D'autres, plus hardis encore, prennent une barque, s'en vont au beau milieu du
fleuve, et s'y jettent ; luttant contre lui, emportés, vain-
cus et regrimpant sur leur esquif. Cette hardiesse, comme
bien d'autres choses qui semblent redoutables par la pensée, et qui sont fort peu de chose à la pratique, cette hardiesse, dis-je, n'est au fond qu'un jeu assez facile et sans
péril pour un véritable nageur. Plus l'eau est rapide, plus
elle porte, plus elle fait flotter les corps. Des étudiants de
Bonn par centaines prennent ce plaisir d'hommes vaillants
et forts, et, retrempés en même temps que trempés, ils
vont finir la soirée sous les tonnelles de la rive, en buvant, pipe de porcelaine en main, ces aigres et incolores
liquides qu'on appelle abusivement vin du Rhin. Je revien-
drai sur ces derniers qu'on ne connaît, à vrai dire, qu'aux
approches de Mayence. En attendant, il me sera permis de dire que je préfère le *bain* du Rhin au *vin* du
Rhin.

Mais voilà qu'à propos d'étudiant et de pipe de porcelaine, j'ai une petite chose à vous raconter. A Bonn, Ferdinand Hiller avait sa villégiature d'été dans un voisinage
de ces messieurs, les plus bruyants du monde, ce qui cha-
grinait fort le maestro en train de finir un opéra. Voilà
qu'un beau jour, un très-beau jour, on s'aperçoit que les
étudiants ont disparu, et que tout est brusquement rentré
dans l'ordre accoutumé ! On s'informe, palpitant de savoir

si la désertion est définitive ; mais on apprend qu'elle est aussi momentanée que forcée. Ces messieurs sont en prison.

— En prison ? qu'ont-ils fait, grand Dieu ! — Ils sont entrés dans une boutique de la ville, et ils ont injurié la demoiselle de comptoir. — Injurié ? comment cela ? — Oui, injurié ; ils l'ont appelée : *Porcellanerer Engel...* c'est-à-dire : Ange de Porcelaine ! — Quoi ! en prison pour cela ? — Oui, en prison, pour avoir injurié cette demoiselle !

Nous supposâmes que les étudiants en avaient dit un peu plus, ou bien que le geste avait compliqué la parole, car on ne pouvait raisonnablement supposer la police si puérilement susceptible, que de plonger dans les fers pour si peu, pour rien, de si badins jeunes gens. Mais tout le quartier nous assura que c'était pour avoir appelé la demoiselle *Ange de Porcelaine* que les verrous avaient été tirés sur eux. Il fallut se contenter de l'explication et jouir bien vite du calme déterminé par le délit.

〰〰〰

J'ai observé sur le Rhin un genre d'appareil, — car on ne peut l'appeler bateau ni radeau, — dont la description doit être faite. Figurez-vous deux petites pirogues, d'environ six pieds de long, pontées, parfaitement closes, et conséquemment insubmersibles. Deux branches de fer les réunissent parallèlement à deux pieds de distance. D'autres branches de fer forment un siége fixé sur toutes deux ; là-dessus se place un homme, chaque pied posé sur un des corps flottants ; les centres de gravité sont calculés pour un assez scabreux équilibre. Assis là-dessus, il manœuvre alternativement de droite et de gauche une rame à deux pelles comme une double spatule. Cette espèce de balsa indien, bien manœuvré, à peine posé sur l'eau comme deux longues feuilles de bananier, va très-vite et remonte le Rhin, sous une main habile et forte. On dirait un patineur chaussant ces barquettes, et décrivant mille méandres surprenants, un balancier à la main, sur la périlleuse surface d'un fleuve qui court. C'est charmant à voir... mais assez humide à essayer, j'en sais quelque chose. Cette fois là j'eusse peut-être préféré le vin du Rhin au bain.

                  ~~~

J'ai dit, l'autre fois, que Bonn et ses environs étaient la colonie d'été de la ville de Cologne. Éparpillés dans toutes les villas et dans tous les villages du fleuve, les Colonais passent leurs soirées à se faire des visites en chapeau de paille et en vestes de coutil. Compris dans l'orbite de quelques amis logés par là, j'ai fait quelques-unes de ces visites. L'hospitalité qu'on y reçoit est à faire tressaillir les fabuleuses mânes de Sancho Pança, ce goulu, ce glouton, ce goinfre, ce gouliaf. On vous établit sur une terrasse, dans un pavillon en plein air et dominant le Rhin, sur ce point encadré de hauts monts d'un vert que le soir fait de bronze, couronnés de quelques ruines profilées noirâtres sur le ciel teint des vespérales clartés. La table rustique est couverte d'une nappe d'un damas satiné, sur laquelle on distribue d'abord tout l'appareil du thé : cristaux de Bohême, plaqués anglais. La vapeur renâcle au long col de la bouilloire, dont le ventre est brûlé par la flamme bleue de l'esprit-de-vin. Entre chaque tasse de cette décoction encore plus anglaise que chinoise, circulent des plateaux, des platées de tartines, de sandwichs, de jambon, de bœuf fumé, de veau froid, de gigot rose, de saucisson agatisé. On mange de tout, de tout un peu, ou plutôt beaucoup, en attendant le reste. Arrivent les glaces, et avec les glaces se manifeste la patisserie. Ce sont ces babas qu'aiment tant les bébés, qu'à leur vue ils oublient leurs *bobos!* Ce sont des tartes endiguant des fruits en compote; des puddings d'un jaune d'or ou d'œuf, tout pointillés de ces raisins que Corinthe nous envoie; des gâteaux dont la Savoie ignore la recette; et jusqu'à ce pain bis appelé *bonpournickel*, dont on mange avec tant de plaisir lorsqu'on n'y est pas forcé. Après le rocher de glace — rose avec les fraises, blanc avec la crème vanillée, vert avec la pistache, — apparaît une vaste soupière où plonge une ample cuiller d'argent : les verres arrivent, unipèdes à la panse rebondie, et la cuiller va transbordant le liquide du magasin général aux divers entrepôts. Car la main du consommateur arrive et l'objet de transit disparaît dans le gouffre qui a absorbé tant de choses, depuis le début du thé baignant le premier veau. Que voulez-vous? Il faut bien se réchauffer un peu l'estomac par-dessus la glace! et ceci c'est du vin aux fruits. La chose est exquise. Je la signale par reconnaissance.

On prend du vin de *Moselle*, un vin aimable et inoffensif, que quelqu'un a appelé du vin de *demoiselle*; on y met des fraises, des quartiers de pêche, le meilleur fruit de la saison, en plus du sucre; cela s'appelle *Erdbeeren schal,* et c'est fort bon. Il y a aussi le *Mai Trank*, que je vous recommande plus encore. Ici le vin de Moselle se colore d'un peu de vin de Bordeaux; on infuse là-dedans certaines herbes aromatiques dont je connais le goût mais point le nom; on ajoute à ceci et à cela des tranches d'orange ou d'ananas, aussi du sucre, et voilà une sorte de bouille-abaisse, d'olla-podrida fructidore et vinicole dont vous me direz des nouvelles au voyage que je vous conseille de faire sur le Rhin. De toutes ces choses il résulte, comme vous voyez, que si en Allemagne on se met souvent à table, on y reste aussi fort longtemps, et que M. Scribe a eu grand tort de fonder une telle réputation d'hospitalité et d'opéra-comique aux montagnards écossais.

Ceux que leur position, leur profession oblige à vivre dans le milieu le plus effervescent de Paris, éprouvent de temps en temps d'irrésistibles besoins de fuite. Ils rêvent la campagne, le bord de la mer, quelque bucolique, la contemplation. Ils ne partent pas, ils s'arrachent. Les voilà heureux, bon voyage! Quelques jours s'écoulent, c'est charmant! quelques semaines... on commence à rechercher les journaux. Mais, à ce propos, qu'on nous permette une petite halte. C'est pour vous dire que les gens d'imagination sont le plus souvent très-malheureux! leur brillante et parfois fatale faculté tend bien plutôt à souffrir du mal qu'à jouir du bien. Au moindre accroc de la vie, les voilà partis en mille suppositions plus terribles les unes que les autres, d'un rien faisant quelque chose, de quelque chose fomentant un événement. Tout est perdu ! et cela, parce qu'une personne préoccupée les a reçus avec un moindre sourire, parce qu'une lettre est d'une heure en retard, parce qu'il y a un nuage gris sur le ciel bleu... parce qu'ils ont trouvé un pli sur une feuille de rose !

Et qu'un symptôme heureux se présente, ne croyez pas qu'ils vont s'en exagérer au même degré les conséquences ! Non. Tout ardeur pour redouter, ils sont toute défiance pour espérer. C'est qu'aussi l'âme humaine nous est ainsi donnée, qu'elle reçoit bien plus vivement les chocs de la douleur que les vibrations de la joie. On souffre plus qu'on ne jouit, et l'on est plus flétri par le chagrin qu'embelli par le bonheur.

Les gens d'imagination ne goûtent jamais dans leur plénitude les instants heureux que Dieu leur donne. Ils sont sans cesse à la poursuite d'un idéal que gens et choses de ce monde ne réussissent guère à réaliser. Ils ne sont jamais joyeux du présent ni satisfaits de ce qu'ils ont. Tout leur bonheur consiste à se souvenir et à espérer. Ils s'exagèrent ce qui a été, ils surfont ce qui sera. Ils aspirent à tout et ne se contentent de rien. Ils sont toujours en avant du temps présent, et attendent follement des choses humaines d'irréalisables idéalités...

C'est ainsi qu'ayant longtemps aspiré après une situation, ils y arrivent; — après une chose, ils la possèdent. Très-bien, voilà le rêve effectué, direz-vous? Ah! que non pas ! Ces imaginations-là vivent dans le bleu de l'horizon et ils ne voient pas à leurs pieds. Leur vie est un mirage, le constant suicide du présent, en vue de quelque chose de

meilleur qui est là-bas... Ils aspirent éternellement à la
page suivante du livre de leur vie, et s'ils cessent un moment de s'escompter l'avenir, c'est pour se retourner vers
le passé. Ce sont eux qui ont inventé la *douceur des souvenirs.* Se souvenir du bonheur, n'est-ce pas le regretter?
Comment alors trouver le plaisir dans le regret? Dante a
dit qu'il n'y avait pas de plus grande douleur que de se
rappeler des temps heureux dans l'adversité... On peut,
je crois, appliquer aussi cette douleur à tous les souvenirs
des bonnes choses perdues dans quelque situation qu'on
soit, car regretter c'est comparer. Si la comparaison est
en faveur du passé, où est donc cette prétendue douceur
de vos souvenirs?

~~~

J'étais depuis dix jours à Bonn, lorsqu'un matin il me
prit une soudaine fureur de partir, et cela, comme si j'a-
vais été mû par un involontaire ressort. Une nouvelle nuée
d'Anglais s'était abattue sur la ville et sur ses entours, et
on ne pouvait plus faire un pas sans s'y cogner. Un joli
Dampschiff à la carène blanche, aux préceintes vertes, à
la longue cheminée bariolée de blanc et de noir et portant
le beau nom de *Gutenberg*, — cher à un homme dont l'ou-
til est la plume, — s'avançait de Cologne, le pont couvert
de passagers groupés dans des attitudes curieuses, et tout
animé de matelots en chemises roses, courant çà et là,
des cordages à la main. Je résolus brusquement de lui
confier mes destins et ma malle.

Ce fut prestement fait. Ces bateaux qui passent à tout

moment, avec ou contre le fleuve, font cent étapes, tantôt en abordant une sorte de pont de bateaux qui s'avance sur le Rhin, tantôt stopant la vapeur, et attendant les barques détachées des petites localités, et leur jetant ou leur prenant quelques voyageurs. Toutes ces coques s'arrêtent, je dois le dire, moins souvent pourtant que les locomotives des railways. Celles-ci, dans ces pays, s'arrêtent, non pas à chaque station, mais à chaque arbre; - c'est exaspérant!

V

Me voilà donc parti de Bonn pour la découverte de mes
impressions sur le Rhin. Mon premier soin fut d'invento-
rier la société avec laquelle j'allais passer une heure, pas
davantage, car armé contre moi-même d'un itinéraire inflexible tracé par une main experte, je devais mettre toute
une semaine à faire un trajet que les gens pressés font en
dix heures. J'allai coucher à Remagen.

La première personne que je trouve sur le pont du Dampfschiff, c'est un fatal Parisien, enrichi par je ne sais quelle
flanelle ou quelle mélasse, et qui s'est imaginé, depuis
qu'il est en retraite, de se fourrer parmi les artistes et les
écrivains.

« — Ah, monsieur ! quel pays ! — s'écrie-t-il en me

voyant, — comment vous portez-vous? Avez-vous bu du
walporzheimeranslese ?·

» J'ai bien mnémonisé le nom, et d'ailleurs, je décolle
toutes les étiquettes des bouteilles. J'en ferai un album
plus tard. Quel vin! il semble qu'on suce une pierre à
fusil! Allez-vous loin? Nous ferons route ensemble. Vous
allez écrire sur tout ça? Vous me raconterez ce que vous
mettrez... Je vous communiquerai mes impressions; ce
sera fameux! »

Les écrivains savent que de gens on rencontre ainsi par
le monde, qui ont, disent-ils, des choses du plus haut comique ou du plus fort dramatique à vous raconter, pour
vos livres, pour vos pièces. Cet homme était un de ces
pourvoyeurs prétentieux. Il s'imaginait se faire ainsi
tolérer par des esprits qui le repoussaient, lui et ses gros
sous.

« — Oui! reprit-il, je vous livrerai mes observations,
mes impressions, mes sensations. Et tenez! il m'est arrivé
le jour où j'ai quitté Paris une chose adorable, dont on ferait un délicieux vaudeville pour le Palais-Royal. Imaginez-vous (il rit) que ma bonne arrangeait des épinards...
Ah! ah! C'est très-drôle, vous allez voir. Voilà qu'au lieu
d'y mettre du beurre...quelle farce! ça ferait un effet!...
au lieu, dis-je, d'y mettre un morceau de beurre... ah! ah!
ah!... elle se trompe, et y fourre un morceau de savon!...
Quel sujet! Voyez-vous Grassot là dedans ?... ça ferait courir tout Paris! »

Je plante là cet animal, et vais au milieu d'un groupe de
femmes qui se tient à l'arrière. C'est tout un nid de gazouil-
lement, un charmant fouillis de soie, de gaze, de collerettes,

de rubans, de dentelles, d'écharpes, de fleurs, de voiles,
d'ombrelles... parfums que le vent emporte, cheveux qu'il
lutine, babil qu'il étouffe, éclats de rires qu'il disperse ;
c'est la vie, la jeunesse, la beauté, le bonheur !

～～～

Ce quidam menaçant d'altérer quelque peu mon *voyage
d'agrément*, je cherchai à m'en débarrasser le plus vite possible, peu soucieux que j'étais d'entendre ses nouveaux
scénarios de vaudevilles aux épinards. Je ne vis donc pas sans
plaisir se dresser sur le coteau vert un peu égratigné, éven-
tré çà et là par des chutes de pierres, la petite église go-
tique moderne bâtie par Zwirner, l'architecte du dôme
de Cologne. Je m'approchai perfidement de mon homme,
lorsque je vis le bateau près à s'arrêter, et je lui signalai
un superbe point de vue de la chaîne des Sept-Montagnes,
et cela pour le captiver à l'arrière, tandis que je m'esqui-
verais lestement à l'avant. Ma manœuvre réussit selon ce
programme ! et j'étais déjà sur le quai avec quelques autres
passagers, lorsque le gaillard se retourna, promptement
repu de son point de vue. Il me vit, fit un geste de désespoir, accourut sur le plat-bord... Mais il était heureusement trop tard, le vapeur filait... Le seul chamois des montagnes eût pu sauter.

« – Si vous m'aviez dit ça ! — me cria-t-il.

» — Quelle idée ! » — répondis-je.

Remagen a beau prouver une origine romaine et avoir joué
un rôle avant J.-C., ce n'est aujourd'hui qu'un village, et
un village qui n'offrirait même aucun intérêt aux yeux du

voyageur, n'était le monument qu'on vient d'y bâtir et
l'admirable vue dont on jouit de sa terrasse. Et c'est en
effet un spectacle singulier et imprévu, que de voir s'élever
sur le petit plateau qui domine cet amas de maisons sans
alignement et sans prétention, la jolie petite église, gothique
et rose, et ses quatre clochetons évidés, qui semblent avoir
accroché par les airs les étoiles d'or que le soleil fait scin-
tiller à leur pointe aiguë. C'est là que j'allai tout droit.

Le comte de Fuerstenberg, chambellan du roi de Prusse,
est le représentant actuel d'une grande famille à laquelle
incombait de génération en génération l'exécution d'un
testament religieux. C'est-à-dire qu'une forte somme, léguée
par un de ses ancêtres, devait, après s'être considérablement accrue par les intérêts, servir un jour à élever,
dans le pays, un monument à la gloire du catholicisme.
Pouvant enfin disposer d'un million et demi de thalers,
M. de Fuerstenberg a entrepris ce monument en 1838.
Le site où il s'élève est admirablement choisi, sur une
plate-forme adossée à un rocher granitique dont l'éven-
trement fournit la pierre. Immuabilité de la nature ! Cette
carrière a livré, il y a deux mille ans, les pierres dont les
Romains bordèrent la route qu'ils firent passer en cet endroit ; les sarcophages, les bornes milliaires, les urnes
trouvées au dernier siècle sur ce point même, sortent de
ses flancs impassibles devant le temps, — et la voilà qui
fournit aujourd'hui les matériaux du temple qu'elle abrite
de son ombre, et la pioche du carrier moderne a hier
frappé le bloc où est encore l'empreinte laissée par le fer
du soldat romain !

J'entrai. Je trouvai une église coquette et si l'on peut dire riante, une église tout à fait digne de la Chaussée-d'Antin. Elle a pourtant la forme sévère des églises primitives : une croix ; de grandes fresques ornent tous les murs. Ces fresques sont éclairées, en place des hautes fenêtres ogivales, par des ouvertures rondes qui les surmontent. Elles sont des peintres de l'Académie de Dusseldorf sur des cartons exécutés à Rome sous la direction de Schadow. Deux ou trois sont fort belles, les autres seulement passables. Toutes les têtes des saints y ont, comme chez les Byzantins, une auréole en relief doré qui trouble un peu l'harmonie du coloris. Le reste des murs est orné d'une imitation de mosaïques sur fond d'or, qui rappelle l'église Saint-Marc de Venise. De jolies portes de chêne clair sculpté dans le goût de la renaissance allemande, un orgue et une chaire de même, un dallage de faïence formant un riche damier de rosaces cerise et chamois, constituent un ensemble un peu charmant peut-être pour la plus solennelle des destinations. Il y a une crypte.

Cette crypte, assez jolie pour faire le vestibule d'un hôtel du quartier Beaujon, contient un tombeau. Ce tombeau possédera les reliques de saint Apollinaire, apportées dans le pays avec celles des rois mages qui sont au dôme de Cologne. On attribuait à ces ossements le don de guérir l'épilepsie, un mal à peu près disparu, comme la lèpre, et qu'ont remplacé le choléra et le piano. On venait de tous les pays circonvoisins au prieuré encore debout là, depuis le douzième siècle, pour adorer ces reliques et leur de-

mander le calme de ces convulsions, aujourd'hui passées
dans les tables tournantes. La tête de saint Apollinaris ira
dans la crypte le jour où cette Notre-Dame de Lorette rhénane sera consacrée.

Les visiteurs écrivent leur nom sur un registre. J'en ai
feuilleté vingt pages, pour trouver quelque Durand, Du-
four, Dumont, Duval, Dupont, Dubois, des Français enfin.
Rien ! Et il passe là deux cents visiteurs par jour ; des Anglais, à ne savoir où les mettre, bien entendu ; le reste
Allemands, — et un Français les années bissextiles.

<center>~~~</center>

Ce qui vaut mieux encore que l'art, à Remagen, c'est
la nature. J'étais empressé d'en jouir, et je cherchais une
issue pour arriver à la terrasse qui domine tout le pays.
Mais les derniers travaux de construction de la trop jolie
église établissaient un tas de palissades qui, par bonheur,
n'étaient pas tellement infranchissables que je ne me misse
en devoir d'en esssayer l'escalade... lorsqu'une jeune femme
me vit. Et comme j'étais à cheval sur les poutres, elle me
montra la porte du prieuré, passage moins violent, moins
révolutionnaire que celui où s'essayait ma gymnastique.
Lorsque plus tard, et enchanté du spectacle, je rencontrai,
en sortant, cette villageoise, je crûs de mon devoir autant
que de ma reconnaissance de lui offrir quelques petites
monnaies de son beau pays. Mais elle, d'un geste fier mi-
tigé par un visage souriant, elle repoussa l'offre, ou plutôt
l'offrande, et me tourna dédaigneusement le dos, emmenant
un enfant qui était là. Si j'avais eu sur moi une tabatière
d'or enrichie de pierreries et à portrait, peut-être la lui

aurais-je donnée... Mais je n'avais rien de pareil, et je m'en
fus avec mon admiration pour le paysage autant que pour
la paysanne, et aussi avec mon économie de kreutzers
(prononcez cruches).

~~~~

Il faisait un léger vent du nord qui est des plus agréables
avec le soleil d'été; c'est, du reste, le meilleur accord qui
soit pour voyager. Sur ce point, le Rhin offre un bel S tout
historié sur ses bords, comme une lettre gothique, par les
villages, les châteaux, les découpures boisées. Les toits
sont bleus d'ardoises, rouges de tuiles, sur les maisons
blanches jaillissant de la douce teinte des vignes. Le jour
tombe, la prière sonne, le Rhin apporte de clocher en clocher les sons glissants à sa surface mobile comme sur une
table d'harmonie. Là-bas les sept montagnes deviennent
de plus en plus sombres, à mesure que le soleil descend
derrière elles, en s'empourprant. Jaunâtre au midi, le Rhin
est tout à fait d'or, d'orangé au couchant, sous le ciel qu'il
reflète. Des bateaux remorqueurs se détachent noirs sur
cette surface ignée. Ils traînent péniblement cinq ou six
massives coques hollandaises chargées à outrance, et l'eau
prête à embarquer au clapotement que soulèvent les roues
de la vapeur haletante qui les remorque. Ces masses pous-
sives refoulant le courant au bout d'un grelin roidi par
l'effort, s'avancent en rechignant, comme un âne têtu que
violente le licou, et portent la famille du patron dans une
petite dunette verte. La femme tricote, soigne son pot et
regarde défiler les villages, assise sur un escabeau. Le
chien du bord assis autrement près d'elle, leur aboie. Le

fils aîné veille le gouvernail, le père veille la remorque. Dieu veille sur tous... et leur vie s'écoule sans autre désir que d'arriver quand ils partent, et de repartir quand ils arrivent. Celui qui les voit passer les croit heureux, car il se demande si le vrai bonheur ne serait pas de ne rien connaître, et, par conséquent, de ne rien désirer...

〜〜

Je reviens lentement par le village. Il paraît que c'est la fête ou la foire, sans quoi ce village serait trop avancé, non pas pour son âge, mais pour ses habitants. Un tourniquet, aux quatre points cardinaux duquel se suspendent des chevaux de bois, le drapeau prussien sur l'oreille, fait émeute dans la jeunesse de l'endroit. J'avise deux très-jeunes Remagenois aux cheveux d'abord blonds, puis brûlés à blanc par le soleil, qui contemplent d'un œil d'ardente envie ces coursiers de l'air. Heureux du voyage, je veux répandre autour de moi la joie, les bienfaits, et que mon passage sur ces bords laisse sa trace... Je paye à ces gamins rhénans l'ascension sur ces poneys pacifiques, délire que leur eussent probablement refusé les auteurs de leurs jours. Stupéfaits d'une telle magnificence, ils grimpent et chevauchent sans me remercier ; ingrats comme des citadins, des civilisés ! Je m'éloigne philosophiquement dans une autre direction, pour me dérober à l'admiration de la foule, qui me prend sans doute pour un Anglais excentrique.

Plus loin je trouve la maison ambulante d'un spectacle forain. C'est une sorte de wagon, une arche avec porte et fenêtres, n'en payant pas l'impôt, faute de stabilité. La chose est peinte de ce vert Véronèse criard, grinçant, exaspéré, dont on habille trop de bancs, de chaises et de tables, dans les jardins déjà suffisamment verts, du pays où je vais. Aux petites fenêtres de quatre carreaux, se chiffonnent des rideaux rouges en toile à matelas. Un tuyau de tôle dessert la cheminée où cuisent de fréquentes et rances saucisses. Un gros chien molosse et borgne grogne dans un panier suspendu sous le train, bien moins suspendu que lui. Ce train bohème c'est le pendant de la dunette hollandaise ; même vie ambulante de ces ménages errants, l'un sur l'eau, l'autre sur terre ; mais l'aquatique plus honnête que le terrestre, c'est bien probable. Une jeune fille d'une quinzaine d'années, brune de peau, noire de cheveux, hardie de regard et impudique de pose, son maigre buste enfoui dans un corsage en vieux velours noir pailleté, rapiécé, et les jambes fluettes passées dans un maillot couleur saumon, se tient sur la porte une clarinette sous le bras, et s'aiguisant les dents sur une croûte de pain bis. Cette bohème, ou plutôt cette bohémienne, fait la parade sur l'estrade du cabinet de figures de cire planté à dix pas de là, dans une rotonde de loques tendues sur des perches chancelantes. Un tableau déroulé par les airs représente, je crois, l'infortuné Dufavel, quoique bien dépassé depuis par le puisatier d'Écully ; — le trépas de Fualdès, *chevalier romain*, dit la pancarte, — et la mort de Henri IV sous le fer de Ravaillac. Le manque de fraîcheur de ces sujets démontre que le Curtius errant spécule sur l'absence totale de journaux dans la localité où il s'arrête.

A vingt pas de là, comme j'écris ceci sur mon carnet,
j'entends les sons d'un piano! C'est à n'en pas croire mes
oreilles. Je me retourne, je regarde, je cherche... et me
voilà convaincu que cela sort de la plus curieuse masure,
de la plus chancelante bicoque que Callot eût pu dessiner
pour y loger ses mendiants aux hardes frangées. On joue,
ô Bellini, cet air de ton Romeo :

> « *E serbato a questo acciaio!* »

Et on se demande comment ces notes élégantes et plain-
tives ont pu arriver dans ce village, qui en est encore, en
fait de figures de cire et de Sires, à S. M. Henri IV. Ma halte
et mon carnet excitent autant de curiosité que j'en res-
sens moi-même ; toutes les fenêtres des maisons me regardent par tous les yeux de leurs habitants, et comme le
piano, sans doute ému lui-même, s'arrête à cette phrase
passionnée pour Juliette Capulet :

> « *L'amo, ah l'amo e m'è più cara...* »

une femme de plus apparaît vaguement à travers un fouillis
de volubilis et de vigne folle qui grimpent à une seule fenêtre de la masure, comme pour signaler chez l'habitante
une exception. Je m'éloignai bien vite sans chercher à la
voir, afin de pouvoir m'imaginer que cette femme était
jeune et belle, que quelque roman l'avait jetée là après
une existence commencée dans les villes, — et qu'elle attendait un autre roman pour en sortir. En débouchant sur

la place, et comme la nuit tombait, je me trouvai en face d'une fontaine plantée dans une vasque ample et débordante. Remagen doit rester dans mon souvenir par les féminines impressions. Il y avait là une douzaine de filles plus ou moins jeunes, plus ou moins jolies, lavant toutes de la salade. Comme je souriais de les voir faire, elles éclatèrent toutes de me voir rire, et ce fut comme un courant électrique de porte en porte et de fille en fille, où toutes lavaient uniformément la même salade. En voilà pour dix ans à ne plus voir de la salade sans penser à Remagen !

La salade et la pipe, telles sont les passions désordonnées de ce petit pays. Si je n'ai pas vu une femme sans laver l'une, je n'ai pas vu un homme sans fumer l'autre. Tout cela a l'aspect bonasse, souriant, tranquille de dignes herbivores qui n'ont nul besoin d'être civilisés par des chevaux de bois et des figures de cire. Les chiens mêmes, en ce pays que trouble un seul piano, en prennent à leur aise, et s'étalent, comme s'ils étaient à Constantinople, au beau milieu de la rue, les uns en attitude de sphinx, les autres sur le flanc, et sans souci des voitures qui sont les fables de la voie publique. Je rentre pour souper.

La première chose que je vois dans la salle basse, c'est... — de la salade ! — direz-vous ? — Non, c'est le fatal Parisien ! Cet être s'exclame à ma vue :

« — Ah ! vous voilà donc enfin ! Je n'ai pas voulu vous laisser seul ! Le vapeur arrêtait à *Lins*, je me suis fait débarquer pour venir vous rejoindre, je n'ai pas mis deux heures... tout le long d'une voie romaine... ou romane, une œuvre de l'empereur Marco... Marc-Aurèle... si je me souviens bien, car on a étudié son Rhin avant de venir le voir ! Vous venez de visiter l'église neuve ? un ex-voto. Nous y retournerons demain, au lever du soleil. Oh ! que je vous raconte un délicieux sujet de comédie qui s'est offert sur le bateau, après votre départ ! Imaginez-vous qu'on a débarqué ici, en même temps que vous, un Anglais... Ça doit être un Anglais ; mais dans la comédie vous pourrez mettre qui vous voudrez, un Persan, un Mède. On lui donne sa malle : très-bien... c'est-à-dire très-*mal*... Ah, ah, ah ! malle et mal ! ceci n'est pas déchiré, qu'en dites-vous ? On lui donne sa malle. Bon ! mais voilà qu'on se trompe, et qu'à Linz un autre Anglais (vous pourrez mettre un Allemand, un Marocain) cherche son bagage pour descendre, et qu'on lui donne la malle du premier Anglais ! Vous voyez tout le parti qu'on peut tirer d'un pareil sujet..., car l'un peut trouver dans la malle de l'autre telle ou telle chose..., et l'autre..., tandis que l'un... Enfin vous arrangerez cela ! je ne vous demande pour ma peine qu'une loge à la première représentation. Il faudrait le Gymnase... Lesueur serait fameux dans le rôle de...

» — La malle ? — répondis-je ; — animal ! pensai-je. J'appelai l'aubergiste et lui demandai à souper.

» — Pour deux ! pour deux ! — fit le fatal Parisien.

» — Écoutez ! lui dis-je, — vous m'apportez toujours des sujets de pièces de théâtre, je veux m'acquitter envers vous. Je vous offre non pas un sujet de roman, mais bien un roman déjà commencé dans le réel, et dont vous pouvez être le héros.

» — Ah bah ? comment ça ? — dit-il, je serai un héros de roman ?

» — Tout à fait, et je vais vous confier l'affaire,—ajou-tai-je, en regardant autour de moi, avec un air de mystère, et en baissant la voix. — Ma présence ici n'est pas un hasard, un caprice, loin de là ! »

~~~

« — Vous connaissez à Paris Duvorsant ?

» — Non...

» — Eh bien, Duvorsant a emmené de Dusseldorf, en revenant de Hollande , où il était allé acheter des oignons de tulipe, une très-jolie fille, lui promettant de la conduire à Bade, puis à Paris. Mais ayant appris qu'il y avait à Bade je ne sais quelle demoiselle qu'il voudrait épouser l'année prochaine, il a interrompu le voyage de la jeune Prus-sienne, et l'a cachée ici, jurant de revenir la chercher avant quinze jours. Dans la crainte de quelque aventure, il l'a enterrée dans ce village, tête à tête avec un piano qu'il a fait venir de Cologne pour l'amuser. Je ne vous ra-conterai pas comment j'ai su toute l'affaire... ça ferait longueur. Qu'il vous suffise de savoir que le traître l'a laissée sans argent, pour qu'elle ne puisse pas fuir. Je venais la délivrer, comme un nouveau Persée une autre Andromède. Elle est jolie comme un cœur, et brûle de remonter le Rhin. Vous êtes seul, aimable, opulent... C'est votre affaire ! vous n'iriez pas jusqu'à Bade, à cause de Duvorsant, voilà tout. Est-ce fait ?

» — Hum ! hum !... Parle-t-elle français cette victime ? Vous savez que je ne sais dire ni oui, ni non en allemand.

» — Elle ne parle que sa langue... Mais la musique est
une langue universelle... Vous êtes sans doute musicien,
et au moyen du piano et d'airs connus...

» — Mais nous n'aurons pas toujours un piano sous la
main !

» — Alors vous chanterez... ; les notes feront allusion
aux mots, rien de plus simple ; par exemple, vous pourriez
dès ce soir aller murmurer sous sa fenêtre l'air d'*Almaviva*
à *Rosine*... C'est un synonyme d'enlèvement. Si je n'étais
pas obligé de rejoindre toute une société à Hombourg,
certes, je ne vous céderais pas l'aubaine... ni l'aubade.
Est-ce fait ?

» — ... Ça n'est pas de refus. Mais pourtant j'aurais
assez aimé à voir cette Rosine, avant le rapt. Comment
consentira-t-elle à me suivre ?

» — En vous voyant. Elle a d'ailleurs écrit à Dusseldorf
pour qu'on vînt la dégager, et j'avais promis. Je suis annoncé. Moi ou vous, c'est égal ! Allez donc, et de l'aplomb !
Elle soupire après sa liberté. Elle a des yeux bleus superbes, et des cheveux qui viennent jusque-là... à ce qu'on
m'a dit. Ça y est-il ?

» — Alors demain...

» — Demain soit ! demain soir. Je vous conseille d'aller
dans la journée louer une voiture à Bonn, de revenir par
la voie... de Marc-Aurèle, et d'être prêt pour minuit ; car
prendre le bateau de passage ici serait imprudent. Vous
irez vous rembarquer à Linz ou à Niederbreisig. Quel
agréable voyage vous allez faire ! Ah ! si je n'étais pas
violemment attendu à Hombourg... certes, nul autre que
moi... que moi, entendez-vous ? ne..., »

~~~

Et je lui tins encore cent autres propos assortis. Il n'é-
tait qu'à demi persuadé, mais n'osait, par amour-propre,
décliner l'aventure. Pour moi, le principal était qu'il me
laissât partir seul le lendemain, bien certain, une fois sé-
parés, qu'il ne retrouverait plus ma piste, et que je serais
débarrassé de ses sujets théâtrals, et de sa science selon le
Guide Richard. Quand nous fûmes nous mettre à table,
nous ne trouvâmes que de la soupe dans deux tasses à
café.

« — Que diable est-ce que cela? » — demandai-je déçu, vu
le florissant appétit puisé dans l'admiration des montagnes.

La chose s'expliqua : nous avions demandé à *souper*... on
avait compris que nous voulions de la *soupe*. Morale : il
vaut encore mieux s'escrimer en anglais dans les petites
auberges du Rhin, qu'en français.

On finit par nous donner diverses choses solides, trop
solides même, à nous mettre sous la dent; après quoi, feignant le sommeil, je laissai le fatal Parisien, non sans bien
lui monter la tête sur le roman-piano, et j'allai m'appuyer
à mon balcon, pour jouir pour la première fois, loin des
villes et des Parisiens, de l'aspect nocturne du Rhin.

~~~

La nuit, dans cette ombre qui, comme la mort, absorbe
et égalise tout, le Rhin, qu'on voit à peine, ne s'entend pas.
On dirait qu'il dort... et pourtant, l'infatigable court toujours, et il court à sa perte, on peut le dire! car, en Hollande, répandu en nappes, filtré en ruisseaux, bu par les

sables, ce n'est plus le Rhin, ce n'est que de l'eau!
Le soleil s'était couché à l'italienne : dans une pourpre vio-
lacée, dans un or sombre. Les hauts monts se profilaient
encore sur le crépuscule qu'il avait laissé. Au midi, monts
et ciel, tout était confondu, impénétrable. Nous étions,
à Remagen, comme au fond d'une grande cuve encaissée,
noire. De temps en temps on voyait une lumière, une
étoile qui glissait sur l'eau qu'on ne constatait guère que
parce qu'on savait qu'elle était là! C'était un dampfschiff
qui arrivait, un fanal pendu sous la guibre. Bientôt on entendait le bruit de ses roues crevant l'eau, les pulsations
de sa machine. Quelques lumières éparpillées aussi çà et là
sur les rives habitées, disparurent peu à peu, si bien que
pour le regard tout n'était plus qu'impénétrable abîme.
On entendait de temps en temps aboyer quelque chien,
auquel un autre répondait... puis bientôt plus rien. . .

. . . .

Étrange et bien nouvelle sensation pour un homme habitué
à l'éclatante vie du soir d'une capitale, à l'heure de l'opéra,
du bal, du monde paré... et masqué, pourrait-on dire,
pour parler à la fois au physique et au moral!

~~~

Le lendemain, dès l'aube, je pris le premier bateau sans
plus me soucier du fatal Parisien et de son roman-piano.
Nous saurons plus tard comment tourna l'affaire, dont il
offrira le récit, comme sujet de vaudeville à la première
rencontre littéraire qu'il fera. Il y aura peut-être cette fois
un véritable argument comique. Nous verrons. En attendant, je fuis.

Je fuis, vite d'abord... mais me ralentissant bientôt, car ce pays est superbe, et à côté de la joie de le revoir, je doute qu'il en soit une plus grande que de le voir pour la première fois. On se fait une valise, un sac contenant l'indispensable, et on laisse le gros bagage aller stupidement tout droit à Coblence, qui est à peu près le milieu du plus remarquable parcours du Rhin. Celui qui a le plus voyagé et dont l'esprit est conséquemment passablement blasé sur les surprises comme l'œil se familiarise aux merveilles, — ne saurait pourtant voir sans exclamation défiler le long du bateau ce double panorama de l'éternelle et surprenante nature, rendue plus intéressante encore par les œuvres des hommes: guerriers romains, tyrans féodaux, sybarites modernes, — la tour suivie du burg, et au burg succédant la villa.

~~~

Les villes du Rhin sont reliées les unes aux autres par des bourgs, les bourgs par des villages, les villages par des châteaux, les châteaux par des chaumières! telle est la rive, en sa chaîne de continuelle animation. Tout cela se détache: églises, monuments, maisons; l'antique, le féodal, le moderne, chaque chose avec la couleur de son âge et la forme de son époque, sur le fond vert des montagnes encaissant le fleuve. Fond vert clair avec les vignobles, plus sombre avec les forêts. Çà et là les monts éventrés laissant voir, sous l'épiderme velue de végétation et déchirée par quelque grande blessure des cataclysmes, leurs entrailles de granit d'un rouge couleur de sang. La pierre qui tombe de ces carrières a bâti les villes qui bordent ce fleuve. Et sur la cime de chaque mont, un castel, une tour, une forteresse ! Au seizième siècle, avant les dévastations de Louis XIV et les guerres du Palatinat, ce dut être un imposant et formidable spectacle, que celui de cette longue suite de repaires dessinant sur le ciel leurs embrasures, leurs pignons, leurs créneaux, et tour à tour habités par des héros ou des brigands, dont les noms vivent encore sur les ruines de leurs forteresses. A partir de Remagen, chaque montagne et presque chaque colline a son castel, son donjon, sa tour : Erpel, Okkenfels, Ohlenberg, Arenthal, Rheineck, Dattenberg, Argenfels, Hammerstein, Alten-Pfalz. Chaque lieu, chaque toit, chaque ruine a son histoire prouvée, ou sa légende probable. Mais si l'histoire varie avec les temps, les événements, les passions, les hommes, on doit dire que la légende, au contraire, varie peu. C'est toujours une odyssée guerrière brodée d'une élégie d'amour. On en citerait vingt sur ce thème légèrement modulé dans les détails : un chevalier épris d'une jeune châtelaine, la quittant pour la gloire, revenant plein d'espoir et trouvant la mort. Tous les ermites du Rhin ont été des amants désespérés. Ces solitudes aériennes se sont peuplées de cœurs brisés pour une créature, et se retournant vers le Créateur. Je ne citerai qu'une de ces légendes, la réduisant à la plus simple expression, aux plus simples expressions, pour donner l'idée de cette poésie éplorée qui erre, la nuit, sous les sombres pins dont le Rhin se fait des forêts comme nous en faisons des cimetières. C'est la légende d'Argenfels, château réparé, et habité de nos jours par le comte Westerholt.

Diether de Schwarzeneck était un chevalier partant pour la Syrie. C'était au temps où vivait saint Bernard, où l'Orient s'ouvrait aux croisades. Diether se rendant à Spire pour trouver le saint, s'arrêta chez le sire d'Argenfels, et y vit Bertha, la plus jeune des filles du châtelain. Les charmes de la donzelle asservirent le pèlerin, au point que s'il n'eût fait vœu de croisade, il fût resté où était son cœur. Mais saint Bernard réclama son chevalier, et Diether partit occire les Sarrazins qui profanaient la Terre-Sainte. Soit qu'il apportât quelque distraction dans le combat, tout préoccupé qu'il était de Bertha, soit qu'il fût assailli par le nombre, toujours est-il que Diether tomba prisonnier des infidèles et qu'il fit vœu de bâtir une chapelle en l'honneur de sainte Berthe, s'il revoyait jamais le Rhin que dominait le manoir des Argenfels.

Une grande bataille a lieu, Diether est délivré ; il quitte la Palestine et revient en Allemagne. Éperdu de joie, d'amour, il aperçoit de loin les tours, les cloches qui avoisinent le castel qui renferme la bien-aimée. Il avance... mais, ô surprise ! ô terreur ! ô désespoir ! Argenfels n'est plus qu'un monceau de ruines ! Une dévastation récente a semé de décombres le lieu où se dressait fièrement naguère le manoir des sires rhénans ! Emporté d'assaut par les ennemis du baron, il avait servi de tombeau à son défenseur, et on ne savait ce qu'étaient devenues les filles du châtelain. Avaient-elles péri sous les tours croulées ? avaient-elles trouvé quelque refuge ? Nul ne put le dire au chevalier, qui, navré de douleur, alla s'enfermer dans son propre castel, situé dans l'intérieur des montagnes, résolu à se faire ermite, à retourner tout à Dieu.

Un jour, comme il errait sur les monts pour choisir le lieu désolé où il bâtirait son ermitage, quelle ne fut pas sa surprise de voir, sur la cime du Stromberg, une des sept montagnes, le lieu même qu'il rêvait pour sa retraite, un petit ermitage de construction récente. Il y pénètre... et qu'y trouve-t-il? vous le savez bien : Bertha, qui, sauvée du sac du château par un passage souterrain, et recueillie, ainsi que sa sœur, chez un vassal fidèle, apprenant à la fois la mort de son père et la captivité de son amant, s'était enfouie dans ce désert, et y pleurait les deux objets de ses diverses affections, en se préparant à la vie religieuse. On pense bien que le jeune sire de Schwarzeneck n'eut pas de peine à ramener Bertha à la vie du monde, et qu'au lieu de prendre le voile de la nonne, elle reçut avec joie celui de la fiancée. Ils allèrent se fixer dans la ville de *Worms,* si voisine de celle de *Spire,* sur le haut Rhin, que ces deux noms réunis font naturellement penser que l'illustre Robert Macaire, un chevalier aussi celui-là, à sa manière, allait pieusement rechercher la trace de ces deux tendres époux, et y rêver mélancoliquement, lorsqu'il se baptisa géographiquement par là un baron de contrebande pour beau-père!

~~~

A part toute sa beauté naturelle, tout l'intérêt de ses monuments et de son histoire, le Rhin offre le spectacle d'une animation qui parfois, ou sur certains points, est extraordinaire. Ses bords sont sans cesse touchés, quittés

par des foules de gens occupés de leurs affaires, animés
de leurs plaisirs. Les vapeurs, prennent et déposent à tout
moment sur tous les points des voyageurs, ou plutôt même des
promeneurs, qui donnent au moindre village un air de fête.
Des barques côtoient sans cesse la rive, des voitures côtoient
toujours le fleuve. Toutes ces maisons qui respirent l'aisance sont, comme des ruches, remplies, entourées de
bourdonnements. Les excursions, les visites se croisent de
tous les points, et dans toutes les cours des Gasthoffs sta-
tionnent des équipages. Les gens des villes se mêlent à ceux
des champs ; il n'est pas de recoin charmant où l'on ne voie
reluire au soleil l'ombrelle de soie de quelque jeune femme !

Le commerce est pour beaucoup aussi dans cette activité du fleuve et de ses bords. Cologne qui reçoit les su-
cres exotiques et bruts, les rend raffinés à toute l'Allemagne.
Les cuirs secs de Buenos-Ayres en repartent tannés en rou-
leaux. En même temps que les produits de par delà l'Océan
y arrivent par le Nord, le Midi lui expédie les immenses
trains de bois flotté que j'aurai à décrire, lorsque je les aurai mieux vus. Les charbons, les houilles, les granits, les
pierres de construction, remontent et redescendent son
cours emplissant outre mesure des chalands presque coulés
et remorqués. Derrière la double chaîne de monts qui l'en-
digue, le Rhin donne accès à cent établissements métal-
lurgiques où le cuivre, le fer, le plomb, sont extraits de ses
vallées et cotés à grandes primes dans toutes les Bourses
de l'Europe. Linz y embarque ses métaux, Andernach ses
tufs et ses meules, Neuwied ses tôles, Coblence son fer
vernissé et ses vins de Moselle, Boppart son charbon de
bois, Caub ses ardoises, Oberwesel ses saumons fumés,

Bingen sa potasse, Baccarach ses vins rouges, Johannisberg
ses vins blancs, Mayence ses jambons..., et le Mein y apporte les nombreux produits de la riche industrie de Francfort. Ajoutez à cela que dans toutes ces vallées charmantes
au fond desquelles serpentent les rivières qui viennent
s'unir à lui et y abdiquer leur nom, comme dans toutes les
unions, — naïades violentées, perdues et éperdues dans
l'étreinte du fleuve ardent — ajoutez, dis-je, que dans toutes
ces vallées, quelque rocher frappé par la verge, non de
Moïse, mais de la déesse Hygie, voit jaillir une source
d'eau bienfaisante : ici à Ems, là à Schlangenbade, à côté
à Schwalbach, non loin à Wiesbaden, plus loin à Hombourg, plus loin encore à Baden-Baden ou à Wildbaden, et
çà et là en dix autres lieux moins fameux dans les annales
de la fashion et des plaisirs comme dans celles de la science
de guérir. N'est-ce pas le plus beau comme le plus riche
fleuve du monde, et que me parlez-vous du Danube si désert, du Gange si éloigné, et du Mississipi si jeune ! Quant
à maint autre fleuve, ce qui leur manque souvent plus encore qu'une histoire... c'est de l'eau.

~~~

Il est bien rare de remonter le Rhin sans faire la rencontre de quelque colonie d'émigrants, descendant de
toutes leurs patries, et courant à la mer ! les vapeurs en
sont, par certains jours, encombrés. Ils étaient curieux et
tristes à voir, avec de plus réelles casquettes que les extraits portés en équilibre par les étudiants; très-variés de
toilette, mais toujours un peu voyants : pantalons à larges
raies, à vastes carreaux, gilets flamboyants, cravates en

faux foulards, énormes chaussures, un bâton. Presque tous imberbes, même les hommes faits ; blondasses, chiendents, chamois, renard, pelage couleur bois, et très-fiers de la plus petite ombre de moustache. Sac sur le dos, ou, le plus communément, le peu qu'ils emportent ficelé dans un vieux morceau de toile cirée et déchirée, suspendu au bras par un vieux bout de lisière. Quelques-uns ayant un vrai sac, une vieille gibecière de chasseur, les aristos ! J'en remarquai un qui portait un sac en tapisserie, don de quelque aiguille délaissée au pays, avec l'espoir du retour. Sous tous ces sacs une formidable paire de bottes, ferrée, clouée, sur pilotis, effrayante à soulever, qui parcourra le monde, laissant à tous les cailloux, excepté à ceux de l'Eldorado, un atome de ce fer luisant. Tous aussi ont, sous ce sac, une vieille brosse à habit. Où est l'habit ?

Quelques-uns ont des allures d'étudiants dégénérés. L'ensemble est solide, brutal de forme, peu intelligent de visage. Tous fument. Ont-ils déjeuné ?

Que de malles, de caisses, de paniers, de sacs, de barils, de bahuts couverts de fleurages et d'oiseaux peinturlurés, s'entassaient sur les ponts avec cette inscription : *Emigranten-gut !* Les femmes gardent et regardent tout cela, la plupart flétries avant le temps, et n'ayant de jeunesse que sur leur passe-port. Il y en a qui emportent des cages peuplées, et des berceaux qui le seront. Toute leur fortune est là ; derrière soi rien ne reste, que la patrie étroite. Les vieux s'en vont avec leur doute, les jeunes avec leur espoir, les mères avec leurs enfants, les enfants avec leurs poupées... triste ! triste ! L'agence Chrystie, Heinrich et Cⁱᵉ, embrigade tout cela et fait fortune... à la promettre à tous.

J'oubliais de dire que parmi ces émigrants qui traversaient
Paris l'autre jour, et qu'un théâtre a mis à l'abri, se trouvait une jeune fille qui portait une pauvre petite plante
dans un pot. Qu'était cette poésie ? l'idée d'un germe emporté de la patrie pour le voir se développer dans l'exil !

Eh bien, ces gens qu'on plaint tant à les voir errant sur
leur long chemin, — terre et mer, — s'en vont plus heureux qu'on ne pense ! Épris de l'amour du sol, peu leur
importe où il soit, pourvu qu'il soit leur. Après eux, ils
laissent à peine un regret, et ils emportent le plus doux,
le plus fascinant des biens : l'espérance !

∿∿∿

Nous repassons à l'encre cette note jadis tracée au
crayon sur l'un de nos carnets de voyage :

« Le vapeur *Loreley* (nom d'un des échos du Rhin) me
prend à Oberwesel. Il se trouve beaucoup de femmes sur
le pont. Après avoir poussé çà et là ces reconnaissances et
ces inspections auxquelles se livre tout voyageur qui sur-
vient cherchant des amis, je remarque, assise à l'arrière
du bateau, et appuyée contre une pile de sacs de voyage,
de plaids, de manteaux, — une angélique personne. Rare-
ment un teint plus blanc et plus pur fit petiller des yeux
d'un plus sombre azur. L'expression ajoute un rayonnement indescriptible à la pureté des traits. C'est un visage
d'une poétique mélancolie, dont les lignes raviraient un
sculpteur, dont l'harmonie charmerait un peintre ! De
beaux cheveux d'un noir chaud encadrent de leur ébène
cette image qu'Ary Scheffer eût dû rêver. Je la regarde
avec un ineffable *plaisir d'art...* y revenant sans cesse,

au milieu du brouhaha et des diversions qu'offre le pont du steamer. Elle m'a plusieurs fois surpris la regardant... elle a rougi, et l'animation l'a rendue encore plus jolie !

» Étant allé à l'avant avec *** examiner un vieux burg posé sur la déchirure escarpée d'un roc recouvert de teintes qu'on croirait sanglantes, j'ai été une demi-heure sans regarder-cette délicieuse jeune fille. Nous revenons, *** et moi, nous installer près d'une table couverte de l'attirail de livres, de cartes, de guides dont se munit le touriste au début, — et je remarque qu'elle semble disposé à changer de place. Je pense qu'elle veut se soustraire à la fixité de ma contemplation, et pour éviter de la troubler, de la gêner; je songe à changer moi-même de place. Mais tout à coup elle se lève..... me tourne le dos..... et laisse tomber une vaste mantille de soie noire qui faisait plus que l'envelopper, — qui l'empaquetait.

» Alors que vois-je, *bone deus?* L'angélique apparition est... bossue !

» Elle m'a fait cette fâcheuse confidence, cette franche révélation d'un air tout naturel, et comme une femme qui, lassée d'une position, en prend tout simplement une autre. Puis, s'étant bien montrée dans sa grotesque infirmité, elle a peu à peu, et sans avoir l'air de se préoccuper de personne, relevé sa mantille, respiré un flacon, cherché un livre... après quoi, elle s'est assise le visage tourné vers la droite du fleuve, comme pour rompre avec l'intérieur du bateau, — en regardant défiler le pays, le paysage...

» Son action ne me paraît pas douteuse dans l'intention... Gênée de mon admiration pour son visage, elle a loyalement voulu me prévenir de l'erreur où se plongeait sans doute cette admiration. Elle a voulu m'arracher une illusion qui lui était importune comme femme, et pénible comme... bossue. N'est-ce pas à la fois touchant et charmant?

» Maintenant, elle lit, le visage tourné dehors. Mais les femmes, même les plus modestes, n'ont-elles pas un œil derrière la tête? Il me semble qu'elle me voit, planté là, — côté de la bosse, — surpris, déçu... presque attristé. « Voyons! — se dit-elle, — maintenant qu'il sait combien je suis peu séduisante, est-ce que ce monsieur ne va pas s'en aller, me laissant à mon aise et tournée à ma guise? »

» Eh bien! non, je ne m'en vais pas! Il me semble qu'en m'éloignant après la dépoétisante révélation qu'elle a voulu me faire, tout en la délivrant de ce qui peut être une importunité, je vais l'humilier cruellement, et lui causer un profond chagrin! M'éloigner, c'est lui dire : « En effet, dès qu'on connaît votre infirmité presque ridicule, vous regarder est devenu pénible, impossible, et votre dos annule toutes les séductions de votre charmant visage... »

» De sorte que, — préférant la gêner plutôt que de l'humilier, — je reste là, traçant ces lignes, et la regardant de temps en temps, sans affectation aucune, mais sans abandon. J'ai près d'une heure à passer ainsi avant le moment de débarquer au pied du château du prince de Prusse, et, certes jusque-là je ne serai pas infidèle à ma première admiration...

» Elle ne regarde plus, autrement qu'à la manière détournée des femmes, même les plus pudiques. Elle sait que je suis resté, c'est évident, sans quoi elle se retournerait librement vers l'intérieur du bateau...

» Voici le pied du Niederwald ; la cloche sonne, il faut descendre...

» ... Le bateau est reparti, et l'emporte ! Quand elle a senti que je me levais pour débarquer, elle s'est un peu retournée, et m'a jeté, — comme un remercîment, — un long regard de reconnaissance attendrie...

» Je ne reverrai probablement jamais cette pauvre jeune fille ; mais cette heure, passée sur le pont du steamer du Rhin, me restera éternellement comme un souvenir profond, une impression touchante ! »

V I

Coblence .... septembre.

« — *Monsir! foulé fous oune gomissionnaire! bour bro-
mener dans le fille?* »

Telle est l'offre qui me fut faite comme je sortais de
l'*Hôtel du Géant*, à Coblence. A cette curieuse prononciation, je ne pus m'empêcher de rire. Mais comme j'essayai
de donner rendez-vous à cet officieux pour le lendemain
matin, afin d'aller visiter la fameuse forteresse appelée
l'Ehrenbreitstein, il rit à son tour de mon allemand, si
bien que je n'eus plus envie de trouver son français cocasse. Et à ce propos je fis, en me promenant sur le pont
de la Moselle, diverses réflexions dont il ne me paraît pas
mauvais de consigner ici la substance.

Nous nous moquons sans cesse des Anglais, des Allemands prononçant le français, ou prenant un mot pour un
autre. On a fait des vaudevilles là-dessus et les opéras-
comiques sont fertiles en drôles de corps d'outre-Manche
ou d'outre-Rhin, qui crient : *goddam* ou *der Teuffel!*

Sommes-nous donc beaucoup plus brillants lorsque
nous nous mêlons de parler l'anglais ou l'allemand que
nous ne savons pas? C'est peu supposable, et les caricatures que nous traçons pourraient bien nous être renvoyées
avec quelques traits fort vifs en plus. .

Ainsi du reste. Je vois tous les voyageurs, tous les litté-
rateurs, M. Victor Hugo compris, se moquer du rôti aux
pruneaux, — du canard aux abricots, — du veau aux cerises, — des petites serviettes, — des matelas durs, — des
oreillers mous, etc., etc.

Qu'on s'en plaigne, soit! Mais pourquoi ridiculiser ces
coutumes? En quoi ces diverses choses sont-elles plus ex-
traordinaires, par exemple, que les grandes serviettes dont
on se sert plusieurs fois de suite chez nous, au risque de
se laver avec le linge déjà souillé; — que les matelas mous
et les oreillers durs qui semblent à l'usage des sybarites
et des efféminés?

Quant à manger des fruits avec la viande, qu'y a-t-il à
cela de plus extraordinaire que d'adjoindre, comme on le
fait chez nous, le maquereau et les groseilles vertes? le
fromage anglais et la gelée de groseille? le melon, chez
les uns comme fruit, au dessert, avec du sucre, et chez les
autres comme légume, au bouilli, avec du sel?

Aux Antilles on sert avec les plats doux de la bière et
du sirop. Dans l'Inde on mêle le violent spiritueux qu'on

appelle l'arak aux ragoûts gras de cabri. En Afrique on
verse de l'absinthe dans du cidre. En Italie on mêle le vin
de Montepulciano dans du laitage. Dans nos provinces, les
vieux versent du vin de Bordeaux dans le bouillon gras...
On n'en finirait pas si l'on voulait énumérer toutes les
violentes unions que déterminent çà et là les habitudes,
les traditions ou la corruption du goût. Il y a, enfin, en
plein Paris, plus d'une bonne maison où l'on sert le ro-
gnon de veau avec une marmelade de pommes... nous voilà
bien près du petit poulet aux prunes!

Le Français, qui voyage si peu, emporte avec son bagage la prétention de trouver partout ce qu'il avait chez
lui, dans sa ville, et dès que les choses changent, il dé-
nigre. Il faut pourtant bien s'imaginer que les étrangers
qui arrivent chez nous ne sont pas moins désorientés par
nos usages, et, qu'en fin de compte, il n'est déjà pas si
absurde de dîner à une ou deux heures, comme en Allemagne et dans les pays du Nord, plutôt que de se mettre
sérieusement pour la première fois à table vers sept heures
du soir, comme on le fait chez nous.

D'ailleurs les goûts, les habitudes d'un pays naissent
souvent de son climat, de son industrie, de son commerce.
Tout a sa raison d'être. Comment voulez-vous généraliser
les mœurs? vous ne pouvez, ce qui serait bien plus utile,
généraliser les poids, les mesures, la monnaie, sources de
continuels conflits. Croyez-vous que l'étranger se dépêtre
du premier coup dans vos centigrammes, vos centimètres
et vos centimes?

~~~

Pour insister plus particulièrement sur un point, je rappellerai que nous reprochons aux Allemands de ne pas aimer la mélodie.

Ils nous répondent en demandant pourquoi nous n'aimons pas l'harmonie !

L'Allemand, moins futile, moins distrait que nous dans ses jouissances d'art, cherche à comprendre tout travail, et jouit de le pénétrer. Là où il nous suffit que l'oreille soit amusée de sons, il aime à trouver les combinaisons de la science en sous-œuvre à l'inspiration. Lorsqu'il écoute une symphonie, une ouverture, son organisation, plus sérieusement musicale que la nôtre, se complaît à suivre le travail des instruments, à chercher à deviner comment le compositeur va passer d'un ton dans un autre; il se délecte d'une habile modulation; il jouit d'un heureux accouplement de timbres, et là où nous bâillons, il s'intéresse. Certes, je persiste de beaucoup à préférer la mélodie, — *Il canto che nell' anima si sente,* — comme a dit le poëte, à ces prouesses du contre-point, à ces mathématiques de la portée musicale ! Mais ce n'est pas une raison pour dénier à un grand et intelligent peuple le droit de chercher des jouissances dans la philosophie de l'art, et Beethoven, Mozart, Mendelsohn, Schubert, Meyerbeer, etc., ont suffisamment prouvé, tout en restant fidèles au culte d'une science qu'ils ont élevée jusqu'aux hauteurs du génie, que le chant proprement dit recevait chez eux une hospitalité sans abus. Et nous devons ajouter même que partout où l'étranger abonde, c'est à cette musique facile et vive que les orchestres allemands demandent leurs programmes publics. En effet, depuis que je parcours les villes du Rhin, je n'ai entendu jouer que Donizetti, Rossini, Auber, Hérold... Je veux croire que c'est encore là de l'hospitalité. Revenons.

~~~

Je connais peu de jouissance de voyageur plus charmante que celle-ci : être sur un des bons Dampfschiffs du Rhin, remontant le fleuve, pour avoir le temps de lorgner les rives, ne laissant aucune inquiétude derrière soi, n'étant pas pressé mais étant attendu, et ne comptant précisément ni les heures, ni les écus. Une large tente abrite l'arrière du tillac, légèrement secouée par une petite brise ou par l'élan du sillage. Un côté des montagnes est en plein soleil, l'autre dans l'ombre. Les villages, les vignobles, les forêts, les ruines défilent. Les vapeurs se croisent, se dépassent en se causant mutuellement une petite houle, un léger clapotement sous les ardentes palmes de leurs roues. Les voyageurs sont formés en groupes sur chacun desquels on pourrait presque planter l'exclusif pavillon d'une nation.

Les Allemands causent d'autre chose que du Rhin; ils sont blasés, et le fleuve n'est plus pour eux qu'une grande route qui les porte à leurs affaires.

Les Anglais se sont constitués de petits campements, de soigneuses installations à la Robinson. Ils ont groupé la tribu flanquée des sacs et valises au meilleur endroit, autour d'une table couverte de leurs objets de main. La carte est étalée, le plan du Rhin est allongé, retenus contre les folâtreries du vent par le poids des livres. Le *Guide* est ouvert à la description de l'endroit où l'on passe, le doigt suit sur le plan... et il arrive ceci : c'est qu'au lieu de regarder sur ce plan et dans ce *Guide* pour bien constater où l'on en est du paysage, l'Anglais vérifie sur le paysage le point où il se trouve du plan!

J'ai visité, avant d'arriver à Andernach, un des premiers châteaux reconstruits, habités. C'est celui de *Rheineck*. Il n'offre guère plus de l'ancien castel que le donjon carré du midi. Sa reconstruction date de 1832; c'est un architecte français, M. Lassaulx, qui en a été chargé par le propriétaire actuel, M. de Bethmann-Hollweg. Cette visite est intéressante, et la vue du jardin embrasse admirablement plus de quatre lieues des méandres du Rhin. En visitant ces poétiques et contemplatives demeures ou plutôt ces retraites, il n'est guère de voyageur un peu porté à la rêverie qui ne fasse étourdiment le vœu d'habiter là. Le Rhin m'a souvent fait naître ce désir de retraite, de calme, de paix, de travail sérieux et réfléchi, si différent de celui que la vie ardente d'un grand centre tumultueux détermine par le journal qui, comme l'a si bien dit Léon Gozlan, ressemble à Louis XIV : « Il n'attend pas. »

Eh bien! chaque fois que me naissait ce désir, un souvenir venait en même temps m'en calmer l'ardeur. Il y a quelques années, c'était en Suisse, nous avions, toute une société d'amis, péniblement gravi sur un des plus hauts plateaux qui dominent Genève et le Léman. De là, s'étendait une vue merveilleuse sur le pays le plus tourmenté de l'Europe, avec les neiges éternelles du mont Blanc derrière nous, et le soleil le frappant d'éblouissement. Ravis, nous nous exclamions tous.

13.

« — Que je voudrais demeurer là! — dis-je en montrant un petit chalet, si bien posé sur la déclivité d'un mont, qu'on l'eût dit élevé par des moines, — quel plaisir d'avoir sans cesse un tel spectacle sous les yeux! comme on ressent ceci! comme on éprouve cela! comme... »

Et patati et patata! Mon lyrisme déborda en une longue tirade toute hérissée de points d'exclamation, d'admiration.

Une assez jeune femme qui cherchait des herbes était là accroupie et m'entendait. Quand j'eus fini de jouer mon air de *bravura,* elle se redressa, se planta devant moi, et me dit :

« — Ah! monsieur! comment pouvez-vous proférer de pareilles choses et former de pareils vœux! Moi qui ne connais rien dans l'univers que les deux ou trois petits villages qui sont là en bas, je n'y puis pas tenir! j'y meurs d'ennui, d'abandon,... de sublime et de contemplation, comme vous dites. Ah! si vous saviez! J'aspire après le dimanche avec rage, pour cesser un peu de voir de si haut et toucher un peu la terre. Vous! un monsieur qui connaissez le monde, les villes et tout... vous n'y resteriez pas huit jours sans vous révolter! Allez! tout ça est magnifique en passant, comme curiosité, comme spectacle...Condamné à y vivre, — on y meurt! »

Cette tirade amère d'une femme plus vulgaire de condition que d'esprit me revient toujours à la mémoire avec son ton pénétré et son regard désespéré; lorsque quelque lieu analogue me jette ses premières séductions. En effet, nous autres civilisés, nous sommes faits pour le tourbillon et le combat. Si nous en sortons parfois avec joie, c'est

de fatigue, et pour reprendre à l'écart de nouvelles forces...
quelquefois aussi pour guérir ! Mais le corps retrempé par
le repos, nous réaspirons bien vite à la lutte, à ses plaisirs,
à ses souffrances, à la seule vie qui soit, enfin ! De pareilles
retraites, même bien moins austères que ne le sont les
Alpes sauvages, ne seraient supportables que pour des gens
— ou tout à fait heureux — ou totalement malheureux !

~~~

Il y a, sur la rive gauche, en remontant le fleuve, et non
loin du Rheineck, un autre château planté comme un nid
d'aigle, sur une excroissance de rochers gris et nommé
Hammerstein ; son histoire pourrait être curieuse, si elle
était l'objet d'un récit tout spécial. Il n'offre plus qu'un
amas de tours ébréchées, de voûtes effondrées, de murailles crevassées. Ces ruines d'un édifice célèbre furent
vendues en 1823 au baron d'Egworde, pour la somme de
trois cents francs... Sachez en deux mots quel théâtre,
quels souvenirs on acquerrait ainsi, pour le prix d'un dîner
de lorette aux Frères-Provençaux.

Bâti vers la fin du dixième siècle, Hammerstein, d'abord
disputé par les comtes de Vétéravie et les archevêques de
Mayence, reçut maint assaut et fut démantelé. L'empereur
Henri IV le fit réparer, et s'y réfugia contre les poursuites
de son fils, y cachant dans un caveau, dont l'ouverture est
sans doute là, béante quelque part, la couronne, le globe,
le sceptre, la main de justice et tous les joyaux de l'Empire. Henri V arrive, livre l'assaut, pénètre, cherche ces
trésors... mais en vain, car le caveau est comblé. Furieux
de ne rien trouver, il incendie le manoir et s'éloigne. Des

paysans font pendant de longs jours sentinelle sur ces décombres, et lorsque les soupçons doivent être passés, ils
fouillent et déterrent tout cet or, ces pierreries, ces insignes impériaux qui revoient la lumière du jour. — Plus
tard, pendant la guerre de trente ans, le château relevé
est enlevé et occupé par les Suédois, — puis par les Espagnols, — puis par les troupes de l'électeur de Cologne,
— auxquelles le reprennent celles de l'électeur de Trèves.
Puis il est de nouveau et définitivement saccagé au dix-
septième siècle, et ses ruines ne se relèvent plus. Les voilà
telles qu'elles ont enseveli leurs derniers défenseurs ; total :
cent écus !

~~~

En face presque, un singulier spectacle. Ce sont des
étagères de vignes. Le flanc ardu d'un mont de basalte
a été commencé par la nature, fini par les hommes, en
larges entailles horizontales sur lesquelles, voulant profiter
d'une belle exposition au soleil, des vignerons ont porté
à *bras* de la terre végétale. Des sceps ayant été plantés,
ils ont grandi, ils mûrissent leurs grappes, et c'est ainsi
que le vin coule de ce roc jadis stérile. L'étagère a huit
plans superposés ; on dirait Polyphème tenant boutique.

A quelques milles plus loin, une vallée s'ouvre ; elle conduit à un champ de bataille. C'est là que Hoche est mort
en 1797. C'est là aussi que, deux mille ans auparavant,
César passait pour la première fois le *Rhenus superbus* des
Romains ; *frigora Rheni*, a dit Virgile. Victor Hugo a très-
fantastiquement décrit comment un hasard de mise en scène
littéraire lui fit rencontrer le tombeau du jeune général
républicain. Il a dit aussi sur Andernach mille choses que

sa brillante imagination fournit bien mieux que le pays.
Pourquoi presque rien de Coblence? ni de la plus fameuse
forteresse qui soit après Gibraltar? Les poëtes fuient ce
que tout le monde peut voir et décrire; ils préfèrent révéler l'inconnu, parfois aussi créer l'introuvable. Ils prê-
tent aux gens, aux choses, mille beautés, et les décrivent;
on court vérifier... et rien!

~~~

J'ai vu sur la rive gauche un curieux village, où les
maisons, sur un seul rang, semblaient s'être alignées comme
des soldats pour une inspection. Elles étaient d'ailleurs en
grande tenue, mais nullement de même taille, ni en uniforme. Chacune avait, au contraire, sa couleur : le pistache,
l'abricot, le café au lait, le lait pur, le bleu presque de
ciel, le rose vif et le rose pâle. Ce doit être un village de
teinturiers; ils offrent leurs échantillons aux passants du
Rhin; le tout avivé de grands arbres. Au bout de ce vil-
lage-jouet se dresse, comme antithèse, une tour du douzième siècle en ruine. Elle est, au sommet, percée de
deux fenêtres rondes comme des yeux, dont l'une a pour
paupière une loque de toile; plus bas, une immense lé-
zarde horizontale est relevée à chaque bout, comme une
bouche qui rit. Un tas d'ébréchements figurent assez bien
les dents dévastées de cette tête de pierre. Ce rire se moque
de la puérile coquetterie de ces maisons peinturlurées, et
peut-être en écoutant bien, entendrait-on la voix des siècles
donner pour leçon à leur vanité l'exemple de cette tour croulante, et la fin de cette admonestation fameuse... : *In pul-
verem reverteris!*

Le type des maisons de cette partie du Rhin est celui-ci, Flandre et Savoie : hautes, étroites, coiffées en angle aigu, de tuiles couleur de cinabre ; des murs blancs sur lesquels se dessinent les croix, les X, les Z du charpentage peint en brun ; quelquefois le plâtre qui, comme un épiderme, recouvre ce squelette, est couleur de chair. L'effet est vif. Souvent les toits à peu près plats des constructions secondaires enfouies dans la verdure, sont couverts d'une sorte de tuile brune vernie et très-luisante. Le soleil s'y joue, les fait miroiter en autant de rides qu'il y a de tuiles, et l'on dirait de loin de petits lacs frissonnant sous la brise, et éparpillés çà et là dans les prés ; c'est charmant.

Comme un soir je reprenais le bateau à Andernach, pour aller coucher à Coblence, la première personne que je trouvai, en mettant le pied sur le tillac, fut le fatal Parisien.

« — Ah ! vous voilà par ici ! — me dit-il assez froidement.

» — Oui, par ici. Et vous aussi. Êtes-vous seul ?

» — Tout à fait seul.

» — Ah ! tiens, tiens...

» — Mon Dieu, oui ! — ajouta-t-il, — en expédiant son bout de cigare en Hollande par la voie du Rhin.

» L'affaire... le roman, comme vous disiez, n'a pas absolument tourné comme vous... le supposiez...

» — Voyons, racontez-moi ça, dis-je, assez curieux de savoir s'il avait découvert que je le mystifiais.

» — Voici. Avant d'aller, ainsi que vous me l'aviez conseillé, louer une voiture à Bonn pour le rapt, je voulais tâcher de voir la jeune fille que j'allais avoir sur les bras. Pour cela j'allai, mais bien vainement, errer toute la journée du côté de la maison que vous m'aviez signalée. J'entrai, par désœuvrement, voir d'abominables figures de cire... Je contemplai pendant des heures les gamins allemands tournant sur des chevaux de bois... tout cela pour avoir des prétextes de rester par là ; ce ne fut même que vers le soir que j'entendis le piano. Il joua la prière de *Moïse*, si je ne me trompe pas, et divers autres morceaux dont je ne sais pas les noms, mais plutôt religieux que folâtres. Je m'approchais, je m'éloignais, allant par contenance contempler la pancarte des saltimbanques et ne pouvant réussir à voir le simple bout du nez de l'infante dont les destinées reposaient sur moi, de cette Dulcinée du Toboso que je devais ravir à un sort oppresseur ! Vers neuf heures du soir, le piano s'étant tu, je vis bien quelque chose s'agiter derrière les capucines et les volubilis de la fenêtre... mais comme la chambre était sans lumière, je ne pus rien apprécier de la beauté de l'objet. Je rentrai souper... avec autre chose que de la soupe.

» Le lendemain je recommençai. Mais un perruquier qui demeure par là, et qui a pour compagne une espèce de botte de filasse, parut commencer à s'inquiéter. Il observait sur sa porte, en fumant une pipe courroucée. Je ne pensais naturellement pas plus à sa perruquière et à sa perruque qu'à la dame de trèfle... C'est égal ! il finit par perdre une patience si mal employée, et déposant sa pipe éteinte, il vint brusquement à moi avec des yeux allumés de colère. Ce qu'il me dit..., je n'en ai jamais rien su ! Seulement, la

musique me fit deviner la chanson comme vous diriez, et
je vis bien que le jaloux était outré d'une obstination sur
l'objet de laquelle il s'égarait totalement. Voyant la scène,
cinq ou six naturels du pays s'approchèrent pour jouir de
cette distraction offerte à la monotonie de leur existence,
et le perruquier leur ayant raconté ses griefs, tous s'unirent
spontanément en un chorus d'invectives allemandes contre
moi! Pendant ce temps-là, l'Hélène, cause de tant de grabuge, s'était fièrement avancée sur sa porte... Si vous
l'aviez vue! croire qu'un Pâris... Parisien viendrait là pour
cette guenon! Décidément, Remagen me paraît plus célèbre encore par la vanité de ses perruquiers que par
son église et son crâne antiépileptique de saint Apollinaire!

» Je m'escrimai comme je pus, mais en trop bon français, au milieu de cette querelle d'Allemands. Puis, comme
j'eus réellement peur que, faute, non de s'entendre, mais de
se comprendre, on en vînt à quelque gymnastique mal-
saine pour moi, je pris le parti de planter là la société de
tous ces pipards. Je détalai en haussant les épaules, mais
non sans devoir assez vivement me faire jour à travers
le groupe de ces Troyens égarés ! Je dînai pour me remettre,
et je pris le parti d'interroger le jeune riverain qui me ser-
vait, et qui hachait un peu de français, tant bien que
mal, plutôt mal. Il m'assura qu'il ne connaissait dans Remagen aucune virtuose, venue de Dusseldorf ou d'ailleurs.
A la vérité, l'ignorance de ce tablier blanc n'était pas une
raison qui détruisît le roman que vous m'aviez chargé de
faire. Comme je l'emmenai, le soir, un peu déguisé avec
une casquette, et aussi un peu dégrisé par un premier

fiasco, afin de lui montrer la maison que vous m'aviez signalée; il me déclara que c'était la demeure d'un vigneron de Bodendorf, très-pauvre, et point musicien. Ceci rentrait un peu dans les probabilités de notre affaire, car votre M. Duvorsant avait dû établir sa conquête chez des gens gagnés par l'appât du lucre.

» J'attendais toujours quelque explosion du piano pour convaincre le garçon d'auberge, mais rien ! nous vîmes sortir de la masure un jeune homme modestement vêtu et à l'air rêveur. Je pensai un moment que ce pouvait être la jeune fille déguisée... Mais je m'en approchai, et mon soupçon tomba. Mon complice me dit qu'il croyait que c'était un jeune organiste venu d'Aix-la-Chapelle, pour être attaché à la nouvelle église qu'on doit prochainement inaugurer... J'ai pensé que peut-être cet organiste allait visiter la jeune fille pour faire de la musique avec elle... Dans tous les cas, j'ai cru devoir renoncer au roman; d'autant plus que le perruquier parut me flairer encore, malgré les altérations de ma toilette. J'ai donc cru pouvoir abandonner la captive à son malheureux sort, et me voilà. Il peut y avoir là dedans le commencement d'une pièce de théâtre... mais je n'en vois pas la fin.

» — Eh bien, — lui dis-je, — n'en parlons plus! »

~~~

Pour le distraire de son aventure que désormais je regrettais presque, car, au fond, cet homme est plus ennuyeux que méchant, je l'emmenai vers une sorte de petit vitrage posé dans la salle à manger de l'auberge et où on lisait un tas d'adresses chargées de toutes sortes de timbres des

quatre parties du monde. C'est là qu'on met les lettres
adressées à des voyageurs déjà partis, ou qui ne sont pas
encore arrivés. Les hôteliers se font un scrupule de ne jamais refuser ces lettres destinées à des gens qui leur sont
presque toujours inconnus, et d'en payer les ports parfois
exorbitants. Je fis remarquer au Parisien une de ces lettres
adressée à un de nos académiciens célèbres.

« — Voyez-vous cette écriture? — lui dis-je, — je la
reconnais bien, c'est celle de l'homme même dont le nom
figure sur l'adresse !

» — Comment cela ?

» — Oui ; l'amour-propre est son faible, ou plutôt son
fort ; tous les moyens de réclame lui sont bons. Il a inventé
celui-ci, pour faire parler de lui par toute l'Europe voya-
geuse. Et quand je dis l'Europe, je pense que cela s'étend
plus loin. Il s'écrit ainsi depuis dix ans, dans toutes les directions, des lettres qui portent cette suscription vaniteuse ;
lisez : « *A monsieur, monsieur X***, commandeur et chevalier de plusieurs Ordres, l'un des quarante de l'Académie française, ancien... et président de... à Coblence,
sur le Rhin.* »

» Eh bien ! on lit cette adresse-là dans deux ou trois cents
endroits peut-être, au Rhin, en Allemagne, en Suisse, en
Italie, en Grèce, en Orient, en Algérie, en Espagne, en
Angleterre, en Écosse, jusqu'en Amérique ! de sorte que
tout voyageur français ou étranger, en regardant ces
lettres, soit pour une recherche, soit par simple curiosité,
trouve le nom de l'écrivain, ses qualités, titres et honneurs, et il dit :

» — Tiens ! il paraît que M. X*** l'académicien a passé

par ici! vous savez, l'auteur de... et du...—Et il a chance
qu'on parle ainsi de lui pendant une demi-heure, que plus
tard on dise : —M. X*** était au Rhin cet été, ou : — Nous
avons rencontré en Suisse M. X***, etc.

» — Comment, vous êtes sûr...

» — Tout à fait. Je reconnais parfaitement son écriture,
et c'est déjà la quatrième lettre que je trouve ainsi, depuis
mon départ, attendant son destinataire fantastique. Un
jour il lui arriva ceci. Il fit un véritable voyage *personnel*
en Italie. Étant passé à Genève, l'aubergiste, très-honoré
de son hôte l'académicien, se rappelant, quelques jours
après son départ, qu'il y avait là depuis quelque temps
une lettre pour lui, crut bien faire de la lui expédier à
Milan, à l'hôtel qu'il lui avait recommandé. La lettre arrive que l'immortel était déjà parti. On fait suivre à Florence, puis de Florence à Rome, et les différents États
traversés se remboursant les uns les autres à mesure que
leur arrive le pli qu'ils surchargent de leurs droits accumulés; et n'attrapant jamais son homme, cette lettre finit
par faire vingt étapes et à revenir de Lyon à Paris au do-
micile fixe où le Quarante était réinstallé depuis quinze
jours. Il était sorti... Sa famille paye, croyant qu'il s'agit
de quelque diplôme, car il s'adresse, comme vous voyez,
des enveloppes diplomatiques. Il y en avait pour trente-
huit francs...

» Quand notre homme rentre, on lui sert cela en triomphe.
Le papier est recouvert de tant de timbres, d'empreintes,
de signes et de chiffres qu'il ne reconnaît d'abord pas son
origine. Mais bientôt pourtant il découvre sa propre écriture, et jugez sa mystification et aussi sa colère, car il est

avare... autant qu'il est vaniteux : c'est l'image la plus
forte qu'on puisse trouver pour le qualifier. Au reste, vous
pensez bien que ces lettres sont vides. Comment trouvez-
vous la spéculation d'amour-propre? Je vous devais un
petit dédommagement pour le roman manqué ; en échange,
prenez cette anecdote. »

Je sors pour prendre une idée de Coblence, encore une
ville d'origine romaine. Son histoire, que les *Guides* vous
diront, est très-accidentée. Les Français y apparaissent en
1688 dans le bombardement commandé par le maréchal
de Boufflers. Ils n'y entrèrent qu'en 1794, et quatre ans
après, la ville devenait le chef-lieu du département de
Rhin-et-Moselle. Les alliés y succédèrent aux Français,
en 1814, et, l'année suivante, la Prusse s'installa dans
cette ville, qu'elle n'a plus quittée. La situation de Coblence sur l'angle formé par la chute de la Möselle dans le
Rhin est une des plus belles qui soient. L'ascension à la
forteresse procure le spectacle de cette union de la rivière
paisible au fleuve fougueux, ainsi que celle de la plus
grande plaine du Rhin, théâtre de diverses grandes batailles, et d'un développement de campagnes divisées,
comme des damiers, par les diverses sortes de culture de
couleurs tranchées : vignes, lin, tabac, froment, maïs.

Au reste, l'ascension de cette fameuse forteresse, l'Ehrenbreitstein, n'offre guère d'autre intérêt que la vue dont on
jouit de sa terrasse. On arrive là, si l'on veut, en voiture,
mettant vingt minutes à gravir la pente qui répond à trois
cent soixante-dix pieds à pic. On disait l'Ehrenbreitstein

imprenable ; j'ignore s'il en est toujours ainsi, avec les moyens furieux dont l'attaque dispose de nos jours. Dans tous les cas, cette prodigieuse forteresse n'a, dit-on, succombé que deux fois, l'une par famine, l'autre par trahison. La famine fut supportée par les Français, en 1637, et à ce point qu'ils furent réduits à faire bouillir le cuir de leurs selles pour les manger; à quelle sauce? l'histoire n'a point conservé ce détail. En revanche, la France réoccupa l'Ehrenbreitstein lors de nos dernières guerres, et crut prudent de profiter du séjour qu'elle y faisait provisoirement pour le démanteler en partie. Mais en 1816 on nous fit payer quinze millions pour la remise des choses en l'état, somme qui fut cependant loin de suffire et que durent quadrupler les Prussiens.

~~~

Redescendus de l'Ehrenbreitstein, les étrangers vont donner un coup d'œil au Château-Royal, grand et triste édifice, admirablement situé pourtant, d'un côté sur le Rhin actif, mais de l'autre sur des jardins déserts et mélancoliques. On sait que ce château servit d'asile en 1792 aux comtes de Provence et d'Artois, plus tard Louis XVIII et Charles X, tous deux neveux du dernier électeur de Trèves, Clément Wenceslas, prince royal de Pologne. Un grand nombre d'émigrés français habitèrent aussi cette ville, fort triste en elle-même, malgré sa magnifique position. En 1794, Championnet logea ses soldats dans le palais transformé en hôpital, puis en caserne. Sa destination royale n'a été rendue à l'édifice qu'en 1845.

Une scène de bonhomie assez plaisante me dédommagea

de l'ennuyeuse visite à l'église Saint-Castor, et à quelques autres églises roses qu'on va voir par acquit de conscience.

Un homme du peuple avait deux jeunes veaux à conduire de je ne sais où à un endroit que j'ignore. Il en porte un en travers sur ses épaules et traîne l'autre. Mais ce dernier ne veut plus marcher ; l'homme tire tant qu'il peut, empêtré par le poids qu'il porte. Las de tirer, il met à terre le veau porté, pour le faire marcher, et charge l'autre. On fait dix pas, et la scène recommence ; chaque veau qui doit marcher semble comprendre que ce n'est pas dans son intérêt, et rechigne. Impossible à l'homme d'en porter deux ! Je l'ai laissé ayant franchi la largeur de dix maisons en une demi-heure. Je doute qu'il soit arrivé à destination à l'heure qu'il est !

Les voyageurs vont aussi voir, sur la place Saint-Castor, une fort vilaine fontaine qui aurait grand besoin de retenir, pour se nettoyer elle-même, l'eau trouble qu'elle répand d'un jet parcimonieux. On lit sur un des côtés de la pierre sans ornement de cette fontaine, une inscription ainsi conçue :

« An 1812, mémorable par la campagne contre les Russes, sous le *préfect.* r 'e Jules Doazan. »

Le général Saint-Priest, qui occupa bientôt Coblence pour la Russie, fit ajouter à l'inscription :

« Vu et approuvé par nous, commandant russe de la ville de Coblence, le 1er janvier 1814. » Cet échange de fanfaronnades d'un goût médiocre mériterait, selon nous, de disparaître. Il est curieux de noter que le général Saint-Priest, qui répondait ainsi, au mois de janvier, au préfet provisoire de Coblence, était tué dix mois plus tard sous les murs de Reims que les Russes rendaient à Napoléon en personne. Amusez-vous donc à graver des épigrammes de guerre sur le granit et le bronze, lorsque le destin des villes est aussi vite changé qu'est brusquement brisée la vie des hommes!

A Mayence, j'allai, naturellement et pieusement, voir la statue deG utenberg, l'inventeur d'un art à l'aide duquel on constate ceci. Après quoi, on me montra, du quai, un bateau d'une centaine de tonneaux de jauge environ, longue boîte à dominos, en possédant la grâce svelte et les allures pressées, type enfin des constructions hollandaises qui sont des magasins flottants et remorqués, plutôt que des coques imitées des marsouins pour la poursuite ou la fuite.

« — Remarquez bien ce chaland, » — me dit-on.

J'examinai. C'était une espèce de brick gréé de deux brigantines à flèches, de deux focs et d'un hunier carré. Le bateau lui-même, les préceintes, le plat-bord, le pavois, étaient couverts d'un galipot transparent qui laissait voir les nœuds du bois et en faisait une sorte d'érable. Le tout était avivé de listons vert clair; c'était fort propre. A l'arrière s'élevait une dunette, haute de six pieds, longue et large du triple, construite *à clin,* c'est-à-dire une planche débordant sur l'autre, et ces planches alternativement peintes de blanc et de vert. Il y avait deux fenêtres sur chaque face. A ces fenêtres, dont les carreaux étaient égayés par quelques lames de verres de couleurs, se pressaient des pots de fleurs, odorantes avec l'hélio-

trope et les pois à fleurs, éclatantes avec les volubilis et
les capucines. De jolis petits rideaux de mousseline
blanche, à demi ouverts, aidaient ces fleurs communes
mais vivaces à tamiser au dedans l'éclat du soleil. Une
cage emprisonnait des oiseaux sautillant, gazouillant.

On devinait une femme, et plutôt encore une jeune fille.
Nous attendîmes en flânant par là; elle parut. Vingt ans,
assez grande, plutôt souple que mince, plutôt jolie que
belle, le contentement dans le cœur, l'indifférence dans
l'esprit, la chanson à la bouche..... telle nous apparut la
batelière, appelée Fastrada, du nom de l'épouse de Charlemagne, si vous voulez bien, et baptisée ainsi sans doute
par quelque citadin qui connaissait son histoire rhénane!
Fastrada mettait du linge au sec sur sa dunette. Elle y
grimpa lestement, comme un matelot habitué à aller là-
haut serrer le hunier, et sans trop se soucier si elle nous
laissait voir un peu de sa jambe. Elle tendit une corde du
mât au hauban, et étendit là-dessus sa petite lessive, si
blanche au soleil que c'était aveuglant d'y regarder. Regarder la fille valait mieux!

～～～

Voici en deux mots son histoire. Elle est née sur ce bateau qui s'appelle *Neptun*, et qui fait les transports de mar-
chandises en colis, de Cologne à Mayence et Manheim, avec
escales. Elle reçut le jour sur le fleuve, en face même des
charmants coteaux de Johannisberg, tandis que le *Neptun*,
péniblement remorqué par un vapeur essoufflé, remontait le
Rhin d'été. A six ans elle perdit sa mère, et déjà habituée
à cette vie flottante, elle voulut la continuer enfant, puis

jeune fille... nous n'ajouterons pas aussi comme femme, vous verrez pourquoi.

Fastrada adore trois choses : son vieux père, son bon, bateau, et son beau Rhin. Grandissant là, puisant sa beauté dans sa santé, et sa santé dans cet air vif, dans cette existence active et cette insouciance des rivages et des visages qui y circulent, elle a juré de vivre ainsi toujours, et d'y mourir lorsqu'elle n'y pourrait plus vivre. Elle n'a pas mis le pied à terre depuis l'âge de onze ans, alors qu'il lui fallut faire sa première communion; depuis, sa religion est, paraît-il, une affaire directe avec Dieu, forte de sa conscience à ne pas faire le mal, au contraire! Elle est la ménagère et l'infirmière des quatre matelots, plus un mousse, qui aident son père dans sa navigation, et elle trouve tous ses plaisirs dans ses devoirs. Il lui manque le contraire des autres pour être amphibie : aller sur terre. Elle se baigne au fleuve, y nage comme une sirène, fait le quart de nuit, hale au besoin sur les manœuvres, et est de première force au gouvernail. Bref, elle en est aujourd'hui à son trois cent vingt-sixième voyage du Rhin. Nourrie sur ce fleuve, elle en connaît les détours.

Mais... l'amour? — direz-vous. — Ah bien oui, l'amour!

Il n'y a pas de ville et de village où quelqu'un, soit pour un motif, soit pour un autre (y compris le bon), n'ait essayé de lui plaire, car c'est une très-attrayante fille, — rapportez-vous-en à ce que je vous en dis! Tous les douaniers, les employés de l'octroi, les commis des agences maritimes, les garçons d'hôtel, les patrons de barques, sans compter bon nombre de flâneurs plus huppés, la voyant dés

quais du fleuve qui l'emporte et la rapporte, ont fait le
diable pour s'en faire aimer... mais ç'a été un fiasco général, Il y a des gens plus obstinés qui se sont embarqués
sur le *Neptun* je ne sais sous quel prétexte, mais je sais
bien pourquoi, et qui n'en ont pas été plus avancés. Fastrada ne débarquerait pas pour épouser le prince Charmant, le fils d'un vice-roi, ou même le maître du gasthoff
Zum-Hirsch, à Oberwesel, un jeune homme qui n'est
pourtant pas mal. Elle l'a déclaré net.

Son amant, c'est le Rhin! c'est à lui qu'elle se livre,
tous les soirs, quand il fait chaud, faisant la coupe et la
planche, et laissant sur tous les rivages des cœurs désespérés. Il y a juste un an, c'était à Bingen; un Anglais qui
entendit parler de tout cela, voulut la voir et l'avoir. Il
offrit un peu plus que son cœur, sa main : un cœur si débordant d'amour, et une main si pleine de livres sterling,
qu'il y avait de quoi faire mûrement réfléchir. La batelière
ne réfléchit même pas, ni mûrement ni autrement ; elle
ne daigna pas non plus regarder l'Anglais qui la suivait
d'une ville à l'autre, en calèche, sur la route qui borde le
fleuve, sa longue-vue à la main. A Mayence, Il envoya
son consul; Fastrada demanda si milord voulait se faire
matelot.

Telle est cette fille, une jolie fille! Partout où le bateau
passe, on la regarde beaucoup, mais elle s'en moque bien!
Elle continue ce qu'elle a à faire sans plus se soucier des
terrestres que des mouches qui volent. Elle ne laisse
prendre sur le *Neptun* qu'un équipage mûr, pour éviter
les fleurettes, et sitôt que le mousse grandit elle le campe
à terre ! On m'assure qu'elle fume un peu... mais ça je ne

l'ai pas vu. Si elle fumait, la gaillarde ne s'en cacherait
pas. Elle est là trimant sur le tillac, entrant et sortant de
sa dunette, rangeant un cordage, enfermant les poules,
redressant ses fleurs, soignant la soupe, brunissant au soleil et chantant aux oiseaux. La voilà comme je l'ai vue,
irritante au possible, et méritant mention. Si Fastrada
quitte jamais le *Neptun,* un homme bien étonné, ce sera
moi! Cela ne pourra arriver qu'à la mort de son père, auquel elle s'est si pieusement vouée, et encore! Elle héri-
tera du bateau et continuera jusqu'au bout... jusqu'au
bout de la vie. On m'assure que, son heure venue, elle a
fait jurer à l'équipage de l'immerger dans son cher Rhin,
dans le gouffre de Saint-Goar... Voilà un type!

VII

Francfort ...

Mayence est, comme on sait, à dix minutes de vapeur
de Biebrich, ce faubourg rhénan de Wiesbaden. Le joli
château, résidence d'été du duc de Nassau, dont les jardins,
reflétés dans l'eau courante, semblent toujours emportés
par le Rhin, et une chaîne, un chapelet, pourrait-on dire,
de pittoresques villages, suivent le bord du fleuve, traversé par la route qui les relie et qui semble le fil du chapelet. Le fleuve, « cette grande route qui marche, » a dit je
ne sais plus qui, tout parsemé d'îles vertes, remonté, des-
cendu par une foule de vapeurs, de trains, est, sur ce

point, d'une largeur qui ajoute à l'étendue d'un spectacle
sans bornes à de grandes lieues à la ronde, et n'ayant au
loin pour cadre que les chaînes du Rheingau. Celles-ci,
reliées à celles du Taunus, vont se profiler sur le ciel du
midi jusqu'au fond de l'OEmt, où s'étend le pays de la
Nahe, que domine le mont Tonnerre. Longtemps voyageur
par les contrées prestigieuses de l'Europe, ayant dans les
lointains de nos souvenirs quelques impressions des Antilles
et de la nature caraïbe, cette vue des hauteurs du Johannisberg ne nous en reste pas moins comme l'impression
d'un point de vue admirable, et qui doit être ajouté, par
la grâce et le pittoresque des détails, à ces endroits fameux
qui sont les trois admirations perspectives du Rhin : le
Drachenfels, dans les Sept Montagnes, — l'*Ehrenbreitstein*,
cette forteresse de Coblence, — et enfin le *Niederwald*,
qui borne au nord l'horizon dont on jouit des fenêtres du
prince de Metternich.

Depuis plusieurs années, je cherche vainement à goûter par ici cette fameuse soupe à la bière qui fut la passion
malheureuse, et impossible en France, de cette pauvre princesse palatine, mère du régent, laquelle trace ainsi ses
amers regrets dans les peu curieux Mémoires qu'elle écrivit
pour déblatérer contre Mme de Maintenon (la vieille
guenippe...) :

« Je ne peux souffrir ni le thé, ni le café, ni le chocolat,
ni le bouillon, ni les vins français. Je soupire après notre
excellente soupe à la bière qu'on fait si bien à Heidelberg
(*in illo tempore !*) à Manheim et dans tout mon cher Palatinat. En France, la bière ne vaut rien. On prend des
bouillons à tous les dîners, mais je l'ai en dégoût, et si

par hasard il s'en trouve un peu dans les plats que je mange, mon corps enfle, j'ai des coliques... et il faut que je me fasse bien vite saigner. Alors, il n'y a que le boudin, le jambon et les saucisses fumées, ou bien un bon plat de choucroute, qui me remettent l'estomac. Ce sont là des mets de roi! »

...Depuis plus d'un mois déjà, je m'amusais extrêmement à être mystifié par M. Victor Hugo en son ouvrage sur le Rhin. Aussi, emboitai-je scrupuleusement chacun de mes pas dans chacune de ses lignes. Rien ne m'était plus divertissant que de voir ce qu'un grand poëte peut faire de petites réalités. Francfort me promettait de nouvelles surprises

Une des pages les plus vives du livre est celle où l'auteur des *Burgraves* parle du fléau qui, pour un jour où l'autre, menace cette ville jadis impériale, aujourd'hui libre. Ce n'est, dit-il, ni l'invasion russe ou française, ni la guerre civile, ni le choléra, — ni même les pianos accumulés, pourrait-il ajouter; — c'est, prétend-il, « le réveil, le déchaînement et la vengeance des cariatides... »

Attendu que, dans cette ville fantasque et hébraïque, balcons, tourelles, entablements, voûtes, corniches, tout ce qui jaillit, domine et surplombe, est porté par des myriades de figures de marbre, de pierre, de bois, contournées dans toutes les attitudes de la fatigue, de l'accablement, de l'exaspération, et faisant peine à voir! De sorte qu'un jour prévu par la fable pourrait bien arriver dans l'histoire fantastique du monde, où tous ces Hercules, ces Titans, ces nègres, ces Pans, ces Vulcains, ces chi-

mères, ces sirènes, ou enfin ces dieux, ces diables, las de
souffrir, jetteront bas leur fardeau et se précipiteront
par les rues pour faire un mauvais parti aux propriétaires,
leurs trop impitoyables tyrans !

Cela lu, je me mis à parcourir Francfort dans tous les
sens, le nez en l'air et la pitié au cœur. Mais la Vérité que
je vis nue, sortant peinte d'un puits, sur une enseigne,
me demanda vengance contre le poëte, ce qui me force à
dire que je n'ai pas aperçu dans toute la ville quatre de
ces fameuses cariatides si solennellement chantées. L'imagination seule de M. Victor Hugo les recèle !

Je voulus voir la veuve, les colombes, le chat, la jeune
fille et le singe qui habitent au sommet du clocher de la cathédrale..... toujours selon mon auteur.

La tour de Saint-Barthélemy, qui domine tout le pays,
la ville, le Rhin et le Rheingau jusqu'au Taunus, mérite l'ascension de ses trois cent treize marches. Une surprise piquante vous y attend. Arrivé au sommet, une petite barrière
arrête, en même temps qu'une sonnette invite. On sonne,
une jeune fille vient ouvrir, on pénètre sur la plate-forme,
le *Pfarrthurm*. Une construction à peine soupçonnée d'en
bas l'occupe, ne laissant alentour qu'une coursive bornée
par un parapet dentelé d'embrasures que garnissent des
grilles. On fait trois pas, autre jeune fille. On se retourne,
et, à la fenêtre, troisième jeune fille. La voix d'une quatrième rit quelque part : « C'est un pensionnat ! se dit-on ;
la drôle d'idée de le jucher si haut ! » On avance, et on
constate que toutes ces jeunes filles sont six, échelonnées
de trois à dix-huit ans...

Posée et souriante dans l'encadrement d'une porte ar-

rondie, comme une statue dans sa niche, apparaît bientôt
une femme d'une formelle beauté, et franchissant à peine
ses quarante étés. Elle est grande, de structure solide,
opulente de détails, et couronnée d'épais cheveux noirs
arrangés avec un soin imprévu si haut; l'œil foncé et
pourtant doux; la peau brune et pourtant fraîche; les lèvres épaisses avec concupiscence, et les dents si blanches,
que cette femme souriait à tout propos et hors de propos!
Sa mise, comme celle des six enfants, dénotait une sorte
d'aisance... Que diable cela voulait-il dire? Elle voyait
bien notre étonnement doublé de curiosité vive, et elle en
souriait à pleines dents. On allait essayer de traquer le
mot de l'énigme aérienne : ce pensionnat, cette mère, une
beauté trouvant, comme Junon, la terre indigne d'être fou-
lée par elle..... lorsque apparut un homme, son mari, le
guetteur de la tour.

    L'emploi consiste à veiller jour et nuit les champs et la
ville, pour voir si quelque incendie n'éclate pas quelque
part. Alors on sonne une grosse cloche qui donne l'alarme
et dirige les secours. Toute la famille se relève dans cette
vigie nocturne, comme des marins au quart.

    Le guetteur n'était pas moins singulier que le reste de
cette famille imprévue. Il était en robe de chambre de flanelle écossaise, en pantoufles brodées, en toquet de velours nacarat. Il tenait en main une longue pipe de cerisier
à foyer de porcelaine peinte, qu'il fumait avec une majesté
orientale. Il nous sembla qu'à son approche madame mo-
difiait un peu ses manières, fermait ses sourires. Il fit son
métier de démonstrateur du pays, offrant sa longue-vue en
même temps que sa science géographique et historique. La

femme disparue ne revint pas. Ayant osé offrir un pourboire en monnaie de ville libre à un homme si bien couvert, et qui ne broncha pas pour accepter, nous eûmes
hâte de connaître l'histoire de gens si haut perchés. On
nous la livra sur la terre; la voici :

La vaste rue de Francfort qu'on appelle le *Zeil* possé-
dait, il y a quelques années, une belle marchande de cigares, dans le magasin de laquelle s'allait approvisionner
toute l'ardente jeunesse coiffée de petites casquettes. Les
étudiants, les jeunes officiers, les voyageurs défilaient là,
allumant leurs cigares à la lampe, et aux yeux de la marchande leurs cœurs pleins de désirs. Le mari trottait pour
ses affaires, et la femme trottait par la tête de tous ceux
qui la voyaient. C'était une vogue !

Un jour, dans une brasserie, le mari entend raconter je
ne sais quelle histoire qui l'inquiète. Il s'agissait d'un aimable garçon auquel la belle marchande rendait trop lentement sa monnaie. Notre homme dissimule... observe...
Un mois se passe.

Par un beau dimanche de printemps, on ferme boutique, on prend congé pour aller à la *bromenate!* Au retour,
après quelques heures écoulées, le mari témoigne la fantaisie de monter sur le clocher de Saint-Barthélemy. La
femme accepte. On grimpe. Péniblement arrivés en haut,
on admire la vue immense, un horizon qui s'étend jusqu'au
mont Tonnerre, aux Vosges, la chaîne du Taunus touchant
au Palatinat.

« — Entrons nous rafraîchir! » — dit le mari, en montrant le pavillon qui occupe le centre de la plate-forme.

Mais quelle n'est pas la surprise de la femme, en trou-

vant là son mobilier rangé, en voyant sur la porte inté-
rieure ses deux enfants!

« — Grand Dieu!... que signifie?...

» — Cela signifie, madame, que désormais nous habi-
tons ici ! »

La femme s'évanouit de surprise et de douleur. Nous
profiterons de son évanouissement pour vous raconter le
mystère. Le marchand de cigares, dans son africaine jalousie, avait appris que le guetteur de la tour allait être
changé, vu son grand âge et ses yeux affaiblis. Il avait obtenu des deux bourgmestres de Francfort la faveur de lui
succéder. Le sournois vendit son fonds de commerce, et,
pendant la promenade, fit transporter là le mobilier indispensable et les enfants effarés de surprise. Madame était
condamnée à finir ses jours sur cette tour... du haut de
laquelle elle voulut se jeter d'abord! Mais son mari la re-
tint, et la persuada que quelque chose de plus salutaire
était l'air pur qu'on respirait de ces hauteurs. Les premières heures données à la fureur, les premiers jours à la
douleur, et les premiers mois à l'impatience, la pauvre
trop jolie femme a fini par se résigner, et par donner le
plus souvent possible une nouvelle fille à son mari. Elle fut
trois ans sans descendre. Aujourd'hui, complétement résignée, elle sourit à l'étonnement de tous les voyageurs qui
la trouvent là. On dit que le mari abdiquera ses aériennes
fonctions lorsque la dame aura atteint la cinquantaine.
Alors, il lui rendra le sol, mais pour ce qui est du magasin, je n'en sais rien.

Le lendemain de cette découverte, je trouvai, au Rœ-
mer, sur une porte de la chambre électorale qui sert au-

jourd'hui aux réunions du sénat de Francfort, cette curieuse inscription lapidaire échappée à M. Victor Hugo :

> La parole d'un seul homme est une demi-parole;
> — Il faut entendre les deux parties.

~~~

Sur le *Zeil*, à l'entrée d'une cour, on lit :

CHANGE DE MONNAIES, *par terre*.

Cela veut dire : au rez-de-chaussée.

~~~

Roger, le charmant ténor qui a donné une si émouvante et si poétique expression au personnage de Jean de Leyde, du *Prophète*, fait depuis quelques années, pendant l'été, un voyage musical en Allemagne qui lui rapporte gloire et profit. Chantant tour à tour *les Huguenots*, *le Prophète*, *la Juive*, *la Dame Blanche*, *Lucie*, *la Muette*, etc.; le tout dans le plus pur idiome germain, ce qui est un grand tour de force, car la langue allemande n'est facile à mâcher que pour ceux qui y ont débuté dans un âge infiniment tendre.

De pareils voyages sont naturellement semés d'aventures pour un homme d'esprit comme Roger. Voici celle qui lui arriva à Francfort. Je la tiens pour authentique malgré ses scrupules à me la confirmer.

Il devait chanter *la Dame Blanche* le soir, au théâtre devant lequel s'étend la place dont les arbres abritent la médiocre statue de Goethe, par Schwanthaler. Comme il s'apprêtait à se rendre à la répétition, une connaissance d'auberge, un touriste amateur l'aborde, et lui dit :

« — Monsieur Roger... vous chantez ce soir, mais j'ai le vif regret d'être absolument obligé de partir pour Mayence ; si au moins vous vouliez me permettre d'assister à votre répétition, je n'aurais pas tout perdu... moi qui ayant tant entendu parler de vous, désire tant vous entendre !

» — Mon Dieu, monsieur, je suis très-flatté de votre empressement, répond Roger, mais je dois vous dire qu'à ces sortes de répétitions on ne chante jamais, car jouant ce soir, je ne dois pas me fatiguer. Il s'agit tout simplement de fixer les temps et mouvements avec le chef d'orchestre, de convenir des jeux de scènes avec les artistes... Cela ne peut offrir aucun intérêt ; je regrette...

» — Oh! moi, bien plus encore, monsieur! Enfin, j'espère un jour pouvoir assister, etc., etc. »

Et Roger part pour sa répétition.

En traversant la place, il aperçoit un groupe de voyageurs arrêtés à regarder les bas-reliefs de bronze du monument littéraire : Oreste et Thoas, Faust et Méphistophélès, Egmont, le Tasse et autres personnages disparates, témoignant de l'activité du génie de celui dont s'enorgueillit si légitimement la cité du Mein. A son passage il voit qu'on chuchote, il comprend qu'il est reconnu. Il entre au théâtre.

La répétition est commencée depuis quelques instants, lorsqu'un personnage, la boutonnière ornée de diverses couleurs chevaleresques, vient à lui, profitant d'un moment où il n'est pas en scène, et le saluant courtoisement, il lui dit :

« — Monsieur Roger... je suis aide de camp du roi Louis de Bavière... Sa Majesté était tout à l'heure sur la place,

lorsque vous êtes passé. Elle a appris de quoi il s'agissait.
Elle est entrée... elle est là, dans l'ombre. Elle me députe
vers vous pour vous demander s'il serait indiscret... Sa
Majesté ne passant que quelques heures à Francfort... s'il
serait indiscret, dis-je, de vous prier de lui faire entendre
un morceau... un air... Sa Majesté vous serait fort recon-
naissante...

» — Monsieur l'aide de camp, veuillez avoir la bonté de
dire à Sa Majesté que je suis très-heureux, très-honoré de
faire quelque chose qui puisse lui être agréable... Je sais
combien le roi Louis aime et protége les arts... c'est donc
un heureux devoir pour moi...

» — Je vous remercie bien, monsieur Roger... Sa Majesté
sera très-sensible... Mais, — reprit l'officier, plus timidement, — j'ai encore une petite prière à vous faire...

» — Veuillez parler, monsieur?

» — ... Sa Majesté est..., Sa Majesté a..., oui, une légère infirmité...l'oreille a perdu un peu de sa sensibilité...
bref, si vous aviez la bonté de chanter un peu fort, ce serait mettre le comble...

» — Eh bien, monsieur l'aide de camp, je donnerai toute
ma voix! » — répondit en souriant l'aimable artiste.

L'officier se confondit en remercîments, et s'en fut rejoindre le roi.

Quelques instants après, au second acte de *la Dame
Blanche*, Roger reste seul en scène, et ayant prévenu
l'orchestre, voilà qu'on entend la ritournelle de l'air célèbre créé par Ponchard, et que notre ténor voyageur
chante avec un charme exquis et la plus suave délicatesse.

Au même moment, entraient dans le parterre obscur

deux individus, dont un mauvais petit musicastre français au profit duquel, dans je ne sais quel concert de province ou de banlieue, le célèbre ténor avait dû se refuser à chanter, ce qui avait déterminé une vive et durable rancune.

« — Je vous dis, moi, qu'il n'a plus de voix! — disait, en entrant, le croque-notes, frotteur de violon ou de violoncelle, je ne sais, et qui connaissait le voyageur dont la requête au sujet de la répétition avait reçu la réponse qu'on a vue. — Il n'a plus de voix... c'est pour cela qu'il voyage!

» — Il me semble que cela étant, ce serait plutôt le cas de jouir de ses congés en se reposant! — répondit l'autre. — Comment se fait-il alors que Meyerbeer, qui est si minutieux dans la distribution de ses opéras, ne veuille donner son *Africaine* qu'avec Roger?

» — Bah! c'est un bruit qu'on fait courir!

» — Que Meyerbeer fait courir?

» — Vous voyez bien qu'il est si usé que, devant chanter ce soir, il vous a refusé de chanter ce matin! Gueymard, lui, vous eût chanté tout l'opéra. En voilà un qui n'y regarde pas!

» — Comment pouvez-vous comparer...

» — Chut! » fit-on de la scène.

En ce moment commençait la ritournelle de la cavatine:

« Viens, gentille dame! »

Un murmure de violons et d'altos auquel s'unit un souffle de flûte impose silence à la discussion. Le roi de Bavière et ses officiers étaient au rang de loge supérieure. Roger s'avance sur le trou du souffleur...

On sait l'exquise délicatesse de ce début. C'est une évocation tendre, amoureusement, mystiquement adressée à une ombre, à un fantôme; jamais ténor n'a de sons assez doux, assez voilés pour ce murmure mélodieux qui s'épanouit sur les notes mixtes et caressantes de la voix.

Mais ici il ne s'agit pas de suaves et molles inflexions ! Il s'agit de se faire entendre d'un auguste auditeur à la fois bienveillant et dur d'oreille ! Roger se rappelle sans doute cette histoire d'une autre tête couronnée qui, entendant le canon d'une fête, se retourne vers un prince assis à ses côtés et lui dit : Dieu vous bénisse ! Roger entame donc son appel à la dame blanche à tour de gosier, et à tue-tête, tel qu'il provoque Saint-Brice, dans le fameux duel à six des *Huguenots*, appelant sa bonne épée au service de son bon courage... tel il brise sa lame de Tolède aux pieds du roi d'Espagne qui lui fait épouser sa *favorite*... tel enfin, et pour mieux dire, qu'un homme qui lâche toute sa voix sans se soucier momentanément du sens des paroles, de la philosophie de la situation, et qui songe au volume du son au lieu de se préoccuper du sentiment mélodique !

Certes, Sa Majesté dut entendre et être satisfaite ! Mais celui qui fut aussi mystifié et penaud que dépité, ce fut le petit musicastre qui déclarait tout à l'heure que Roger n'avait plus de voix. Il profita d'un certain *forte* que fait l'accompagnement sur ces paroles d'un crescendo déterminé et merveilleusement réussi par Roger :

> « Le cœur me bat d'avance
> » D'attente et de plaisir ! »

pour s'éclipser au plus vite et un peu furieux, ne soupçonnant naturellement rien de ce qui s'était passé, et ne pouvant s'empêcher de s'exclamer : « Mâtin ! quelle voix ! quelle voix ! »

Tout ceci n'empêcha pas Roger, le soir venu et le roi parti, de rendre à ce délicieux cantabile toute sa grâce exquise et sa délicate suavité, quitte à lâcher les gros tuyaux, comme on dit au théâtre, dans les passages passionnés et énergiques, qui ne manquent pas, du reste, dans ce rôle de Georges Brown, un des plus longs et des plus fatigants qui soient dans tout le répertoire combiné des ténors légers ou des ténors de force.

⁓⁓⁓

Cette saison est celle où voyagent les nouveaux mariés. Voici l'histoire d'un jeune couple qui habitait le même hôtel que nous à Francfort.

Mlles Suzanne et Julia Rem... étaient sœurs, et sortaient de l'institution de la Légion d'honneur, à Saint-Denis. Suzanne était l'aînée, et, un an après sa sortie du couvent, elle épousait un capitaine du génie, officier fort distingué, et réservé aux hauts grades de son arme. Le capitaine était orphelin et dépendait d'un oncle fort riche qui s'était montré peu favorable à ce mariage, pour lequel il n'accorda que péniblement son consentement; la jeune personne lui paraissant un peu coquette et futile.

Julia vécut près de sa sœur mariée, selon le désir même de l'officier, contraint, par les exigences de son service, à de fréquentes absences. Pendant ces absences, Mme X... allait dans le monde, et y allait d'autant plus, qu'elle avait le prétexte de sa jeune sœur à produire. Elles sont toutes

deux charmantes de visage et de tournure, bien qu'à des
aspects différents, car Suzanne est brune et pétulante,
— tandis que Julia est presque blonde et tout à fait ré-
servée.

Cet hiver, Suzanne fut assiégée par les ardents hommages d'un jeune Anglais bien connu de la société parisienne par ses amitiés avec le Jockey-Club et ses nationaux
les plus distingués. Ici, mille choses à sous-entendre...
Un beau jour, le capitaine du génie arrive de Toulon, où
l'avait retenu pendant deux mois son service de guerre, et
il tombe au milieu des faits les plus suspects de sa vie domestique, lesquels font naître plus que ses soupçons!
Avant même de s'expliquer avec sa coupable femme, il
envoie provoquer lord B..., qui répond par un refus basé
sur des négations. Aussitôt la crise éclate dans le ménage;
mais ce qu'elle a d'effrayant, de terrible avorte presque
en même temps par l'intervention de la jeune sœur Julia,
qui avoue au capitaine — que c'est elle qui est compromise
avec lord B...!

Celui-ci apprend le presque inconcevable dévouement
qui sauve Suzanne d'une séparation violente, et qui le
soustrait lui-même à un duel dont il paraît établi qu'il se
souciait fort peu. Reconnaissant, touché, animé de ce sentiment moitié original, moitié chevaleresque qui se rencontre souvent chez les Anglais mêlés à la civilisation conti-
nentale, il va trouver le capitaine et lui tient ce langage :

« — Monsieur, il est vrai, j'ai pu compromettre votre
jeune belle-sœur, et j'apprends avec chagrin que vous en
avez été informé. Un obstacle de famille s'opposait à ce
que je me conduisisse avec elle comme je l'aurais voulu;

mais, puisque notre secret est trahi, je suis décidé à franchir cet obstacle, et je viens vous prier de m'aider à obtenir sa main ! »

Le capitaine fut doublement heureux de cette démarche :
d'une part, elle coupait court à un pénible doute qui restait encore vaguement dans son esprit; d'autre part, elle
lui évitait la corvée de provoquer milord B... comme beau-
frère, n'ayant plus à se battre comme mari.

Jugez quel fut l'étonnement de Julia en apprenant la
démarche de l'Anglais ! Elle eut pourtant l'adresse de cacher assez cette surprise pour mettre toute l'émotion sur
le compte du bonheur, et le capitaine ne douta plus. Suzanne, secrètement blessée dans son amour-propre, ayant
d'abord admiré sa jeune sœur, dut bien admirer un peu
aussi son ancien adorateur, lequel récompensait ainsi la
jeune fille qui avait sauvé la jeune femme. Les difficultés
de la situation nouvelle disparaissent par ce simple fait :
lord B... se mariait le 15 au matin ; le soir même, il partait pour ***, et à cette heure Julia, lady B..., est à l'é-
tranger. Son mari et elle sont d'accord sur l'impossibilité
de se rapprocher de longtemps de celle dont l'aventure a
causé ce mariage si honorable et si imprévu.

~~~

Hombourg ...

Je voudrais pouvoir prendre un aveugle par la main et
le conduire à Hombourg sans qu'il sût où il est. Assis dans
le grand salon du Kursaal, et s'abandonnant au genre d'observation si développé dans l'ouïe par l'absence d'un autre

sens, cet aveugle éprouverait une impression véritablement singulière, et qui l'émerveillerait. C'est l'incessant
bruit de l'or et de l'argent répandant par les airs un concert métallique et cristallin ! C'est le choc continuel des
pièces de toutes les monnaies du monde raflées, jetées,
s'empilant, croulant, et, pour ainsi dire, animées dans le
plus prodigieux va-et-vient ! La livre sterling est cause que
S. M. Victoria va donner du nez contre l'aigle prussienne
des Frédérics d'or; toutes sortes de souverains étrangers
figurés sur les thalers, les ducats, les florins, vont s'en-
gouffrer dans les tas de pièces républicaines, tandis que
le coq gaulois, qui régna dix-huit ans, tombe pile sur la
face de Charles X. C'est la plus étonnante confusion de
dynasties et de régimes ! Mais c'est surtout la musique la
plus singulière dont oreille humaine puisse être caressée,
émoustillée ! Et cela dure, sans une minute d'interruption,
depuis onze heures du matin jusqu'à onze heures du soir,
vibrant, sonore et dru comme la pluie de Danaé, frappant
d'une sorte de vertige momentané les cerveaux faibles, et
inspirant aux forts un désir de combat justifié par les succès énormes de quelques voyageurs célèbres dans de ré-
centes annales : ainsi, par exemple, l'amiral hollandais
R..., raflant 250,000 francs en trois jours; le général
Haynau, prélevant en quatre heures 100,000 francs sur
les 130,000 qu'expose quotidiennement la banque; et le
prince de Canino venu avec 10,000 francs, et en emportant 660,000 en moins d'une semaine !

A Ems, à Wiesbaden, on va pour soigner sa santé, — et
l'on joue, pour ajouter la secousse de quelques émotions
nouvelles aux sensations de bien-être que donne l'oisi-

veté. A Hombourg, une classe de touristes vient plus spé-
cialement pour se mesurer avec une banque puissante qui
défie les joueurs par l'abaissement extraordinaire des avantages qu'elle leur offre, — tel on rend des points au billard
ou des toises à la course.

Donc, à Hombourg, le public a une triple physionomie :
— les joueurs proprement dits ; — les malades qui viennent boire aux fameuses sources minérales ; — les flâneurs,
les touristes, voulant s'arrêter dans un beau pays, au milieu d'un air sec et pur qui donne un appétit formidable,
et s'amuser aux séductions mondaines dont la ferme des
jeux les entoure : chasses, cavalcades, tirs, excursions,
bals, concerts, spectacles, etc.

~~~

Une célébrité spéciale, le docteur Constantin James, auteur d'un livre très-renommé (le *Guide pratique aux Eaux
Minérales* dans tous les pays), avait envoyé cette année-là
une foule de ses malades à Hombourg. Il y avait des ma-
gistrats, des diplomates, des financiers, des gens du
monde, de jolies dames, — et un évêque. Ce médecin par
excellence des eaux curatives européennes, semblait avoir
composé cette société pour le plus grand bien de chacun,
ajoutant, — en ingénieux physiologiste qu'il est, — la cure
de l'influence sociale à celle des sources hessoises. L'évêque
était là pour le sodium, les belles dames pour le magné-
sium, les diplomates pour la chaux, et les financiers pour
le fer ! Le fait est que ces eaux merveilleuses conviennent
à une douzaine de maladies caractérisées, et que le docteur James en obtient, par son modé — tout mondain —

de traitement, des effets surprenants. Il ne suffit généralement pas d'avoir un bon instrument... il faut en savoir jouer : or, le docteur James joue des *Eaux* à merveille. Aussi, son excellent livre est-il ici dans toutes les mains, comme aux bains de mer et partout. De plus prudents encore emportent de lui une consultation écrite, un traitement personnel, qui devient leur charte, leur *credo*.

~~~

Socialement parlant, l'aspect de la vie de Hombourg est double. C'est la seule localité de ce genre en Europe qui reste ouverte *toute l'année*. Cet étrange cliquetis de métaux qu'on gagne et qu'on perd ne cesse que la nuit, et toutes les saisons y voient indistinctement fleurir sur l'ardent tapis vert ces brillants boutons d'or que chacun veut cueillir. C'est là ce qui constitue le caractère tout à part, c'est là ce qui donne une si grande importance à Hombourg, entre toutes les villes d'eaux et de jeux du Rhin. — On y gagne souvent la santé, quelquefois la fortune. — Hygie ferme ses sources lorsque tombe la dernière feuille, mais Plutus tient son temple ouvert pendant toute la durée des neiges, et si l'un s'en va guéri, l'autre reste à s'enrichir ou à se ruiner Mais on n'est pas aussi sûr de s'enrichir que de se guérir, et, le cas échéant, le meilleur moyen de se guérir de la tentation de se ruiner, c'est de perdre un peu. Il y a tout à parier alors que l'homme raisonnable s'en ira guéri de toutes les façons !

~~~

Il y a quelques jours, il est arrivé ceci à la comtesse de K... :

On lui apporte une lettre, écriture inconnue. Elle la fait ouvrir par sa dame de compagnie, il en tombe un billet de banque de 1,000 francs. Surprise! On lit. La lettre, fort bien tournée, porte, en substance, le fait que voici : Il y a deux ans, une personne admise chez la comtesse, à Paris, et qui se trouvait dans la plus terrible crise de misère honteuse, lui avait dérobé un billet au milieu d'une liasse qui se trouvait sur la table, traînant dans la confusion des apprêts de départ. Ces 1,000 francs avaient rendu un énorme service au voleur, qui avait bientôt retrouvé les rayons ascendants de la roue de fortune. Il les restituait à celle qui l'avait sauvé sans le vouloir, sans le savoir! On nous assure que la comtesse a mis dans le journal des étrangers un petit avis par lequel elle prie instamment le consciencieux voleur de se révéler, attendu qu'elle ne lui en veut nullement, et qu'elle serait très-curieuse de connaître son histoire.

∽∽∼

Voici une histoire très-authentique, très-dramatique, qui s'est accomplie à Hombourg. J'en ai recueilli les détails de tout le monde, ce qui vaut mieux que d'un seul. Oyez.

Il y avait, depuis de longues années déjà, dans le pays, un Polonais du nom de Baranosky. C'était un fort brave homme d'humeur mélancolique, d'existence solitaire, et qui ne se mêlait à la vie ardente de la saison que par les yeux, ne lisez pas les jeux! Il allait le matin lire les journaux au Kursaal, déjeunait sobrement sur la terrasse, faisait un tour de jardin, et disparaissait jusqu'au lendemain, ne parlant à personne et évitant qu'on lui parlât. On ne l'avait jamais vu mettre le pied dans les salles de la Roulette ou du Trente-et-Quarante, encore moins dans celles des bals et concerts ; considéré comme un inoffensif maniaque, on se le montrait parfois, le laissant vivre à sa guise. Il demeurait à Hombourg été, hiver.

On ne lui connaissait qu'une passion, mais celle-là active, absorbante : la passion des tableaux, et les tableaux modernes... tel était l'écart de sa passion. Depuis une douzaine d'années il s'absentait régulièrement deux mois d'hiver, et il allait à Dusseldorf, à Anvers, à Bruxelles, à Paris, à Milan visiter les ateliers des peintres, et leur acheter leurs œuvres encore inconnues, les plus inconnues de préférence. Il repartait avec sa proie et accumulait tout cela par couche dans une grande chambre, tournant ses toiles le nez contre le mur.

Un beau jour on apprit qu'il allait se bâtir une maison. En effet, il venait d'acheter un assez grand terrain tout à l'entrée du bourg de Hombourg, à droite en arrivant de Francfort. Mais par les plans qu'il demanda, on vit bien qu'il songeait infiniment plus à loger ses tableaux que lui-même, car l'édifice reçut une sorte de destination de musée. La chose faite, il passa toute une année de délices à encadrer et accrocher ses toiles selon leur jour. Il en avait déjà accumulé ainsi pour plus de cent mille écus dans une maison qui lui coûtait bien la moitié de cette somme. On parle d'homme heureux... en voilà un qui l'était. Il n'y a pour être heureux que quelque bonne et absorbante manie satisfaite. La sienne qui était double, était satisfaite doublement : d'abord il avait des tableaux, ensuite lui seul les

connaissait ! Jugez donc ! être seul à jouir de ces œuvres
d'art recueillies à peine terminées, et souvent faites expressément pour cette destination mystérieuse ! On dit qu'il
avait même réussi à se procurer ainsi quelques superbes portraits de belles jeunes femmes qui ne se supposaient sur la
terre qu'en deux épreuves : original et copie ! Vous pensez
bien qu'il ne laissait pénétrer aucun curieux, nul indiscret
chez lui ! Il s'y barricadait et s'y verrouillait comme un
orfèvre juif du moyen âge allemand.

Les choses étaient en cet état il y a quelques semaines
encore. Des domestiques fidèles faisaient la garde en véritables miquelets aux portes de cette maison que je regardais tristement l'autre jour, toute blanche et rouge des
pierres neuves, au milieu de son jeune jardin, un peu tard
planté pour l'âge de celui qui avait pu bâtir la maison,
dirai-je, au souvenir du fabuliste. Pas d'ombre encore, si
ce n'est celle insuffisante à l'homme des roses trémières,
des dahlias et des petites perruques rondes de quelques
acacias. Mais qu'importe ! les tableaux étaient bien logés,
et notre amateur passait toutes ses journées à jouir de leur
inédit absolu. Que me parlez-vous des bruyantes sociétés
du Kursaal et des jardins ! il avait ici la sienne, une société charmante et de tous les temps. Que d'heures rapides
il passait ainsi, son lorgnon à la main dans son fauteuil à
roulettes ! Je vous dis que c'était un homme heureux ; si
j'étais arrivé à temps comme je l'eusse regardé avec respect, ce monument humain, cette vivante et rare réalisa-
tion d'une grande difficulté vaincue : le bonheur !

Or, depuis quatre ans passés, tous les étés arrive à
Hombourg pour sa santé, j'imagine, un Espagnol demi-

artiste, demi-amateur, et un peu plus qu'à demi brocanteur de curiosités, de tableaux. Ce péninsulaire n'avait pas
tardé à savoir la manie du vieil enfant de la vieille Pologne, et une ardente curiosité de voir le mystérieux musée
n'avait pas tardé non plus à le dévorer. Mais, sachant la
chose impossible par corruption, il se consacra tout à la
séduction. — Il fit la cour à la portière, à la cuisinière du
Polonais, direz-vous? — Pas du tout! il attaqua le vieillard
lui-même. A dater du jour où sa résolution fut prise, il se
mit à guetter ses apparitions matinales au Casino, pour
suivre imperturbablement le plan d'attaque, qui consistait
en un siége en règle, avec tranchée ouverte, lignes cir-
convallatrices, reconnaissances prudentes et pointes obsidionales. Il avait calculé que ses opérations pourraient
durer deux saisons, après quoi la place se rendrait, de
guerre lasse, et il y entrerait sans coup férir. Il commença
en 1852.

Ainsi il eut soin de s'emparer du journal que le Polonais
affectionnait, de façon que celui-ci arrivant, le cherchant, et le voyant à regret occupé, le capteur pût se faire
un mérite de s'en priver et de l'offrir. Il accrochait le chapeau bousculé sur la table encombrée ; il relevait la canne
glissant et tombant avec fracas; il fermait la fenêtre du
courant d'air. Dehors, il veillait la porte par laquelle le
vieillard allait passer, et l'obstruait pour avoir l'occasion
de livrer passage en saluant. Il allait demander le feu du
cigare; il battait la mesure d'un air de jubilation à la musique que l'assiégé semblait goûter ; il profitait de tout enfin pour tâcher d'échanger avec lui de petits sourires, afin
de se révéler en communauté de goûts et de pensée avec

lui. Mais, disons-le! c'était bien peine perdue. Le bonhomme accueillait tout cela avec une réserve si glaciale
que c'était à peine la plus stricte politesse. L'assiégeant
ne se rebutait pourtant pas.

Un jour qu'il vit le Polonais entreprendre une promenade
vers le Taunus par la fameuse allée des peupliers-colosses,
il fit précipitamment un long détour, et se trouva seul avec
lui à l'entrée du bois de pins. Mais le solitaire rendit à
peine le salut dont l'autre usait comme d'une tentative
d'entrée en matière, et, tirant un livre de sa poche, il s'en-
fonça bien vite dans une allée si étroite, qu'on n'y pouvait
marcher deux de front : manqué!

Une autre fois, sachant que le sauvage allait à Francfort, l'Espagnol loua toutes les places du courrier pour se
trouver seul avec lui dans la caisse... — Il finira bien par
se laisser entamer ! — dit-il. Mais le bonhomme, si obsti-
nément traqué, s'endormit dans un coin, et l'autre en fut
pour ses deux heures de route inutile et son argent :
fiasco !

Tout cela dura jusque vers le mois d'août dernier. La
poursuite et la fuite étaient arrivées à un tel degré d'opi-
niâtreté des deux côtés, que c'était un spectacle amusant
à voir pour les habitués du Kursaal. — Ah! disait-on, voilà
l'hidalgo qui guette le Polonais ! Ah! voilà le vieux Baranosky... où donc est son cauchemar?

Mais un jour voici ce qui arriva ; c'était la fin, une triste
fin. Le pourchassé venait de lire son journal, selon sa quo-
tidienne habitude, et il partait pour rentrer chez lui. Il
n'avait pas fait trente pas dans la rue, qu'un nuage d'été
creva brusquement, et mit tout le monde en fuite. Tout à

coup un parapluie arrive au bout d'un bras tendu, et voilà le vieux Polonais qui retrouve son diable d'Espagnol.

» — Permettez-moi de vous reconduire, monsieur le comte... cette pluie atroce...

» — Monsieur! je n'ai que faire de vos politesses, et je vous prie de me laisser vous et votre parapluie. Je puis pardieu bien prendre une voiture, ou retourner...

» — Non, monsieur le comte! non! je ne souffrirai pas! permettez...

» — Ah ça, monsieur, décidément que me voulez-vous? — reprend le vieillard, perdant cette fois assez vite toute patience, et se dérobant indigné à l'abri du parapluie, malgré les efforts que fait l'autre pour l'en couvrir. — Croyez-vous que je ne voie pas votre manége depuis trois ans et plus? Je ne vous connais pas, je ne veux connaître personne, que diable! Il est vraiment étrange... il est même scandaleux... oui, *mosieu!* il est scandaleux et exaspérant de ne pouvoir vivre à sa guise, sans qu'un... sans que... car enfin... *mosieu...* allez au diable, vous et votre parapluie! »

Le vieux guerrier (il avait dû l'être) était hors des gonds, la face empourprée, l'œil allumé, et brandissant presque sa canne. Il tombait une averse atroce, il la recevait en plein. L'autre reprit avec une inaltérable persistance, et sous son parapluie qu'il s'efforçait encore de tendre sur le vieillard indigné :

« — Monsieur le comte, vous ne vous débarrasserez jamais de moi ! Ce que je fais depuis trois ans, je le referai pendant plus de trois ans encore. Vous aurez beau vous fâcher, ça m'est égal. Je ne me considérerai jamais comme insulté par vous, un si rare amateur de tableaux! Vous n'aurez absolument qu'un moyen de vous débarrasser de moi...

» — Et ce moyen, *mosieu!* — exclama le bonhomme ruisselant.

» — Eh! vous le devinez bien aux soins que vous prenez à m'éviter! C'est de me laisser voir votre galerie...

» — Ma galerie! laisser voir ma galerie! jamais! jamais!

» — Alors, permettez au moins que je vous reconduise, monsieur le comte?... » — reprit le brocanteur, en réimposant son fameux parapluie.

Il se passa quelque chose de vif et de profond chez le vieux Polonais. Le visage enflammé par l'assaut du sang, les vêtements trempés par cette pluie d'été diluvienne et froide, il parut prendre une de ces résolutions qui font momentanément d'un homme une sorte de héros privé.

« — Eh bien... *mosieu*... puisqu'il n'y a pas d'autre moyen... de me débarrasser de vous... Eh bien, je... Eh bien, venez... venez à... deux heures... et je... je...

» — Ah! monsieur le comte, combien je suis touché, reconnaissant de tant d'obligeance, de courtoisie! A deux heures, dites-vous? Je serai de toute exactitude. A deux heures, c'est entendu, comptez sur moi. Maintenant, permettez que je vous reconduise... que j'aie l'honneur...

» — Non, *mosieu!* veuillez me laisser. Je vous considère comme mon ennemi... adieu.

» — Non pas adieu, monsieur le comte : à tantôt! »

Et le vieux fila sous l'ondée. Le parapluie et l'Espagnol rentrèrent au Casino. Oncques ne se vit Espagnol plus fier et plus vainqueur. La pluie pour lui valait tous les soleils, et il pressait presque, non pas sous son bras, mais dans ses bras le bienheureux parapluie qui lui avait valu cette aubaine. Il allait enfin pénétrer dans cette fameuse et mystérieuse galerie, objet de l'ardente curiosité de tous les buveurs d'eau, et désespoir général de tant de Tantales réduits à faire le tour de la maison hargneusement gardée. Ah! deux heures n'arriveraient jamais!

Elles arrivèrent pourtant, et presque plus vite qu'elles arriva à la grille celui qui grillait d'impatience de la franchir. Il sonne.

« — Monsieur le comte Baranosky! — demande-t-il avec confiance à la fille qui vient se montrer à travers les barreaux.

» — Il n'y a personne! — répond celle-ci avec l'habitude d'une éternelle consigne.

» — Si fait, il y a le maître de la maison. Il m'a donné rendez-vous à deux heures, et il est deux heures. Ouvrez!

» — Comment! monsieur le comte vous aurait donné un rendez-vous? ici? Ah! par exemple!

» — Oui, ici. Ouvrez! »

A demi vaincue par le ton d'autorité de l'impétrant, cette fille ouvrit la grille. Voilà l'ennemi dans la place! dans le jardin du moins. Il s'élance vers la maison.

« — Doucement, doucement, monsieur... Je vais voir où est mon maître... car je suis bien étonnée... je dirai même bien surprise... »

Et elle ouvre une porte, la franchit lestement et la ferme sur le nez du curieux, comme cela se voit dans un las de vaudevilles. Quelques minutes s'écoulent; elle revient.

« — J'ai cherché monsieur le comte partout, et il n'y est pas !

» — Il n'est pas partout, c'est possible ! mais il sera quelque part, — reprend l'autre. — Il m'a donné rendez-vous, il est rentré... il faut le trouver.

» — Oui, il est rentré tout traversé par la pluie... à son âge !

» — Donc, cherchez mieux, la belle, et dites-lui que je suis là. Allez ! »

Elle va. Cette fois le curieux pénètre dans le vestibule. Mais bientôt des cris perçants retentissent à l'étage supérieur, et la fille arrive en proie à la plus grande épouvante, en dégringolant l'escalier sous des jambes qui ne la supportent plus :

« — Ah ! grand Dieu ! mon pauvre maître ! Ah ! Jésus, que lui est-il arrivé ! vite, vite, du secours ! Ah ! mon Dieu, mon Dieu ! »

A travers ces exclamations et cette épouvante, l'Espagnol apprit ceci : Cette fille avait, en effet, d'abord vainement cherché son maître...; mais elle avait oublié une petite salle où il se reposait souvent, et c'était là qu'elle était allée la seconde fois. La porte lui offrit quelque résistance,... elle poussa... et trouva M. Baranosky à terre, affaissé sur lui-même. Un coup de sang l'avait foudroyé !

Au milieu de l'épouvante qu'une pareille catastrophe jeta dans la maison, et dans le brouhaha des domestiques accourus et envahissant le cabinet, l'Espagnol s'obstina dans son idée fixe.

« — Courez chercher un médecin... la justice! —disait la pauvre servante éplorée.

» — Par où entre-t-on dans la galerie de tableaux ? — demande l'implacable curieux au jardinier accouru comme les autres. »

Et comme on ne lui répondait pas, au milieu de l'émotion grandissante, il laissa là le drame, et s'en fut ouvrant toutes les portes et cherchant comme un furieux. Pendant ce temps-là, un médecin arrivait, saignait le pauvre comte... il était trop tard! Bien que tiède encore, le vieillard était expiré. La justice arrivait pour commencer l'enquête, lorsque l'Espagnol sortit de la galerie, dont il avait ouvert toutes les fenêtres et abattu tous les stores, visitant impassiblement et minutieusement la collection mystérieuse sur laquelle n'avaient jamais passé que les yeux du maître... ses yeux fermés, hélas !

De l'enquête il résulta, pour la justice, que la science ne vit d'autre cause à cette brusque catastrophe que quelque vive émotion ressentie par le vieux comte. L'Espagnol, interrogé, déclara qu'il avait rencontré le Polonais à midi, et qu'il en avait reçu un rendez-vous pour deux heures... C'était tout. Mais à Hombourg on paraissait ne pas douter des causes de cette vive secousse qui avait si fatalement frappé un vieillard sanguin. On ne lui connaît pas de parents, et il paraît qu'un testament trouvé dans ses papiers lègue la maison et les tableaux à la petite ville de Hombourg, à condition que chaque visiteur payera un droit d'entrée au profit des pauvres. Ainsi désormais la foule va chaque jour pénétrer librement dans cette demeure que son maître avait, de son vivant, défendue... à en mourir !

On a conservé, au Rhin, dans les environs de Francfort, une coutume patriarcale et presque biblique qui mérite d'autant plus d'être mentionnée, que nous aurons à y accoler une anecdote. Voici le fait. Le Feldberg est le point le plus élevé de la chaîne du Taunus, et de là, à mille mètres environ, au-dessus de la plaine du Mein, on découvre toute la vallée rhénane, bornée au loin par les Vosges d'une part, et ailleurs par les plus hauts monts de la Thuringe et de la Vétéravie. C'est la Suisse du Taunus.

Une douzaine de kilomètres à peine sépare le Feldberg de Hombourg. Chaque année, le 24 juin, une foule considérable a coutume de partir de toutes les localités circonvoisines, depuis Francfort, et d'entreprendre l'ascension de la montagne, pour voir, de son sommet, se lever le soleil. La journée qui suit est consacrée à des chants, des danses, de joyeux et surtout copieux repas.

Un Anglais, M. Barnett W....., qui dépense d'une façon originale une fort belle fortune, et qui a adopté le Rhin pour toute la belle saison, ne manque jamais de se trouver à Hombourg au mois de juin, et de s'unir aux députations qui entreprennent l'ascension solaire du Feldberg. En 1846, il avait remarqué dans la foule de ces sortes d'Incas d'un jour, un grand vieillard du plus imposant aspect, qu'on lui avait dit être tout près d'être centenaire, et qui habitait au sein des sources muriatiques de Sodan. L'Anglais, causant avec lui, avait connu sa pauvreté et sa nombreuse famille. Pareil au burgrave de Heppenheff, chanté par Victor Hugo dans un drame célèbre, ce Job du Taunus avait

derrière lui trois générations sur pied; son fils aîné, déjà
vieillard; un petit-fils, plus que quadragénaire; et la fille
de celui-ci, en âge d'être mariée. Frappé de cet intéressant phénomène humain, M. Barnett W..... avait constitué au patriarche de Kœnigsstein une rente viagère de
cinquante livres sterling, qu'il lui payait en personne, tous
les 24 juin, au sommet du Taunus, alors qu'ils se rencon-
traient là pour le lever du soleil que l'aïeul avait vu décliner cent fois vers les neiges hivernales. Cette année-ci Job
prenait cent et un ans!

L'Anglais s'unit à la caravane annuelle, le 23 juin vers
minuit. On monte, on arrive... il cherche l'homme séculaire... Il n'est plus là! C'est son fils Magnus qui se présente, presque octogénaire et en deuil. Job est mort la
veille... Mais les quatre générations ne sont point pour
cela brisées; la petite-fille de Magnus a, la veille aussi,
mis au monde un fils, et alors qu'un souffle s'éteignait au
sommet de l'âge humain, il renaissait en bas, comme recueilli!

M. Barnett W..... a reporté sur le tout petit enfant la
pension que le centenaire laissait en survivance. Voilà un
viager bien audacieux! Si Job avait vécu un jour de plus,
cinq générations de montagnards pauvres étaient en présence! quel dépit pour les millionnaires citadins!

~~~

Voici une autre histoire, dont le premier acte s'est passé
sous nos yeux, à Hombourg.

Une famille parisienne s'était fixée pour un mois dans
un des délicieux cottages qui donnent sur le parc du Ca-

sino. On venait de faire une promenade sur la colline qui
domine le plateau où s'étend la ville. Une jeune veuve de
vingt-trois ans était de la partie, une veuve charmante,
avec toutes les qualités et tous les défauts de la Parisienne,
les qualités qui sont l'élégance, la grâce, le savoir-vivre et
un peu le savoir-faire... l'esprit prompt, le goût des arts
permanent, celui de la nature intermittent, etc. Les défauts qui sont... Mais il faut hâter le récit, au lieu de le
re arder démesurément ! Donc, dans ce groupe de promeneurs il y avait cette veuve.

On arrive à suivre le long mur d'un jardin, et au bout
de ce mur apparaît un joli kiosque. La fenêtre est toute
grande ouverte... Les Parisiens sont curieux comme des
Vénitiens du moyen âge; ils s'arrêtent, et voilà les dames
sur la pointe du brodequin pour tâcher de voir un intérieur qui s'annonce bien, par l'ensemble. En effet, on aperçoit un piano ouvert, des jardinières du Japon pleines de
fleurs rares, des siéges confortables; partout des tableaux,
des statuettes, de belles armes d'Orient ; une table couverte
d'un tapis de Smyrne, et chargée de livres, d'albums, de
journaux... tout cela élégant, opulent, intelligent.

« —C'est drôle et c'est fâcheux,—dit la jeune veuve,—
on ne voit pas dans tout cela trace d'une femme ! pas une
tapisserie commencée... un voile oublié, un éventail
tombé ! Quel malheur ! Je suis sûre qu'un affreux cigare
empeste tout cela, profane ce joli intérieur ouvert par là
sur un parc plein de l'ombre des grands arbres, et donnant par ici sur la vue de cette délicieuse vallée ! et Hombourg à dix minutes d'ici ! quelle ravissante demeure ! et
comme on passerait là une admirable existence ! ah,

quand je pense à nos boîtes de Paris! Et dire qu'il y a des gens qui demeurent là! des hommes... un homme seul, peut-être! C'est scandaleux! inique! révoltant! »

Et chacun dit son mot! et on s'éloigna lentement, et à regret!

Mais à mesure que le groupe s'éloignait, quelqu'un s'approchait intérieurement de la fenêtre. C'était un homme! un homme qui avait le scandaleux privilége d'habiter uniquement (et iniquement!) cette jolie maison à kiosque qui était sa révoltante propriété! Il avait tout entendu d'un coin où il rangeait des livres. Saisir une lorgnette, courir à la persienne fermée d'une autre façade du pavillon, et voir la jeune envieuse se retourner à l'angle du chemin, fut l'affaire d'un moment, et une amusante surprise. Il reçoit à travers son abri les éclats d'un dernier regard désespéré, et reconnaît de quelle charmante femme il a encouru l'anathème... partagé par son cigare. Il prend son chapeau, ses gants, sa canne légère, le voilà parti. Il suit de loin d'abord, puis s'approche et arrive à distance, à travers les allées du Casino ; il voit la société s'asseoir; il examine prudemment, constaste bien les personnes, et disparaît...

Le soir, il y a concert à l'établissement, un concert formidable, improbable, je dirais impossible si je n'y avais pas assisté. La jolie veuve est là, sur le troisième banc, en charmante toilette parisienne; notre homme la voit, la lorgne, l'admire... que vous dirai-je? les relations se nouent facilement aux eaux; trois jours après, toute cette société, si curieuse l'autre fois dans la poussière du chemin, était éparpillée dans le jardin que vous savez, et venait vérifier de près, les séductions du joli kiosque. Et sachez tout, puisque la révélation est commencée! L'an prochain, vous ou moi, passant par là, et curieux à notre tour, nous pourrons voir : *une tapisserie commencée,... un voile oublié,... un éventail tombé...* Mais tout cela appartiendra à notre jolie veuve, devenue comtesse ***.

Voyez pourtant ce que c'est que de parler à propos !

Maintenant, je ne suis plus curieux que d'une chose, c'est de savoir si la dame, après les exclamations que vous avez entendues sur la beauté de la retraite et le désir d'y couler une paisible existence, etc., ne soupirera pas encore un peu, l'hiver, après les affreuses *boîtes* dans lesquelles on contraint les jolies femmes de vivre à Paris !

VIII

Un voyageur nous raconte que se trouvant à Wiesbaden, lors de l'explosion de la poudrière de Mayence, comme on avait annoncé la veille au soir qu'un Prussien avait perdu au jeu une somme considérable, lorsque éclata la détonation, un Anglais, voisin de chambre du Prussien, crut que c'était celui-ci qui se faisait sauter la cervelle... et qu'il courut trouver le maître d'hôtel de *la Rose,* pour payer sur-le-champ sa note et quitter une pareille maison! Mais, remontant tout ému dans sa chambre, il rencontra dans l'escalier le Prussien... qui allait en quête des causes de l'explosion; il se jette dans ses bras :

— « Ah! monsieur, *vous vous êtes donc manqué?* J'en suis bien aise! Mais pour l'amour de Dieu ne recommencez pas... ou avertissez-moi auparavant pour que je déménage! »

Une erreur tout aussi comique peut être citée comme pendant à cette anecdote.

Il y avait jadis, dans le parc de Versailles, une très-belle statue de Jupiter. Un jour, Mme de Durfort, qui fut dame d'atours de la duchesse d'Orléans, se promenant seule dans le parc, s'arrêta devant la statue, et lui dit :

« Or çà, monsieur Jupiter, vous étiez un grand séducteur autrefois!... Je ne suis, dit-on, pas mal... Voyons, dites-moi quelque douceur, puisque aussi bien vous avez la bouche entr'ouverte! »

Au moment même où Mme de Durfort achevait cette plaisante interpellation, un moulin à poudre vint à sauter dans le voisinage, avec un fracas épouvantable!

La marquise, ne doutant pas que c'était le dieu qui répondait à sa manière, fut en proie à une telle épouvante, qu'elle tomba par terre, évanouie. On vint la relever, mais pour la mettre au lit, où elle passa huit jours comme foudroyée par ce véritable Jupiter Tonnant... et encore plus étonnant!

~~~

Nous copions ces lignes sur un album que la princesse St... porte avec elle en voyage, dans l'espoir de rencontrer des célébrités à y rançonner :

« J'ai connu des êtres dans les élans desquels l'imagination jouait le plus grand rôle. Aimant, aimés, ils rêvaient des heures délicieuses... Le sort parfois propice les leur accordait. Les voilà heureux, n'est-ce pas? Eh non! non. Au lieu de jouir à plein cœur, ils repartaient, du sein de ces heures mêmes, vers les incertains brouillards des terres promises. Parfois, en rébellion contre leur propre injustice, contre leur ingratitude envers le sort, ils trouvaient dans un éclair de leur raison la force de s'indigner contre eux-mêmes. Alors, violemment ramenés à la contemplation du présent, à la constatation du réel, on eût pu les entendre se dire, absurdes, cruels et ingrats à la fois : Voyons... je suis là, en plein dans cette situation longtemps rêvée, si ardemment espérée... Ne suis-je pas heureux? C'est elle ! c'est lui ! c'est ce lieu ! c'est cette heure !... **A quoi vais-je aspirer encore?**

» Saint-Preux quittait Julie pour aller lui écrire. »

L'auteur de ces lignes charmantes, qu'il avait jusqu'ici été prohibé de copier, est cette brillante duchesse de Nassau qui vient de mourir, et dont la délicieuse villa, admirablement placée sur la déclivité de la colline qui domine tout Wiesbaden, est ouverte aux touristes, aux curieux que réunit la saison des eaux.

~~~

Voici une aventure qui s'est passée sous nos yeux, à Wiesbaden, hôtel des *Quatre-Saisons*.

Commençons par constater qu'il y a à Paris, dans le grand monde, deux familles à peu près égales par le nom et par l'opulence, qui sont en perpétuel conflit de rivalité. Une jeune et jolie femme est dans chaque camp, qui tient le drapeau et qui donne le signal du combat à chaque occasion qu'il est possible de faire naître. Tantôt il s'agit de conquérir au grand Opéra ou aux Italiens telle ou telle loge plus fashionable qu'une autre; — tantôt c'est un assaut de beaux équipages, — ou bien une célébrité à enlever pour son salon, — ou bien encore c'est un grand dîner pour lequel il faut, en fait de primeurs et de raretés gas-

tronomiques, réduire à l'impossibilité ou à l'imitation celle
qui arrivera trop tard. Bref, ces deux familles, prenant
ardemment fait et cause pour ces deux femmes, passent
leur vie à se provoquer, se dépasser et naturellement
aussi à se haïr, car tout vaincu en veut à son vainqueur,
surtout sur le terrain de l'amour-propre, et on doit bien
penser que dans la rivalité dont il s'agit, ces deux brillantes amazones sociales se partagent et les victoires et
les défaites. Si elles étaient moins riches, elles s'y ruine-
raient!

Il y a six mois, la famille M..., dirai-je pour les distinguer, remporta sur la famille O... un de ces triomphes
qui changent un beau jour les animosités secrètes et, si
l'on peut dire, encore courtoises, en hostilités déclarées. Il
s'agissait d'une préfecture pour laquelle les O... et les M...
avaient un candidat, un parent. Ce fut le protégé des O...
qui fut nommé, et, depuis ce jour, les M... furieux per-
dirent toute retenue. Ils en sont arrivés à faire éplucher la
généalogie de leurs adversaires, chez lesquels il y eut, au
seizième siècle, un *écusson barré*, du fait d'un guerrier
célèbre. Les O... ripostèrent en prouvant qu'un M... avait
du sang juif dans les veines; et ayant appris qu'un de
leurs ennemis convoitait une ferme qui formait enclave
dans une terre importante des environs de Paris, ils s'em-
pressèrent de la payer un prix exagéré, dans la certitude
de jouer un vilain tour. Bref, ces Guelfes du faubourg
Saint-Germain et ces Gibelins du faubourg Saint-Honoré
donnaient à la société parisienne un amusant spectacle,
lorsqu'ils partirent les uns et les autres pour le Rhin.

Paris s'attendit à de nouveaux conflits. Paris avait raison, et cette fois, il paraît que les tribunaux devront prononcer sur cette nouvelle prise d'armes, et que le vainqueur aura pour héraut un huissier, et pour annales une feuille de papier timbré.

Voici les faits. On jugera s'ils méritent de se dénouer si solennellement.

En août dernier, un homme d'une trentaine d'années descend à l'hôtel des Quatre-Saisons, à Wiesbaden. Le voyageur a pour tout équipage un sac de nuit. On s'apprête à lui donner une chambre quelconque; mais il déclare qu'il lui faut un grand appartement, au plus bel étage! On s'étonne d'abord, mais ses façons ont quelque chose d'impératif qui fait qu'on lui ouvre ce qu'il y a de mieux. Il s'installe au premier, dans cinq chambres, où sa personne et son sac de nuit ne font pas d'encombrement. On pense qu'il attend quelqu'un. Deux ou trois jours se passent; il a pour une soixantaine de francs de loyer par jour et il ne fait pour sa table qu'une dépense d'une quinzaine de francs... Au bout de huit jours, l'aubergiste s'impatiente; car, dans un tel appartement, il faut dépenser journellement le décuple.

Un matin, l'étranger va se promener. Lorsqu'il revient, il est tout surpris d'apercevoir de loin des dames à son balcon. Il approche... et quelle n'est pas sa stupeur, sa fureur, en reconnaissant la famille O... qui se pavane chez lui! Le Gibelin M... rentre, demande des explications; on lui répond par des arguments d'aubergiste; et le soir même, toute la famille M... qui arrive enfin pour s'installer trouve la place occupée, et par qui, grand Dieu! ce qui amène une scène si violente entre un M... et un O...,

18

qu'un duel est décidé. Le lendemain, on se rend sur la
frontière voisine, le champion M... reçoit dans la mâchoire
un coup d'épée qui le défigure; bref, la fureur est au
comble des deux côtés, et à ce point, que les deux partis
s'étant munis de toutes les pièces et attestations légalisées
sur les lieux, il va s'ouvrir sur l'acte de dépossession violente de l'appartement un de ces procès sans fond où tout
est dans la forme, et qui va amuser tout Paris d'ici à quelques semaines, si un peu de bon sens ne rentre pas bien
vite dans toutes ces têtes à l'envers, parmi lesquelles on
est étonné de voir figurer deux hommes qui ont occupé,
sous la dernière monarchie, des emplois considérables.

~~~

Quelques jours après je fus témoin d'une scène assez
plaisante. Grande rumeur dans l'hôtel! Un monsieur ré-
clamait à cor et à cris le commissaire de police. Que s'é-
tait-il donc passé? Voici :

Le monsieur était voisin d'un autre monsieur. Une simple
porte fermée d'un verrou par ici, d'un tour de clef par-là,
les séparait comme c'est l'ordinaire dans les hôtels qui
doivent, au besoin, réunir plusieurs chambres. M. A. était
un ci-devant, très-prétentieux avec les dames, et faisant
le langoureux à table d'hôte. M. B. était l'ami des dames
sur lesquelles l'autre opérait, avec des airs penchés, des
œillades et des cols rabattus comme ceux des colins d'o-
péra-comique. Telle était la situation au moment de l'explosion dont il s'agit.

Il paraît que M. A., un jour qu'on attendait la cloche du
dîner, avait entendu fourrager à la serrure, qu'il avait re-

gardé sournoisement, et qu'il avait constaté qu'un œil indiscret était collé là, qui pénétrait des mystères dont la découverte le désolait. Il s'agissait sans doute de quelque râtelier en hippopotame, de quelque mixtion pour les gens qui ont les cheveux gris, ou de quelque perruque pour ceux qui n'ont pas de cheveux du tout. Peut-être autre chose encore, je ne sais.

Toujours est-il que M. A., surpris dans ses secrets par M. B., et se voyant compromis, ridiculisé, perdu dans ses tentatives galantes, en prit une telle colère, qu'il cria après le commissaire aussi fort que si on l'avait détroussé. Comme on ne savait au juste ce qu'il y avait, le commissaire vint, et là ce fut la scène la plus grotesque que les mille réalités de la vie puissent opposer aux inventions timides. M. A., transporté, furieux, déclarait la conduite de son voisin assimilable à la rupture frauduleuse d'un cachet de lettre, et il voulait que B. fût arrêté et plongé dans les plus noirs cachots du Nassau. Toute la société réunie pour se mettre à table riait de cette idée, et le coupable riait, je crois, plus fort que les autres... car il y avait entre lui et son ardent accusateur le secret comique de ce qu'il avait vu...

Le commissaire souriait aussi, ne trouvant pas le cas pendable, et assurant au plaignant exalté que le délit en question, — celui d'un indiscret qui fourre son œil au trou d'une serrure, — n'avait pas été prévu par les lois, et que, conséquemment, l'assimilation n'était pas chose facile.

Tout cela, cette fureur, ces rires, ces débats, dura bien une heure pendant laquelle le dîner refroidissait. M. A. voyant qu'il ne pouvait obtenir une justice qu'il ne son-

geait pas à se faire lui-même, prit le parti de s'en aller,
de se sauver plutôt... et toute la société de se mettre à
table en jubilation. Qu'avait vu M. B. par son espionnage
de fort mauvais goût, du reste? je ne l'ai pas su et vous
resterez dans mon ignorance. Après tout, le comique de
l'affaire n'est pas là.

~~~

Autre histoire. L'hiver dernier, deux Anglais qui avaient
passé tout l'été au Rhin, se laissèrent séduire par la forme
en éventail de la ville de Carlsruhe, et se passionnèrent
pour l'idée qui a placé le château comme une sorte de bouton à l'éventail, dans le but de symboliser la centralisation
du pouvoir où aboutissent tous les rayons. Ils s'installèrent
à l'hôtel de l'*Empereur romain*, et y entamèrent fortement
la réserve du johannisberg et du steinberg qu'avait faite,
dans les bonnes années, le maître du gasthoff.

Mais, au bout de deux mois, l'ennui commença à les
attaquer, et l'un d'eux allait probablement fuir, lorsque le
plus sédentaire, pour retenir son ami jusqu'au retour de la
verdure, lui proposa un pari de nature à l'occuper, à
l'accabler. Voici :

La salle à manger de l'hôtel de l'*Empereur romain* était
remarquable par la nudité de ses parois, où se balançait,
pour tout tableau, toute œuvre d'art, la pancarte des vins,
avec le pouce des garçons marqué au bas. C'était là, après
dîner, disons aussi après boire, que les deux insulaires
recevaient d'ordinaire leur courrier anglais, aux enveloppes
couvertes de portraits de sa gracieuse Majesté la reine du

Royaume-Uni. Ces images fiscales firent éclore une pensée burlesque sous la paroi occipitale de lord W... :

« — Je parie, milord, que vous ne tapisseriez pas cette salle en timbres-poste ayant servi!... Je vous donne un an !

» — Et vous pariez?

» — Cent mille florins...

» — Cent cinquante mille ?

» — Soit!... Qu'on appelle un notaire! »

Arrive le notaire; un acte est dressé. L'enjeu est donc de 320,000 francs... une distraction d'hiver! Voilà donc lord O... fort occupé. L'un agira, l'autre le regardera, ils ne s'ennuieront plus !

Mais que fait l'acceptant? Il y a à Carlsruhe un orphelinat. Il s'y rend, et dit au supérieur : « Voilà ce que j'ai parié; réunissez les millions de vieux timbres-poste nécessaires, et le montant du pari perdu par mon ami est à votre charitable maison!

Le supérieur accepte. On raconte l'affaire dans tous les journaux allemands, anglais et français. Les chroniqueurs s'en emparent à Paris. Voilà, sur tous les points, la charité, l'émulation qui s'éveillent; toute l'Allemagne surtout se passionne; dans chaque maison de banque et de commerce, un commis armé de ciseaux avides rogne toutes les enveloppes; dans les familles, les jeunes filles, animées d'un beau zèle, font une chasse effrénée aux petites images multicolores de tous les souverains européens... C'est une rage! chacun se vante de ses résultats, et quand on a atteint des chiffres respectables, on va faire dépôt de sa moisson chez le curé, le pasteur de la ville, qui centralise et attend la date voulue pour l'expédition, c'est-à-dire

18.

l'automne : octobre et Carlsruhe ! D'après ce qu'on s'écrit et se communique de divers points de l'émulation, sans pareille, les millions de timbres-poste nécessaires pour tapisser la salle seront réunis; il y aura excès.... Les 150,000 florins seront donc payés par lord W..., et l'orphelinat se verra richement doté par le généreux abandon de l'étrange pari...

Mais qu'apprend-on bientôt?... Y a-t-il un orphelinat à Carlsruhe ? Je ne sais! Ce qui est, nous assure-t-on, tout à fait chimérique, c'est l'existence des parieurs! Il n'y a ni lord W... ni lord O... Un journaliste a inventé toute l'histoire, a mystifié l'Europe... Tant de sollicitude était duperie, et les charitables découpeurs de tant de timbres-poste ont perdu leur peine. Un immense éclat de rire retentit sur la mystification dont Paris lui-même a été la dupe... Peut-être Paris renferme-t-il aussi le mystificateur ! Voilà ce que l'on nous assure du moins...

IX

Lorsque le *Dampfschiff* approche du groupe d'îles qui
ressemblent, par leur forme allongée, à de grandes barques
chargées de verdure, les voyageurs, avertis par leur *Guide*
que le Johannisberg n'est pas loin, se mettent à chercher le
célèbre château-vignoble du prince de Metternich.

Et bientôt, sur le sommet d'une colline dont les déclivités
sont hérissées de cépages, on aperçoit le célèbre schloss
blanchâtre sous ses toits rougeâtres, et portant au fronton,
comme une ferronnière, ou au front, comme un cyclope
ouvre son œil, les armes du prince jaillissant en ronde-
bosse de la pierre, jadis colorée, mais lavée par les pluies.
L'ensemble des bâtiments forme un groupe un peu confus
sur la droite duquel une chapelle se soude par l'extrémité
de sa nef. Une étroite terrasse enserre le tout, et le vi-

gnoble s'étend du sud à l'est jusqu'au bas de la colline qui porte le nom de Saint-Jean. Tout le vignoble est en plein soleil; il forme environ soixante-six arpents.

Mais il nous semble que c'est ici le lieu de placer un mot sur le prince, propriétaire actuel de cette magnifique et opulente résidence, un des points célèbres de l'Europe.

Clément-Venceslas-Lothaire, prince de Metternich-Winnebourg, — duc de Portella, — comte de Kœnigswart, etc., etc., — grand d'Espagne de première classe, né en 1773, — dès 1809 ministre d'État et de conférence, — puis ministre des affaires étrangères, — puis président des conférences ministérielles pour les affaires étrangères, — puis grand chancelier de la maison, de la cour et de l'État, — grand cordon de vingt-cinq ordres, — docteur en l'université d'Oxford (ainsi que le furent les empereurs Alexandre et François), a aujourd'hui quatre-vingt-six ans. Il fut ambassadeur à Berlin de 1806 à 1809, et l'Autriche lui dut le traité conclu avec la France le 14 octobre 1809. Il signa le traité de Tœplitz, le traité de Paris, et tint une des premières places au congrès de Vienne, circonstance qui devait ajouter à tous ses titres celui de — seigneur du fief, du vignoble dont nous nous occupons. S'il a le bonnet d'Oxford, disons que cette dignité est fort justifiée chez le prince par l'étendue et la variété de ses connaissances, qui en font un savant des plus distingués. Mais c'est du vigneron qu'il faut parler ici.

~~~

Le point où s'élève le Johannisberg est un des plus charmants du Rhin. Des fenêtres du château, la vue s'étend jusqu'à Mayence, dont la cathédrale rose domine la contrée. L'appartement du château n'offre guère de luxe, et le confort à peine. On sent bien que c'est là le centre d'un revenu de loin en loin visité, plutôt qu'une résidence d'agrément, malgré sa situation véritablement admirable. Le prince n'y a point séjourné depuis 1851, époque où il revenait de Bruxelles, pays qu'il avait habité depuis les événements de 1848. La princesse, sa troisième femme, vivait encore à cette époque. La première femme du prince de Metternich était une fille du prince Ernest de Kaunitz. Leur mariage datait de 1795; il la perdit en 1825. Sa seconde femme était née baronne de Leykamp, élevée au titre de comtesse de Beilstein; il l'épousa en 1827; elle mourut deux ans après. La troisième, enfin, qu'il prit en 1831, c'est-à-dire à l'âge de cinquante-huit ans, était une Zichy-Ferraris: la princesse Mélanie, morte en 1854. Sa chambre au Johannisberg est encore là telle qu'elle l'a quittée. Rien de plus triste que cet examen des lieux où les morts ont laissé l'empreinte de leurs goûts, la trace de leur humeur, de leur caractère, de leurs passions! La princesse avait visité Venise; elle en avait rapporté des gouaches qui sont là plus durables sous leurs fragiles couleurs, que ne le fut la main qui les a suspendues pour un poétique souvenir! Le meuble, les rideaux, tout est de simple perse; quelques statuettes de plâtre, quelques gravures anglaises, des vases, des jardinières qui ne s'orneront guère de fleurs... tout cela est froid et pénible, et contraste avec les merveilles naturelles qui s'encadrent dans les fenêtres. Le cabinet du prince est plus simple encore; les meubles sont tels qu'on les fabriquait en Allemagne sous l'anguleuse impression du

goût dit de l'Empire. Aux murailles pendent quelques gravures modestement encadrées : *la Vierge de Folino*, de
Raphaël, et *la Transfiguration*, du même, gravé par Mor-
ghen. On y voit aussi l'estampe gravée par Godefroy,
d'après Isabey, et représentant *le Congrès de Vienne*, dont
le prince est resté un des rares survivants...

Dans un grand salon presque vide, on a placé, sous son
rideau hermétique, une chambre obscure. Rien de plus
charmant que d'y voir tout le paysage extérieur con-
centré, et le Rhin étendu sur la table, avec les petites vapeurs courant sous le doigt de l'observateur. Les honneurs
du château sont faits avec beaucoup de courtoisie aux
étrangers munis de lettres pour l'intendant. Bien recommandé, on peut même voir les caves. Mais y boire! il faut
pour cela une position tout exceptionnelle, celle, par
exemple, que peut donner la signature de l'agent unique
des produits de Johannisberg, qui a le monopole exclusif
de la vente de ces vins fameux. C'est sous ce patronage
que se présenta la petite compagnie à laquelle nous étions
mêlé; donc, non-seulement nous avons vu, mais aussi nous
avons bu...

~~~

Racontons cette visite souterraine, où le point de vue
change, mais où il a aussi son charme particulier!

Ces caves, qui s'ouvrent sur la droite du château, rem-
plissent tout l'espace souterrain de l'édifice et de la terrasse qui l'entoure. Elles se succèdent comme des cata-
combes, et plus elles sont reculées et plus les vins qu'elles
renferment sont précieux. Les tonneaux sont rangés par

files de droite 'et de gauche, entretenus dans un état de
propreté presque élégante, et portant sur le fond les armes
peintes de l'illustre propriétaire. Ces armes, qui sont, je
crois, trois coquilles de sable en champ d'argent, font à
quelque distance l'effet d'une tête de mort. Une sorte de
cierge qu'on plante sur chaque barrique constitue une
illumination un peu lugubre, qui rappelle moins une
cave à vins qu'un caveau funèbre, . moins une fête de
dégustation exquise que quelque sombre cérémonie de fu-
nérailles! Mais l'impression ne dure guère. Les cavistes
sont à leur poste auprès des tonneaux fameux ; les employés tiennent de longues sondent pneumatiques; les
bondes sautent, le tube plongé dans la précieuse liqueur
s'emplit, et va jaillir dans une série de verres de Bohême
qui chargent un plateau promené par un des domestiques du
schloss. Les ordres d'hospitalité étaient si amples, qu'on
versa de toutes les qualités,—depuis celle qui ne coûte que
deux florins et demi la bouteille, — jusqu'à cette liqueur
suprême que les amateurs se disputent, et qu'on semble ne
vendre qu'à regret au prix de vingt-cinq à trente francs
le flacon coiffé du cachet *bleu*, — le plus aristocratique de
tous, même le cachet *d'or !*

Un de nos compagnons, une célébrité de la plume, un
Hercule de l ettres, dont la tête est aussi insensible aux
fumées du vin qu'elle l'est à celles de la gloire, goûta de
tout... et goûta, c'est le mot modeste... Cette séance souterraine devra lui être une date enivrante! Le colosse ne
s'en repentit pas, et bien qu'il déclarât que ces dégusta-
tions successives tendaient uniquement à bien fixer son
opinion sur les variétés d'un cru célèbre, il faut croire que

l'opération lui agréait un peu plus que le désir d'ajouter à
la somme de son instruction. Il avala bien ainsi deux bouteilles d'expérience, et ne s'en comporta pas plus mal en
sortant de là, malgré l'effet que produisent sur le cerveau
tapissé de vapeurs spiritueuses le grand air et le grand
jour. Les dames n'avaient guère que complaisamment trempé
le bout des lèvres dans le verre trapu et gravé de feuilles
de vigne, qui contenait la qualité la plus vantée, et qui
porte la date de 1846.

Le vin de Johannisberg ne flatte pas moins la vue et
l'odorat qu'il délecte le goût. Il a une belle couleur d'am-
bre, d'or pâle, qui n'a guère d'analogue, chez nous, que
certains vieux crus de haut Sauterne, le Hur–Saluce ou le
château Iquem, par exemple. Quant à l'arome, au bouquet,
il est étrange, énergique, sulfureux. Il s'empare vivement
des nerfs olfactifs ; — il monte aux idées tout en provo-
quant la sensualité qu'il va satisfaire. Le voir fait désirer
de le flairer; le flairer pousse irrésistiblement à le boire!
De tous les vins dans la gestation desquels le soleil ne
travaille pas ardemment, c'est le plus délicat et le plus
parfumé, tout en étant l'un des plus violents. Le madère,
le marsalla, le xérès, le porto, tous vins chaleureux qui
semblent garder dans leur sein des parcelles du soleil tor-
ride qui a fait mûrir leurs grappes mères, ont pour l'estomac plus de générosité que lui. Mais ils sont loin de son
imprévu, de son énergique saveur, de sa virilité sans pareille! Moins tonique, il est plus corsé. Il a de plus que
tous ces vins excellents une sorte d'arrière-goût fugitif,

insaisissable qu'on ne retrouve absolument que chez les
membres divers de la très-aristocratique famille des vins
rhénans, — aimés des grands burgraves qui avaient des
têtes assez solides pour les boire dans leurs hanaps de métal
historié ou de cristal massif, — verres aussi loin des us-
tensiles modernes, que le sont de nos cerveaux les puissantes têtes qui en bravaient l'irritant contenu...

Le premier verre qu'on en boit a une séduction inexpri-
mable. Il n'est pas seulement exquis : il est étrange, mystérieux ! Je ne sais si c'est à cause de la confusion que fait
involontairement l'imagination entre ce vin et son propriétaire, entre sa grappe et la main qui la cultive... mais on
lui trouve je ne puis expliquer quel parfum de protocole, de
congrès, qui le destine au dessert de la haute diplomatie !
On comprend que le grand chancelier de l'Empire soit le
grand échanson de cette liqueur illustre... et que l'homme
qui sut si longtemps comprimer les fermentations politiques le mesure lui-même avec une prudente avarice aux
convives d'État que l'étiquette rassemble dans son hospitalité princière !

∿∿

Mais il est au Rhin, — et du Rhin il est allé partout où ce
vin se boit, — un usage que nous condamnons fort : c'est
l'épanchement dans un verre de couleur. Certes, la sphère
pure, la panse un peu close du verre byzantin, est bien
celle qui convient à recevoir une liqueur qu'on doit à la
fois et respirer et boire ; mais pourquoi, la *forme* ainsi ap-
prouvée, cette *couleur*, cette teinte, tantôt verte, tantôt
bleue, parfois rosée, bonne à protéger les liqueurs trou-

bles, louches et mal clarifiées ? Va pour les hôtels, qui ont
leurs raisons pour cacher le plus possible ce qu'ils font
avaler vite et payer cher ! Mais sur les bonnes tables,
chez les gens de goût, pourquoi dérober sous la teinte du
verre la limpidité du vin? pourquoi altérer sa belle couleur
ambrée à travers la douteuse transparence d'un cristal co-
loré, et lui enlever un de ses trois charmes? C'est ainsi que
nous crûmes assez longtemps que le vin du Rhin avait la
couleur de son fruit, qu'il se teignait de verjus et cherchait prudemment, coquettement, à se déguiser sous le
bohème. Mais quelle erreur! Il est d'or et blond comme
les moustaches allemandes qui aiment tant à s'y tremper ;
vite, vite des verres blancs !

~~~

Nous avons dit que l'ensemble du vignoble de Johannisberg comprenait soixante-six arpents ; mais cette étendue
a des variétés d'exposition qui déterminent les variétés
de qualités. C'est au sommet de la colline, sous les fenêtres
mêmes du château, que se récolte ce qu'on appelle la *fleur*.
Il faut dire que depuis plusieurs années le Rheingau a fait
de grands progrès dans la culture de la vigne, et que les
vignerons s'y montrent d'une habileté et d'un soin extrêmes
à profiter des avantages du climat, ou à en conjurer les caprices et les rudesses. Le duché de Nassau marche en
tête de tout le pays rhénan dans cette culture favorisée
par la possession des meilleurs crus, ainsi, par exemple, le
Rudesheim, le Markobrunner, le Geisenheim, le Hatten-
heim, le Hochheim, etc. Le Steinberg n'est pas seulement
le voisin géographique du Johannisberg, il est aussi son

vóisin de qualité. Nous en parlerons plus loin ; — revenons à la culture du Johannisberg.

~~~

Cette culture et les soins donnés, soit à la vendange, soit à la fabrication même du vin, sont poussés chez le vigneron-ministre au plus haut point de perfection. C'est la culture et la fabrication modèles ; toutes les autres contrées n'en sont que les imitatrices. Le prince met en cela un très-grand amour-propre, et ses ordres sont absolus pour que, sous tous les rapports possibles, cette perfection soit maintenue et qu'elle aille de pair avec l'excellence d'un vignoble sans rival. Les vins des grandes années ne sont vendus qu'en bouteilles, portant au cachet les armes du prince et sur l'étiquette la signature autographe des deux premiers employés de l'administration. La couleur des cachets signale le degré dans l'excellence des qualités. Nous avons dit que le cachet *bleu-cabinet* était la qualité la plus exquise. Les vins de 1846 sont aujourd'hui les plus estimés. Ceux de 1857 seront un jour excellents. Le produit des années médiocres ou mauvaises (et ce sont toutes les dernières) se vendent en barriques et ne peuvent conséquemment recevoir ni l'étiquette ni le cachet de la maison. On peut le déclarer Johannisberg, mais l'authenticité manque! Or, qui oserait dire que le cachet, la bouteille et même les verres et la manière de servir, ne soient pas pour quelque chose dans l'estime qu'on prend même pour le meilleur vin?

Dans les bonnes années, et lorsqu'il y a lieu de compter sur des vins de premier choix et dignes d'être mis en bou-

teilles au schloss, la récolte se pratique avec des soins in—
imaginables. Les grappes sont cueillies comme des fleurs
délicates et on en choisit scrupuleusement les grains. De
ce choix fait dans les années favorisées, il résulte cette
qualité qu'on appelle *ausbruch* et qui se coiffe de ce fameux
cachet bleu. La quantité d'une telle qualité n'est jamais
bien grande, et presque tout est retenu d'avance par la
Russie ou les États-Unis, qui payent fort cher pour boire
très-bon.

L'ensemble des qualités peut fournir, dans une bonne
année du Johannisberg, de soixante à quatre-vingt mille
bouteilles. En 1853, la saison fut mauvaise, la maturité in—
complète, la récolte ne s'éleva qu'à cinquante-quatre mille
bouteilles ou trente-six pièces. En 1854, ce fut bien pis !
on ne récolta guère que cinq pièces. Les gelées du mois
de mai brûlèrent tout le vignoble en trois nuits. Peu de
jours auparavant, on pouvait encore espérer de récolter
une trentaine de pièces ; ce fut une perte immense.

Les meilleurs vins sont, après le 1846 déjà nommé, le
1834 et le 1842. Le 1857 sera classé plus tard. Le prix
est en moyenne de 7 florins, ou 15 francs la bouteille,
pris sur les lieux.

Un cep du Johannisberg est estimé 100 francs. Dans
beaucoup de localités environnantes, chaque pied de vigne
ne peut être inférieur à 25 francs. Qu'on juge de la valeur
superficielle de pareils terrains! Et pourtant il s'est trouvé
une compagnie qui, pour pousser un chemin de fer de
Wiesbaden à Coblence, sur la rive droite du Rhin, en sui—
vant le fleuve, n'a pas craint de se jeter au milieu de ces
vignobles, dont il a fallu payer chaque cep au prix moyen

de 50 francs ! Ce railway est en activité depuis le mois d'août 1856, de Wiesbaden à Rudesheim, un des points les plus renommés de l'exposition vinicole. Les paysans qui voyaient arracher les vignes de leur sol, dont chaque pouce carré vaut une façade sur le boulevard des Italiens, pleuraient de toute âme. Mais aussi la voie ferrée n'a-t-elle pris que le plus mince ruban de cette terre qui contient plus d'or sous les flèches du soleil mûrissant que les alluvions de l'Australie. Cette voie pourra s'ébattre et se prélasser à son aise plus loin, vers Coblence, où le vin, — aimé de la salade, — appelle à bon droit ce verre de couleur trouble qui le cache à l'œil que sa couleur inquiéterait pour le goût...

Les ceps arrachés pour le passage du chemin de fer ont été achetés par un riche Anglais, qui espère les faire reverdir dans l'île de Wight, cette Sicile de l'Angleterre. Mais le plus généralement ces opérations échouent. Tel cep qui donnait ici un vin exquis, ne produira là qu'un breuvage atroce. La plante doit grandir et produire où elle est née, dans sa terre et sous son soleil. Les pieds de vigne transportés de la campagne bordelaise en Italie n'ont fourni que d'épais vin bleu.

On boit au Rhin beaucoup de vins de Moselle, parmi lesquels plusieurs sont excellents. Nous citerons le scharzhofberger, le scharberger, l'ohlisgsberger, le braunberger et divers autres rimant de même et dont nous ne supposons pas que les *bergers* goûtent beaucoup. Les bonnes qualités se vendent un thaler, soit 3 fr. 75 cent. la bou-

teille. Le premier nommé, qui est fort estimable et peu
capiteux, s'offre sous des étiquettes triomphantes. C'est
toute une image enluminée, dorée ; des damoiseaux et des
damoiselles se culbutent assez peu civilement pour tendre
leur coupe sous le robinet qui échappe d'une tête de lion,
et qui épand la claire liqueur. A la furie qu'ils y mettent,
on doit juger qu'ils sont tous gris... bien que rehaussés de
vives couleurs par un pinceau prodigue.

Quand les vins du Rhin sont de basse qualité, ils ne
sont pas aigres, ils sont surs. Mêlés à l'eau, ils forment
d'excellents gargarismes pour le mal de gorge ! Nous avons
lu contre eux cet axiome qui ne saurait contrarier les grands
crus dont nous nous sommes entretenus : « On est obligé
de trouver *bon* le vin du Rhin qui n'est pas absolument
mauvais, c'est-à-dire lorsqu'il a l'insipidité de l'eau ; dès
qu'il a un goût, ce goût est mauvais. » Ceci s'adresse évidemment aux piquettes de Gasthoffs, bonnes à boire dans
des verres de couleur.

~~~

Le village de Johannisberg, adossé au château sur le
revers de la montagne, de même que les vignobles si-
tués vers l'est, ne fournissent que des vins médiocres,
qui ne s'étagent que fort au-dessous des crus moyens du
Rheingau.

Le château a changé plusieurs fois de maîtres. Comme
la plupart des vignobles du Rhin et de la Moselle, ce fut
jadis un couvent; les moines savaient choisir ! Celui-ci
avait été fondé en 1106 par le chapitre de l'électorat de
Mayence, qui, de génération en génération, le garda jus-

qu'en 1715, alors qu'il passa aux mains du grand chapitre de Fulda, dont les chanoines avaient seuls le droit de boire ses produits. Le château actuel date de cette époque. La paix de Lunéville et la sécularisation des biens ecclésiastiques le firent passer à la branche des Nassau-Orange ; mais, après ses victoires, l'empereur Napoléon le donna au maréchal Kellermann, duc de Valmy. A la chute de l'empire français, le congrès de Vienne disposa du domaine en faveur de l'empereur François d'Autriche, qui en fit don au prince de Metternich, comme fief autrichien et héréditaire en descendance masculine.

Les révolutions européennes de 1848 eurent leurs échos sur les bords du Rhin ; cet heureux et balnéable duché de Nassau ne fut pas à l'abri de la *fureur des partis*, comme on dit. Déjà le schloss de Johannisberg l'avait échappé belle au temps des promenades françaises dans le Palatinat ; le général Hoche avait voulu le faire sauter sous prétexte de couvent, et déjà deux mines étaient prêtes à faire voler les ruines au milieu des vignes écrasées, lorsqu'on apporta au vainqueur de Wetzlar une rançon de soixante mille florins qu'il prit, en faisant éteindre les mèches déjà allumées. Hoche mourut subitement quelques jours après, et fut enterré au fort François, près Coblence, tout près de son camarade Marceau. Un monument a été élevé au sauveur du Johannisberg, dans le village de Weissenthurm, sur la route de Coblence à Andernach, et l'inscription de l'obélisque, qu'on distingue bien du vapeur qui passe, porte : *L'armée de Sambre-et-Meuse à son général Hoche.* La vérité est de dire que ce n'est point l'armée, — mais que ce fut la veuve du guerrier—qui éleva de ses deniers le monument que le gouvernement prussien a soin de faire entretenir. Revenons aux *fureurs des partis* après 1848.

Une bande... d'amateurs de grands crus se présenta, en cette vive année, aux portes du schloss pour visiter les appartements d'un ministre de l'absolutisme — et échantillonner sa cave. Les vignerons accoururent et repoussèrent ces messieurs, sans rançon ni même de *pourboire !* Mais plus tard, et lorsque la révolution fut passée de la rue dans certaines institutions, la chambre de Wiesbaden éleva contre ce domaine une prétention d'impôts arriérés depuis 1815. Tenancier d'un fief autrichien, stipulé et garanti dans ses actes comme libre et exempt, le prince opposa les décrets, en appela à la diète germanique, et la prétention wiesbadoise fut repoussée comme inique et mal fondée. Le bruit courut alors que la propriété était frappée du séquestre de Nassau. Pour faire la part du feu, ou celle des mécontents, le prince de Metternich s'est décidé à sacrifier et son privilège et l'arrêt de la diète, en payant, à dater d'alors, tous les impôts tels qu'ils sont taxés dans le duché.

Ajoutons, pour finir, que l'année 1857 a fourni au schloss du Johannisberg des vins aussi exquis que ceux de 1846. Les derniers de ces vins, cotés à 35 fr. la bouteille, ont été livrés à S. M. l'empereur et au duc de Malakoff.

~~~

Steinberg...

Il est impossible de parler du Johannisberg sans dire un mot de son presque rival et tout à fait voisin, — le *Steinberg*. Voici sa curieuse et rapide histoire.

Il y avait jadis sur la rive gauche du Rhin, non loin de Mayence, et sur une riante éminence (*montes benedictus amabat*), un couvent de bénédictins. Ce couvent datait du douzième siècle, et il était peu à peu devenu si riche, que lorsqu'il arrivait à quelque disciple de saint Benoît de se rendre auprès du pape, voyageant lentement, il trouvait chaque soir le gîte dans une propriété de l'ordre... et cela depuis le Rhin jusqu'au Tibre ! de Mayence à Rome !

Ces moines cultivaient eux-mêmes leurs vignes couvrant cent arpents entourés de murs. Ils ne vendaient que fort peu de leurs produits, et le pays ne s'en plaignait guère... car leur vin passait pour être de la pire qualité, si bien qu'on trouvait que ces bons bénédictins faisaient véritablement pénitence à le boire. Les siècles passent.

Arrivent 93 et tout ce que vous savez. Après 93, arrive Napoléon, qui dispose des couvents rhénans ; l'État s'empare des propriétés et voilà le Rheingau dans la plus grande stupéfaction... En effet, on ouvre les caves du Steinberg ; elles contiennent quelques centaines de tonneaux de ce vilain petit vin, de cette triste et aigre piquette dont pendant de longs siècles avaient dû se contenter ces anachorètes fluviaux ; les soldats républicains déclaraient qu'ils n'en laveraient pas les pieds de leurs chevaux ! Pourtant un des plus braves y goûte... puis deux, puis dix, puis cent, puis mille... Quelle surprise ! — et quel vin !

C'était bel et bien le Steinberg actuel, que les bénédictins consommaient jusqu'à la lie, ne laissant aller au dehors que la plus méprisable qualité, quelque breuvage peut-être frelaté à dessein pour donner la plus écœurante opinion du pitoyable vinaigre que ces pauvres moines ingurgitaient ! Les caves pleines de ce précieux liquide en train de vieillir s'ouvrirent donc à l'étonnement général, et l'Europe connut le rival du Johannisberg !

C'est aujourd'hui la propriété personuelle du duc de Nassau ; sa superficie, de cent huit arpents, est close de murs. En 1846, cet enclos a produit cent quarante mille bouteilles, vendues au prix de 10 francs, ce qui constitue un revenu moyen de 1,400,000 francs. Et jadis les bénédictins buvaient tout cela ! On doute que ces braves pères aient apporté leur part de collaboration au fameux ouvrage de leurs confrères de Saint-Maur : *l'Art de vérifier les dates.* Ils s'absorbaient dans d'autres vérifications.

X

Mes impressions d'Aix-la-Chapelle ne sont pas longues;
mais elles brillent par leur vivacité. Voici :

Je descends du wagon, et vois emporter ma malle par
un commissionnaire, vers je ne sais quel omnibus dans
lequel je ne voulais pas monter. Je portais à la main mon
nécessaire, habitude que j'ai, et que je crois également...
nécessaire. Quelques livres passés sous la sangle, et enve-
loppés dans de vieux journaux, dénaturaient la forme de
mon compagnon. Voyant ma malle aller trop vite là où je
ne voulais pas, je courus après, en criant au drôle, au
spéculateur qui l'emportait, de refréner tant d'ardeur. Mais
ce fut la mienne qu'on refréna! Au moment où j'allais
franchir je ne sais quelle barrière, on pousse brusquement
en travers une grosse barre de bois sur laquelle, dans mon
élan, je vais donner du gaster, au risque de faire de l'autre
côté une gymnastique involontaire. Au même moment, je

me vois borné au nord, au sud et à l'est par trois grands gaillards, qui se mettent à vociférer et à me faire toutes sortes de gestes prussiens.

« — Que diable est-ce qu'ils ont? » — m'écriai-je, mon équilibre repris. Tout cela : les gestes, les mots, c'était pour moi, ou plutôt contre moi. Et ce n'était pas tout ! Il y avait là tout près un bureau, un corps de garde ; tous les bras me font signe d'y entrer... Moi, toujours préoccupé de ma malle qu'on emporte, je m'efforce de leur dire, avec le peu d'allemand que je sais et tout celui que je ne sais pas, de me laisser tranquille, et je cherche à reprendre ma course... Mais alors, on m'empoigne... il faut bien articuler le mot : on me pousse dans le corps de garde, on en referme soigneusement la porte, un des furieux reste dehors à la garder et me voilà en face d'une espèce de soldat vert, la poitrine couverte d'un tas de petites médailles pendues à de petits carrés de fer-blanc peints aux couleurs des rubans confédératifs. Que diable est-ce qu'il y a? Ai-je mis à mort mon prochain, sans m'en douter, par hasard ?

Les deux gaillards, qui sont entrés à mes flancs, et qui ont aussi des médailles de cuivre à rubans de fer-blanc, font je ne sais quel réquisitoire à la casquette gradée qui se gobergeait là ; tout en parlant avec feu, ils montrent mon nécessaire, et je comprends que c'est là l'objet de la crise. On me l'arrache des mains. « — Animaux ! — dis-je de mon accent le moins aimable, — c'est un nécessaire... pour se faire la barbe... la barbe, comprenez-vous ? »

Et pour faciliter le rébarbatif travail de leur intelligence, d'une main je me prends le bout du nez, et de l'autre je fais le simulacre d'un homme qui se rase.

Mais tout cela en vain ! Les furieux, encouragés par quelques mots de la casquette, fondent sur mon meuble, arrachent de leurs griffes ardentes et de leurs crocs impatients le papier qui enveloppe les livres, retenus par la sangle, et mettent à nu un tas de Guides, de Panoramas du Rhin, et autres inventions et importations de ce calibre... Alors leurs figures changent, leurs bras retombent. — Ils sont déçus, mystifiés, anéantis ! La fameuse casquette leur baragouine quelque chose où je crois saisir un reproche ou une moquerie ; mon innocence triomphe, rayonne, je suis pur... la porte du corps de garde se rouvre et je suis rendu à la société !

Que diable avais-je donc fait, ou plutôt que n'avais-je pas fait ? Il m'a fallu assez de temps pour le comprendre. Enfin, quelques mots saisis dans le feu de la crise me revenant à la mémoire, je pus pénétrer les causes de cette commotion que mon passage avait causée. Voici l'affaire :

Il règne à Cologne, et dans d'autres villes d'Allemagne, un pain westphalien et fort bis, qu'on appelle tout d'un mot : *bonpournickel*. Ce pain est formé de seigle, et de je ne sais quelle herbacée qui colle sous la dent. On plaque la tranche de *bonpournickel* sur une tranche d'autre pain plus citadin, une couche de beurre les sépare ; on mord là-dedans, et, en face d'une tasse de thé, l'opération n'est pas désagréable. C'est d'ailleurs la mode. Quant au drôle de nom donné à ce drôle de pain, on l'explique ainsi : Un soldat français étant en Westphalie, au temps jadis, demande du pain. On lui apporte ça. «—Quel diable de pain me donnez-vous là? — s'écrie le guerrier dégoûté; — c'est bon pour Nickel! » — Nickel était son cheval. *Bonpournickel* est resté.

Donc, il y a ce pain dont on est très-friand à la frontière, et qu'on apporte du Rhin dans les environs. Or, un tel pain paye *six centimes* de droit pour pénétrer dans une ville. Or, il paraît que mon tas de livres ficelés sur le nécessaire affectait innocemment la forme précise d'un de ces pains. Or, comme je filais à toutes jambes pour rattraper ma malle, ces gens médaillés me prirent pour un Westphalien qui cherchait à introduire frauduleusement un bonpournickel dans l'auguste cité de Charlemagne !

Or, enfin, la loi stimulante accorde à ces casquettes un tiers à empocher sur toute fraude saisie au passage. Donc, le tiers de six centimes, c'était leur lot, une affaire à partager entre trois ! Vous jugez, maintenant, dans toute sa gravité, le délit qu'on me soupçonnait de commettre, et vous comprenez du même coup l'ardeur de la répression ! C'est sous ces agréables auspices que je fis mon entrée dans la prestigieuse ville où ont été couronnés trente-sept empereurs d'Allemagne.

~~~

Voici une bonne revanche à cette intolérance prussienne :

L'autre jour, les douaniers d'Aix-la-Chapelle étaient furieux ! une mère de famille avait acheté, à Paris, dans un magasin des boulevards, une grande poupée à tête de cire, habillée comme la fille d'un agent de change ; mais ayant, au lieu d'entrailles, une mécanique à soufflets qui, moyennant le tirage d'un petit anneau, lui faisait crier (ficelle gauche) : Papa ! (ficelle droite) : Maman !

Or, il faut qu'on sache que Nuremberg étant la ville allemande (bavaroise) des jouets par excellence, comme Aix-la-Chapelle est aussi, par excellence, selon tous les guides, la ville électorale, Sa Majesté Prussienne ne plaisante pas avec l'introduction dans les États du Zollverein ou union douanière, de tout jouet de nature à préjudicier soit au commerce, soit à l'amour-propre de la bonne ville de Nuremberg ! De là, le droit exorbitant, presque égal à une prohibition complète, dont est frappé tout objet d'amusement enfantin qui ose se présenter pour être admis dans la monarchie prussienne...

Cette poupée parisienne, qui coûtait cent francs, était donc menacée d'un droit au moins égal, pour franchir cette frontière garnie de douaniers féroces. Payer était assurément très-vexant, mais ne pas payer était fort difficile. La dame a soudain une inspiration.

Elle emmaillotte la belle poupée dans un coin de son burnous de voyage, la place avec sollicitude sur ses génoux, la tête contre son sein maternel, et attend le douanier et sa lanterne, de pied... ou plutôt de main ferme, cette main déjà voisine du ressort. Attention, voici le farouche agent du Zollverein !

« — *Nzrryhlmvrppk hppsvrmqs vbrsvmpllrqm?* — demande-t-il en promenant un œil défiant et une lanterne soupçonneuse dans l'intérieur du wagon !

» — *Maman!... maman!...* fait soudain la poupée, que la tendre mère presse plus vivement sur son sein, comme pour rassurer cette timide créature...

» — La ! la !... — s'écrie le douanier, dans un langage
que nous prenons le parti de traduire, — galmez-fous,
bétite ! ce sont mes moustaches qui lui vont beur... ajoute-
t-il avec une mâle fierté... — Donc, rien à déglarer, ma-
tame ? pon voyache ! »

Et il passe à un autre wagon !

Le lendemain, la belle poupée parisienne, prodiguant
les noms chéris de *papa* et *maman* à quiconque tirait bien
la ficelle, faisait l'admiration des principales familles de la
ville de Dusseldorf...

             ⌇⌇⌇

Paris n'est pas ce qu'on appelle une ville matinale. On
s'y couche en pleine nuit, le plus souvent le lendemain,
et on se lève en plein jour. Aussi, est-ce un singulier spectacle que celui qui s'offre aux yeux d'un Parisien que le
hasard d'un voyage nocturne en chemin de fer jette, vers
cinq ou six heures du matin, dans un fiacre, par les rues
qui viennent des gares. Le cocher auquel vous confiez votre
malle relâchée par la douane et par l'octroi luttant de soupçons et de casquettes vertes, — ce cocher, disons-nous,
abruti par une veillée jalonnée de petits verres, entend
mal votre destination et a besoin d'être rappelé à l'ordre
et au bon chemin. Et quel chemin que celui que fait le
touriste qui arrive par la gare du Nord, par exemple ! Ah !
le vilain Paris qu'on voit par là, jusqu'au boulevard, et
quelle fâcheuse opinion prend de la capitale européenne
l'étranger qui débarque par ces côtés boueux ! Le railway
de ceinture achevé, nous votons pour que tout étranger

soit expédié *via* de l'axe de l'Étoile, et qu'il s'introduise par les voies que vous savez; oh, alors!

Mais tel n'est pas le destin actuel. Nous dûmes assister au réveil de Paris à travers les quartiers Rochechouart, Mouffetard et Coquenard. Ce n'est pas précisément là une nouvelle Athènes; aussi offrent-ils une singulière impression à l'habitué blasé des quartiers neufs et élégants. Qui n'arrive pas au nord, ne sait guère ce qu'est ce vilain Paris aux heures indues; car, je vous le demande, qui songerait, pour faire cette laide et puante connaissance, à s'arracher au sommeil afin d'aller voir le vilain appareil en quoi la ville s'arrache au sien. Par là, notez-le, à peine le Parisien a-t-il l'œil ouvert, que c'est pour ouvrir la bouche. — Il ne dort plus, il faut qu'il boive! — Les premières boutiques qui s'ouvrent sont précisément les mêmes qui se sont fermées les dernières : les boutiques de liquoristes, de marchands de vin, détenteurs de prunes, chinois et autres drogues à l'eau-de-vie, dont les comptoirs d'étain, baptisés d'argent, pullulent si déplorablement depuis quelques années, encanaillant même les quartiers les plus élégants de la capitale. De la rue Lafayette à la rue du Faubourg-Montmartre, nous comptâmes ainsi trente-quatre débits de liqueurs fortes tout grands ouverts dès l'aube, et signalés par des groupes à la porte, attendant leur tour pour pénétrer. C'étaient des hommes, c'étaient des femmes, beaucoup de femmes... et des vieillards encore! et des enfants déjà! Tout cela entre la main pleine, et sort passant le revers de cette main vide sur la bouche, pour s'essuyer.

Après le liquoriste, le premier qui ouvre c'est le bou-

langer. A la bonne heure ! L'épicier le suit de près ; le
marchand de charbon succède, — et le pharmacien, couché tard, réveillé pendant la nuit, vient après. Mais vous
voyez que bien avant le pain, l'épice, le bois et la drogue,
c'est l'eau-de-vie qui fait recette avec tous ceux qui vont
à l'ouvrage gagner ce qui est dépensé déjà ! Mais partout
la laitière, surveillée pour cause de sophistification, s'ac-
croupit aux seuils, au moment où le portier traînard, le
bonnet grec au front, la pipe et la mauvaise humeur à la
bouche, ouvre ses deux battants pour jouer du balai. C'est
l'heure des cancans stupides et des immondices ménagères.
On se venge alors de tenir un balai au profit des gens qui
dorment encore aux étages.

Les industries étrangères à la cuisine ne se manifestent
que vers neuf heures. Mais déjà les rues sont sillonnées en
tous sens, et le voyageur qui a surpris la ville à sa peu
poétique aurore est dans son bain ou dans son lit. Deux
heures après, il est debout, il rentre dans la fièvre de
l'existence parisienne !

XI

UN VOYAGE DE DÉSAGRÉMENTS A LONDRES.

———

Que l'Angleterre est moralement aussi loin de la France que de la Chine.

L'Angleterre, séparée de la France par un bras de mer qu'on traverse en deux heures à peine, restera longtemps à mille lieues de nous par ses mœurs et son caractère national. A peine a-t-on mis le pied sur le sol britannique, qu'on est frappé du contraste. Le bateau qui m'apporta contenait une centaine de voyageurs, qui furent sur-le-champ aux prises avec un pareil nombre d'Anglais : marins, douaniers, gens du port et du chemin de fer ; le contraste jaillit sur-le-champ, et très-vivement, du choc de ces individus. Notons les circonstances, pour mieux saisir le trait.

On arrive à Folkestone le long de la jetée de *pierres sèches*, soit dit pour leur agencement, et on sait qu'il y a deux heures à attendre pour le départ du railway. On a donc le temps de grimper tranquillement la rampe qui conduit du tillac au quai. Mais, pourtant, si on allait ne pas arriver à temps? Aussi, le bateau n'est pas encore en contact avec la jetée, que déjà tous les voyageurs français sont courus au plat-bord, où ils s'entassent armés de tous leurs paquets, sacs de nuit, valises, femmes et enfants. Le bateau s'arrête, les marins qui l'attendent poussent à ceux du bord une longue planche formant pont volant, et à chaque bout de laquelle les contrôleurs de la traversée doivent recevoir le *ticket* qui prouve qu'on a payé son passage. De plus, la douane est là, qui veille à ce que rien ne soit soustrait à son examen, de sorte que tout débarquant doit déposer entre les mains des agents cartons, paniers, cabas, nécessaires, tout ce qu'il porte. Il faut donc que les voyageurs passent un à un par cette espèce de filtrage d'un double contrôle, et, comme on a le temps, tout peut se faire avec ordre.

—Le temps, dites-vous? Est-ce que les Français ont le temps? Voyez-les un peu! Dieu, quelle mêlée! quelle cohue! que de coudes et de parapluies on se pousse dans la poitrine et dans les reins! Les basques des habits, les pans des châles, tout s'engage et tire dans des pressions contraires; les chapeaux des femmes sont aplatis, les pieds écrasés, les époux égarés; on s'étouffe, on se décoiffe, on se déchausse, on s'éborgne... Mais, comment faire, on n'a que deux heures à soi... et il faut bien dix minutes pour débarquer!

Et notez que par cette furie, qui retarde le débarquement, on risque de tomber à l'eau, à part les horions formels qu'on attrape! mais la planche est enfin franchie, malgré les Anglais se récriant, mais sans trop s'animer, toutefois, contre cette inutile précipitation. Il faut voir avec quelle ardeur l'escalier du quai est gravi! Ah! ce sont bien les Français, faits pour l'abordage et l'escalade! Ne dirait-on pas, sauf les parapluies, d'impétueux soldats grimpant à l'assaut de quelque forteresse? S'il s'agissait de conquérir l'Angleterre, la *furia francese* ne ferait pas mieux qu'elle ne fait, déposée là par ce pacifique train de plaisir! Ah! le plaisir de presser, de pousser, de partir tard, mais d'arriver vite! çà! à la rescousse! à l'escalade! car il s'agit d'être là-haut trop tôt!

Et, en effet, il faut maintenant rester là, sur le quai, parqué entre deux cordes de suspicion douanière, à attendre que tous les bagages soient débarqués, pour que la visite s'ouvre ensuite. J'ai vu des Anglais, des Allemands, rester tranquillement les derniers sur le bateau, le quitter après nous (car, moi aussi, j'étais instinctivement parmi les impétueux!) et débarquer avec la majesté toute à son aise d'un Turc et de sa pipe. Cette leçon valait bien le bagage, sans doute? Du tout! une demi-heure après, ç'a été à recommencer aux portes vitrées du Custom-House, à l'intérieur duquel on voyait les douaniers ranger les colis sur de longs comptoirs. A la vérité, on avait encore plus d'une heure et demie pour le départ... Mais pour qui prenez-vous les Français? Tandis que nous nous promenions (car, cette fois, j'étais parmi les raisonnables insulaires) sur le quai, regardant, causant, humant un peu de ce pâle soleil anglais du mois de juin, la foule était là recommençant, se pressant, se ruant, s'étouffant, et cassant les carreaux de la porte, trop étroite pour le flot impétueux!

~~~

A la table des passe-ports, même furie. Il y avait là quatre commis : habits noirs, cravate blanche, proprets, pin-
cés, gourmés, prenant magistralement les feuilles, et les
visant majestueusement : ils ont le temps! Mais les Français! Voyez, c'est toujours la même et incorrigible impatience. Tous sont précipités, les uns sur les autres et les
bras en l'air, passe-port déployé! les cous sont allongés,
les regards sont inquiets; comment pourra-t-on arriver à
faire enregistrer chacun sa feuille, à ces commis... qui sont
là expressément pour cela? Ceux qui ont pu se faufiler près
des tables accablent nos scribes de leurs sollicitations,
imperturbablement faites en français. Le commis repousse
non moins imperturbablement, et en anglais, les feuilles
dont on le couvre, et fait sa petite affaire tranquillement,
sans se fâcher, ni sans rire, et sans s'activer, devant l'inquiète bourrasque qui gronde et bat autour de lui.

Façonné par l'expérience, je fus visé un des derniers,
ayant eu le temps de déjeuner dans la salle voisine, tandis
que les autres se bousculaient. Le bagage rendu, ce fut à
qui se précipiterait ensuite dans les wagons, comme par
crainte que la place y manquât pour gagner Londres. J'allai, avec un autre modéré, voir la mer sillonnée de voiles,
et les côtes de France, du haut de la colline d'où pend la
ville de Folkestone; puis, arrivés encore trop tôt à la station, nous prîmes commodément place dans les wagons
ajoutés au convoi, tandis que, depuis une heure, l'ardente
cohue s'ennuyait, pressée dans ces boîtes, où elle devait
rester encore trois-heures.

La morale de tout ceci, c'est que les plus inquiets, les plus tracassés, les plus impétueux des Français, n'arrivèrent pas à Londres une seconde plus vite que les Anglais, qui avaient pris confortablement et dignement leur temps pour chaque chose.

~~~

Eh bien! ce que je viens de rapporter là n'est pas un détail si futile qu'il le pourrait paraître au lecteur insouciant. C'est, au fond, un incident qui traduit, qui trahit avec une certaine portée philosophique, une des causes caractéristiques dont les effets sont les plus sérieux ; — c'est-à-dire que le calme, la mesure que l'Anglais apporte en toutes choses, contribue à la force, à la grandeur du pays, et lui permet de bâtir solidement, et pour l'avenir, là où notre fiévreuse ardeur, notre frivolité impatiente, nous porte à construire sur le sable. Les faits viendront peu à peu à l'appui de cette proposition.

~~~

Et, dès à présent, pour obéir à l'enchaînement logique des impressions que doit éprouver un voyageur qui arrive, je constaterai quelque chose qui peut sembler bizarre au premier aspect, et qu'un peu de réflexion finit pourtant par expliquer. Cela, je l'ai éprouvé à chacun de mes voyages en Angleterre : c'est qu'en y débarquant on ne tarde pas à sentir, à ressentir, à penser presque autrement qu'en France! Une sorte de mystérieuse transfiguration s'opère en nous. Notre être moral se modifie. Ayant beaucoup voyagé pendant dix ans, et par les contrées les plus

diverses, je puis constater que ce phénomène ne se réalise
guère qu'en abordant l'Angleterre, si ce n'est pourtant en
parlant les langues étrangères, ce qui, je le soutiens, amène
à *penser* autrement. Il est convenu que, pour bien parler
une langue, il faut penser dans cette langue... et non pas
confier à ses lèvres un travail de traduction. Eh bien ! tout
est là ! En pensant en italien, par exemple, vous vous placez
dans un milieu d'habitudes, de mœurs, d'impressions locales, de superlatifs, qui sont autant d'atténuations de la
pensée française. Ainsi, dans cette langue, vous direz à
une femme, à laquelle vous voulez paraître aimable, des
choses tout autres que celles que vous lui débiteriez en
français, car, malgré vous, vous pensez autrement ! Mais
ceci serait toute une thèse, je reviens à l'Angleterre.

Je prétends donc qu'ici notre impression, notre pensée,
notre jugement presque, toutes choses formant notre être
moral, selon les conditions de notre éducation, de nos
mœurs, de notre climat, tout cela, dis-je, est brusquement, non pas transformé, bien sûr, — mais altéré, mais
modifié. Cela s'explique.

A peine débarqué, tous vos sens sont brusquement saisis d'une façon nouvelle. Ce que vous voyez, ce que vous
touchez, ce que vous respirez, ce que vous absorbez, bu-
vez, mangez, tout est différent. Énumérons rapidement ces
causes, pour rechercher l'effet.

La vue, le premier sens frappé, perçoit des objets, des
formes, des accidents qui portent à *la pensée* une impression neuve, brusque, originale. Vous êtes surpris. — Un

travail s'opère dans le cerveau pour reconnaître les raisons, constater, étudier les motifs de ces aspects nouveaux ; vous comparez chaque objet avec ceux de votre
pays ; vous louez ou critiquez ; l'impression est agréable ou
pénible : un trouble s'opère dans votre esprit par cette
première absorption, cette infiltration que subit votre être
moral, par les conduits du regard.

Le climat, si voisin qu'il soit du continent, est presque
subitement dissemblable. Vous venez de quitter une tem-
pérature à peu près égale, que l'ordre des saisons ne modifie que par successives initiations. Ici vous trouvez
toutes les températures en quelques heures, ce qui justifie
si bien la robe de mousseline et le boa que la femme anglaise porte à la fois ; bizarrerie dont nous rions, faute de
bien juger ses causes. Dans la même journée, vous suez,
vous frissonnez,—vous êtes sec, vous êtes humide. Ajoutez à ces impressions contrastantes, qui saisissent votre
corps et pénètrent dans vos poumons, que l'air des villes
est chargé d'âcre fumée, de molécules carboniques, et fort
souvent de méphitiques brouillards. Nier que les vives
impressions physiques qui résultent de cet état de choses,
de ce malaise subit, soient sans action sur l'être moral est
impossible. La tristesse en devient une des conséquences
formelles, aidée qu'elle est, d'ailleurs, par le sombre aspect que cette même atmosphère donne aux villes, perçu
par le regard,—ouverture directe, si l'on peut dire, de la
pensée sur la matière.

Donc voilà, aussi vite indiqué que possible, pour les
deux premiers sens.

Le toucher ne tarde pas, non plus, à être soumis à des

21

impressions multiples d'une énumération qui embrasserai
l'ensemble d'une vie nouvelle, et dont je ne puis qu'indiquer quelques-unes. Il faut, par exemple, admettre que
cet étranger dont je parle touche au pays par les auberges,
les logements garnis. Là, si j'en excepte les demeures aisées, tout est contradictoire à des habitudes quelque peu
confortables, apportées de chez soi. Les meubles sont durs,
anguleux; on dirait que cette Angleterre, si essentiellement maritime, donne à ses hôtes passagers pour matelas
des biscuits de mer! Pour moi, au risque de passer pour
un efféminé et un sybarite, j'avouerai que je me réveillais
chaque matin aussi fatigué de mon lit que je l'étais le soir
de mes courses du jour. Je laisse aux physiologistes le
soin d'expliquer quelle nature d'action ce malaise, cette
lassitude peuvent donner à l'esprit.

Quant à l'ouïe, il sera bientôt fait d'indiquer la façon
nouvelle dont elle est affectée par la prononciation guttu-
rale et sifflante du parler et des cris qui vous entourent;
du névralgique fracas des voitures; des assourdissements
de la circulation à laquelle vous prenez part, et de l'action pénible de la pensée attentive pour saisir et comprendre cette langue, qui, si bien qu'on la puisse parler,
a toujours pour l'étranger des rébellions d'accent, de vivacité, d'abréviations, fort difficiles à suivre. De là, une
grande fatigue. Restent les sensations du goût.

~~~

Celles-là sont les plus impérieuses, les plus puissantes
dans leur action sur l'économie animale, sur ces fonctions
digestives liées par des rapports si immédiats avec la pen-

sée. Votre nourriture est brusquement changée ; vos habitudes sont bouleversées, votre système hygiénique est modifié. Les viandes pesantes et généreuses, la bière nourrissante et capiteuse, les noyades de thé, tout alourdit, empâte, abêtit, et exige un tel emploi de tout notre mécanisme par les fonctions des viscères, que l'esprit, déjà si vivement attaqué par les causes que je viens d'énumérer, ne sait vraiment plus où il en est... ni s'il est !

Vous me direz qu'on peut s'arranger de façon à se *nourrir* selon ses habitudes, au lieu de se *repaître* à l'anglaise. Je l'ai souvent tenté, et, excepté pour ceux qui se trouvent dans des conditions de vie sédentaire, je déclare que cela n'est pas facile. Les vins même, dont on peut substituer l'usage à celui des bières qui alourdissent, et qui grisent aisément avant qu'on en soit désaltéré, sont sophistiqués pour le goût anglais, et les alcools qu'ils contiennent fertiles en inconvénients nouveaux. Ajoutez à cela le grand usage de condiments mêlés à tout : les piments de l'Inde, le carry, les épices, le feu pilé en poivres de Cayenne, et jugez où l'on en est bientôt, si l'on ne conspire pas contre toutes ces exorbitances par un complet arsenal de précautions !

~~~

Ceci, après tout, n'est pas précisément une critique du régime vital des Anglais. Les habitudes d'un peuple naissent forcément du milieu dans lequel il est né et où il vit. Ce climat veut cette nourriture. Seulement nous, qui arrivons autrement façonnés, nous sommes tout désorientés, tout troublés par ce régime. On s'y ferait, sans doute, à mesure que ce milieu nouveau, que ce climat, modifieraient l'organisme. En attendant, le voyageur subit toutes ces actions réunies qu'aspirent et perçoivent ses sens, — et sa pensée en reçoit le contre-coup. J'en reviens donc à mon point de départ, pour prétendre qu'à Londres *je ne pense pas comme à Paris.* Quiconque me dirait que je fais du paradoxe me désobligerait fort dans ma sincérité. J'ai, à tout moment, les preuves les plus singulières de ce que j'avance. Si je lis les journaux français, par exemple, je sens fort bien que je n'envisage plus les événements, les faits qu'ils relatent, comme je le faisais chez moi.

XII

Une des premières choses qu'on conseille, d'ordinaire, à toute personne décorée qui arrive à Londres, c'est de fourrer son ruban dans sa poche. Vous demandez naturellement pourquoi. On vous répond d'un air assez dédaigneux :

« — Cela ne se porte pas chez nous ! »

Vous demandez encore pourquoi?

« — C'est, — vous dit-on, — que ce n'est pas l'usage.»

Devant ces insuffisantes réponses, vous persévérez dans vos pourquoi, et votre conseiller, ainsi pressé, finit par vous répondre que c'est... parce qu'en Angleterre il n'y a point de décorations... et qu'alors...

Ici, vous êtes sur la voie du vrai motif de cet apparent dédain. C'est toujours l'histoire des raisins de la fable. Ceux-ci étaient trop verts... nos rubans sont trop rouges. D'abord, on vous en parle comme d'une question de goût

21.

et non de droit : « — Vous portez ça, vous? heu! ici, ça ne
se fait pas! (lisez ça ne se peut pas!) »—Ne dirait-on pas
qu'il s'agit d'un chapeau gris ou d'une cravate écossaise?
de quelque objet de toilette qu'on peut enfin prendre à son
caprice pour en *décorer* sa personne d'une façon plus ou
moins à la mode ou originale?

L'Anglais, qui, n'ayant pas de décorations, n'en peut
conséquemment pas porter, commence donc par affecter de
croire que ce bout de ruban n'est rien de plus significatif
chez un homme, qu'il ne l'est dans la toilette d'une femme,
et, par cet apparent dédain, il met tout d'abord son amour-
propre à couvert. Si vous le pressez, il affecte de croire
(quelques-uns même le croient) qu'une décoration est
une affaire d'héritage..., une acquisition, un petit gage
apparent d'estime qu'on se donne entre amis... ou tout au
plus quelque chose octroyé par une corporation, une franc-
maçonnerie, une municipalité peut-être, ou une compagnie des Indes quelconque,—tel on voit chez eux des médailles de batailles en bronze de canon, distribuées, comme
la ration, à tout un régiment à la fois! Le dédain simulé
des uns a donc fait l'ignorance des autres, et l'on me citait
un très-riche imprimeur de la Cité, un homme qui vit
pourtant au milieu du mouvement intelligent de l'époque,
lequel, assistant à la réception d'une croix apportée par
un ambassadeur du Nord à un artiste étranger fixé à
Londres, ne voyait, dans cette distinction honorifique,
qu'un bijou d'une forme particulière, qu'il s'empressa de
soupeser, en demandant « ce que cela pouvait bien valoir. »

Mais le secret de tout ceci est dans l'envie. Tandis que,

par toute l'Europe, le mérite, la distinction, sont honorés
par ces signes extérieurs qui recommandent les individus
à la considération publique (je parle du principe, sans tenir compte des exceptions, bien entendu), les poëtes, les
écrivains, les artistes, les savants anglais, n'obtiennent
rien du gouvernement, qui leur défend, à de rares exceptions près, même d'accepter les décorations étrangères.
Tandis que chez nous, un homme recommandable par ses
travaux, ses services, ses découvertes, est décoré par son
gouvernement — et par les gouvernements amis, — ici
quiconque n'est pas né noble, ne peut que très-exception-
nellement (en dehors de l'armée ou de la diplomatie),
obtenir ces distinctions aristocratiquement réservées. Cette
position d'infériorité doit nécessairement blesser l'amour-
propre des hommes qui seraient dignes d'être ainsi visi-
blement honorés,—et qui nient la valeur de ce qui ne leur
est pas accessible... La ruse a réussi... et c'est à ce point
que, comme l'imprimeur cité plus haut, l'Anglais en est
souvent arrivé à considérer un ordre de chevalerie comme
une sorte de bijou bon à laisser dans le tiroir, ou que
d'autres, plus naïfs encore, sont tentés de ridiculiser
l'étranger qui a le caprice de se mettre un bout de ruban
à la boutonnière, plutôt qu'à sa montre ou à son lorgnon.

On comprend donc qu'il est parfaitement absurde, soit
devant ce dépit, soit devant cette ignorance, de changer
rien à ses habitudes, de s'amputer de son droit. Quand aux

décorations que l'Angleterre,—si injustement prohibitive devant ses illustrations, ses gloires littéraires, scientifiques et autres, mais roturières, — réserve aux privilégiés du nom, du rang, qui n'ont eu d'autre mérite que de naître par hasard dans un château plutôt que dans une maison, elles sont au nombre de quatre, dont voici la désignation : Le très-noble ordre de la *Jarretière;* — l'ancien et très-noble ordre du *Chardon ;* — l'ordre de *Saint-Patrice ;* — le très-honorable ordre du *Bain* [1]. L'ordre très-distingué de *Saint-Michel* et *Saint-George* est pour les colonies ; il y a aussi une décoration spéciale pour l'armée des Indes, et diverses médailles militaires.

L'Angleterre, en fait de décorations, en est donc à peu près restée aux temps féodaux. Avant que la constitution de 91 vînt abolir chez nous les ordres de chevalerie ou les corporations qui exigeaient des preuves de noblesse, nous avions au moins l'ordre de Saint-Michel, que les rois des dix-septième et dix-huitième siècle distribuèrent aux savants, aux grands artistes, aux grands écrivains. D'autres contrées de l'Europe étaient dans la même voie. Ce siècle a vu toutes les distinctions accessibles à tous. M. Guizot, fils d'un marchand, a la Toison-d'Or, ordre aristocratique par excellence, que l'Autriche, du reste, n'eût peut-être pas aussi facilement donné que l'a fait l'Espagne, à un parvenu...

---

[1] Ce dernier ordre a été conféré à beaucoup d'officiers français à la suite de la campagne de Crimée. La Légion d'honneur a, par le même fait, franchi le détroit.

Ce rapide exposé, touchant les décorations anglaises, me paraît suffisamment expliquer la situation de l'opinion populaire du pays, devant les distinctions honorifiques dont les étrangers sont parés à leurs yeux. Et, en effet, le savant, l'artiste, l'inventeur, le lettré anglais, doit souffrir de cette infériorité humiliante; et, par une rébellion instinctive de son amour-propre, du sentiment de sa valeur, il doit aussi en arriver à faire assez peu de cas de ces décorations auxquelles il n'est point agrégé. Chez lui, elles semblent le privilége exclusif des hasards de la naissance, ou de la possibilité de se distinguer dans l'unique milieu de certaines castes; — il a donc le droit de diminuer leur importance par l'épigramme ou le dédain. Chez l'étranger, elles signalent des hommes de tout rang, qui peuvent ne lui pas être supérieurs, — un peu de jalousie est conséquemment naturelle. De cet état de choses général naît donc l'affectation que mettent les Anglais à paraître ignorer ou méconnaître les signes extérieurs de ces distinctions dont, il faut le dire, on est si friand en Europe, et à l'égard desquelles il s'est produit bon nombre de ces abus où la faveur remplace le droit. Toutefois, il faut constater ceci, c'est que si l'on rencontre assez souvent des gens que le favoritisme ou l'intrigue ont parés de ces insignes, il est assez rare de voir un homme d'un mérite réel, éminent, ou même distingué dans sa voie, qui n'en soit paré, à moins que quelque circonstance spéciale, — comme celles qui naissent souvent de la politique, par exemple, — ne l'ait placé dans une de ces positions exceptionnelles qui retardent son agrégation. Quant à l'Angleterre, il faut que le sentiment du privilége y soit bien profondément enraciné encore, pour qu'un gouvernement aussi avancé que le sien dans une foule de voies émancipatrices n'ait point osé jusqu'à présent créer un ordre pour récompenser les hommes de génie ou de talent qui l'illustrent à tous les degrés de l'échelle sociale. Il serait temps cependant d'admettre tous les Anglais aux récompenses nationales, puisqu'ils sont tous admis aux charges et affaires de l'État. Mais ce n'est point là le seul côté étrange, la seule anomalie, chez ce peuple si libre... par les lois, si esclave... par les mœurs et les préjugés. Les faits viendront peu à peu à l'appui de ces propositions.

XIII

Du soleil de Londres et des meubles anglais.

Après douze jours passés à Londres, j'avais vu deux fois le soleil. Confiant en ce floréal et lumineux mois de juin, le mois d'élection des beaux jours, j'avais bourré ma malle d'inconséquences et d'imprudences. Même j'avais décidé, dans ma folie, de me priver de l'agaçante société de ce compagnon, toujours prêt à profiter de n'importe quel coin pour vous planter là en route : le parapluie. Arborant le castor gris, au risque de le rapporter noir sous la *pluie sèche* de Londres, il avait fallu d'énergiques représentations, à Boulogne, pour me faire acheter une coiffure de route, vouant tout mon séjour anglais au gibus du soir, aplati dans la malle. Et avouer que je connaissais déjà Londres et que je tombais dans ces impardonnables imprudences ! — Mais juin ! m'écriais-je. — Bah ! juin ! en Angleterre, qu'est-ce que cela signifie ? répondent les autans, émigrés ici, pendant que l'été règne sur le continent ! De sorte qu'il a fallu m'habiller de pied en cap comme pour quelque mois de novembre rébarbatif, sourcilleux, renfrogné.

L'autre soir, au *Queen's Theatre,* comme on donnait
Fidelio, de Beethoven, — celui de tous les ennuis que je
préfère peut-être, — de vastes grilles, remplies d'un charbon de terre incandescent, servaient d'aveu, de la part des
Anglais, aux abominations de leur climat. On ne me l'a pas
dit, je l'ai vu , et les soldats en habit rouge se chauffaient
bel et bien, avec les buralistes trop en habit noir. Ce matin, enfin, à midi, l'heure où le soleil de juin est au zénith
des cieux continentaux, je suis là, alignant tristement ces
lignes, au bruit du vent qui tourmente les arbres du
square, de la pluie qui fouette mes vitres, et dans une
chambre pleine de frissons... Soyez donc gai ! Un ridicule
amour-propre m'empêche seul de demander du feu.

∿∿∿

Allons! comme Hamlet, plongeons-nous résolûment
dans l'abomination de la désolation! J'ai hier acheté une
paire de bottes dont la semelle, en *gutta percha,* est construite comme sur pilotis ; de peur d'être spleenitique-
ment tenté de me couper un peu la gorge en me faisant la
barbe, je plante là mon logis, et vais résolûment affronter
le dehors. Je veux me plonger en plein dans le désespoir
de cette abominable journée d'hiver... anglais, pour venir
ensuite raconter crûment quel aspect a la ville.

J'ai déclaré déjà à l'Angleterre que j'admirais sa force,
sa puissance, son industrie, ses richesses, sa persévé-
rance, beaucoup de ses lois ; j'ai donc le droit, en touriste
indépendant et de bonne foi, de dire net son fait à ce climat et à pas mal de choses encore que j'y trouve intolé-
rables. Ah! il vente ! ah! il pleut! ah! les rues sont des

marécages et tout le monde s'enferme chez soi à lire les
Saisons de Tompson ! Fais de ce riant mois des parfums
de la terre et des rayons du ciel ce que tu pourras, ô ciel
perfide de la perfide Albion ! Je sors, le manteau sur le
nez, le chapeau sur les yeux. De voiture, de cab, point !
Pour où aller, d'ailleurs ? Je ne vais nulle part. Je vais...
voilà tout. A plus tard.

Je rentre, percé jusqu'aux os. Je perds toute retenue et
demande du feu. Je me couche, j'écris.

Voilà l'aspect de Londres en ce plein cœur d'été. Mon
quartier est un quartier fashionable. J'ai suivi quelques rues,
sans parti pris. Les maisons, étroites et noires, défilaient
de droite et de gauche, défendues par leurs grilles de fer,
comme des tombeaux. Les noms inscrits sur les portes me
semblaient des épitaphes. Le vent me cinglait la pluie au
visage, et, au tournant des rues, m'envoyait sur la tête les
plis de mon manteau. Il faut avoir été marin, ou soldat,
pour faire un pareil voyage d'agrément... et y persister.
J'ai voulu voir le quartier à la mode, les magasins somptueux, Regent-Street. Pas un chat ! Quelques voitures
s'embourbant dans le macadam de la chaussée, un gâchis
qui n'a rien à envier à celui de Paris. Par-ci, par-là, aux
vitres des magasins, la mine allongée d'un marchand qui
s'avoue qu'il ne vend pas ses *ombrelles*. Voici deux dames
qui se débattent sous un parapluie retourné par la bourrasque, et qui relèvent leur robe en laissant traîner la jupe
ourlée de boue, se plaquant sur leurs talons... ce n'est pas
beau.

J'arrive au bout de cette rue de la Paix de Londres, et me confesse qu'on est mieux ailleurs, n'importe où. Le hasard m'a amené juste en face de ce marchand de tombeaux et de cercueils, qui a eu l'idée anglaise de planter son magasin au centre de ce quartier, le plus fashionable de Londres, — entre une boutique de modiste où rient des rubans de toutes sortes, — et un bijoutier tout scintillant de pierreries et de métaux brunis. J'approche... et je vois un Anglais en habit noir qui grave une épitaphe. (Je jure par le Styx que je n'invente rien !) Il s'agit d'un officier général qui s'appelle je ne sais plus comment, et mort je ne sais où ! Il y a au milieu du magasin un *very desirable* (cela se dit de tout ici !), cercueil en chêne, à écoinçons d'argent, qu'un autre monsieur, en même habit noir, double d'étoffe blanche... Je me sauve , un cab passe, j'y grimpe et reviens chez moi, pour trois schellings. Je suis si triste, que je ne puis même pas bâiller !

Bon ! voilà ma chambre pleine de fumée âcre et puante ! Quel vent ! Déjeunons pour voir ce que ça produira. Buvons quelques verres de claret.

C'est fait. Ce claret me donne une ombre d'idée : Si, au lieu du voyage tempétueux de Richmont, je me bornais à exécuter un petit voyage autour de mon appartement ? Il en ressortirait peut-être quelques traits de mœurs locales ? Faute de pouvoir faire mieux, essayons.

J'occupe, pour deux livres (cinquante francs par semaine) deux chambres au premier. Sept francs par jour, sans compter le linge, le nettoyage, le *feu*, la lumière, et tous les accesssoires scrupuleusement comptés, jusqu'à une allumette ou un cure-dents.

Bien qu'au quartier le plus fashionable de Londres, dans Wimpole-street, entre la rue du Regent, Oxford et les parcs, le hasard, inutile par une saison pareille, fait que cet appartement s'ouvre sur un petit jardin tout rempli de ces plantes lourdes qui viennent dans les climats humides. A la porte de la rue, un marteau, une sonnette, comme partout. Les fournisseurs, les domestiques sonnent; l es personnes de rang frappent sept ou huit coups et sonnent en même temps. On perd à Londres beaucoup de temps à attendre aux portes, les domestiques venant des profondeurs des caves-cuisines, et avec une majestueuse lenteur, pour ouvrir. L'usage des portiers, et conséquemment des cordons si prestes, est inconnu, chaque maison n'ayant guère qu'un locataire.

Vous entrez. La maison, qui n'a d'ordinaire que deux ou trois fenêtres de façade, ne laisse qu'un étroit espace à la cage d'escalier. Cet escalier est presque toujours en bois, aussi craque-t-il sous vos pas. Une bande de tapis, de feutre enluminé, ou parfois de toile cirée, en suit les marches; les parois sont peintes à l'huile ou tapissées en papier d'agate ou de marbre; des stores coloriés tombent sur les fenêtres; souvent des fleurs; c'est propret, quasi élégant.

J'entre dans mon salon. Un tapis en recouvre en toute saison le parquet. Mais une foule de contre-tapis, de surtapis, de bandes de toile et de morceaux dépareillés, cachent en partie l'objet principal, qui a fait son temps. Aux murs, un papier anglais, mis à l'exposition et fabriqué sur un dessin français, dont j'ai eu les yeux crevés pendant des mois par les échantillons d'un marchand du boulevard. Quelqu'un, ayant voulu orner les murs un peu nus de mon salon, m'envoya quelques tableaux de chasse, chiens et chevaux. La dame qui me loue poussa des cris d'orfraie à l'idée qu'on pût planter des clous dans son papier, et distribua le prêt artistique qu'on me faisait sur des chaises, semblant, en cela, faire une chose toute naturelle. Cela m'expliqua pourquoi j'avais souvent vu, ainsi posés, des tableaux, des gravures, dans diverses maisons, où j'accusais la nonchalance à les pendre. Pour un Rubens ou un Lawrence, on ne planterait pas un clou dans un papier à deux schellings le rouleau !

Une immense table, recouverte d'un immense tapis bleu bordé d'une immense frange, prend une immensité de place dans ce salon. Je soulève le tapis et reconnais que la table, épaisse comme un pont, porte sur des pieds gibbeux et trapus à servir de colonnes à un péristyle. Ce n'est pas une table, c'est un entresol !

Mes papiers, mes livres s'y déploient à l'aise ; le vaste plateau du déjeuner, lui-même, y arrive sans rien déranger, laissant autour de lui de larges steppes désertes. Viennent les cataclysmes ! et cette table-là, devenue fossile, portera aux siècles futurs une colossale idée de la race meublante de nos âges : c'est la montagne de la table !

~~~

Un long canapé, très-massif, recouvert en perse, et dont les couleurs se sont éteintes, déteintes ou teintes, sous l'action de l'atmosphère carbonifère, s'étend le long d'une des parois, entre deux fauteuils, sur les bras desquels on a posé les tableaux en question, pour les élever un peu. Ce canapé a une tournure récalcitrante et un air dur... peu engageants. Son attitude est plate. L'œil s'en défie ; l'œil a raison. Le fait est qu'il traite fort rudement ceux qui ont affaire à lui. On s'en va tout meurtri de l'étreinte, se demandant si c'est là-dessous qu'on loge la provision de charbon de terre...

Quelques chaises insignifiantes, mais toujours massives à exiger l'emploi des deux mains pour les décider à changer de place, sont disséminées çà et là. Mais l'objet qui n'a pas cessé de m'intriguer fortement, depuis mon arrivée, occupe le panneau principal de ce salon, en face de la fenêtre haute et large, et qui, en guise d'espagnolette ou de verrou à pignon, ferme à clef. A clef... voilà une idée !

~~~

Cet objet est un meuble en palissandre, ou autre bois foncé des îles. Il mérite une description. Figurez-vous deux tours carrées, assez distantes, et réunies par une plate-forme ou terrasse. Chaque tour a deux étages. Au bas, — mettons au rez-de-chaussée, — une porte s'ouvre sur l'intérieur. La clef manque au guichet, de sorte que je ne puis que supposer qu'il y a là-dedans un escalier. Le meuble (je dois plutôt dire l'immeuble !) est si carrément planté sur

22.

le tapis, découpé comme une prairie à son entour, qu'il pourrait bien y avoir des caves ou caveaux. Le premier étage de ces deux tours offre deux espaces, — autant dire deux chambres, — ouvertes sur la plate-forme que borde un massif balcon sculpté. Cette plate-forme recouvre un espace ménagé d'une tour à l'autre... un passage secret, que, dans un meuble, on pourrait appeler tiroir, n'était sa babylonienne proportion. Les tours continuent à s'élever d'un étage encore, dans lequel on arrive en abattant une des parois à charnières, qui retombe comme un pont-levis ne menant à rien. Au-dessus, surface plane, terrasse; la vue, de là, doit être superbe!

Je me suis obstiné à ne pas demander l'usage de ce meuble-édifice, qu'on pourrait aussi bien prendre pour une forteresse que pour un orgue. Mais je sens que je partirai sans l'avoir deviné. Peut-être fait-on du tiroir de la plate-forme un lit... un peu plat, d'ami. Si nous avions la taille de Polyphème, je dirais : « C'est un vilain buffet, un incommode dressoir de salle à manger cyclopéenne. » Mais, dans la situation humaine des choses, je ne puis vraiment m'imaginer ce qu'on peut faire de cela, si ce n'est une barricade !

~~~

Pour finir cet examen, qui serait applicable à une foule de demeures secondaires de Londres ; — borné au nord par ce monument; — au sud, par la fenêtre à serrure ; — encombré au milieu par la table, j'ai à l'est les portes, et à l'ouest la cheminée. Auriez-vous par hasard un bœuf à rôtir ? venez chez moi ! Là, comme pour le reste, tout est

colossal. Cette grille est si *grande*, que, par le froid de juin
qu'il fait ici, j'ai eu peine à n'y faire *qu'un peu* de feu.
Soulever pelle et pincette n'est pas d'un petit effort, et tous
les morceaux de charbon qu'on suppose servir d'élastiques
au rébarbatif canapé feraient une gorgée de fumée à cette
gueule béante. Le premier jour, jetant là, par inattention,
l'allumette de cire dont je m'étais servi pour cacheter une
lettre, j'incendiai une sorte de tablier de papier de couleur,
découpé en fleurs et dentelles, dont la mode est de recou-
vrir la grille des cheminées, pendant les mois où le soleil
devrait, selon le calendrier, être substitué au feu. — Une
glace basse et longue surmonte ce foyer d'usine, et si haut
juchée que je ne m'y vois que les sourcils; et encore, une
galerie de fonte, à hauteur d'appui, presque, et toute garnie de pointes et arabesques féroces, défend-elle la cheminée, comme ailleurs les grilles défendent la devanture
des maisons. De pendule, pas plus que sur la main. Deux
cordons de sonnettes, gros à remorquer un trois-ponts, et
surmontés d'une cocarde assez large pour couvrir le fond
d'un chapeau, complètent ce mobilier formidable, au milieu
duquel un homme semble un Lilliputien!

Je supprime, pour en finir, l'inventaire de la chambre à
coucher. L'objet qui y devrait dominer, le lit, y est,
par contradiction, fort étroit. Étroit, mais dur : c'est
comme un lit de cabine à bord d'un steamboat. Je rappellerai, à son propos, ma comparaison des matelas avec les
biscuits de mer dont se nourrissent les matelots : même
élasticité.

XIV

On a souvent parlé de la tenue, de la dignité des Anglais. Le cocher sur son siége est majestueux ; le pauvre qui balaye la rue a l'air d'accomplir une mission sociale, comme ce boueux de Gavarni qui *balaye sa patrie*. Je dois ajouter qu'au ton, aux manières des gens qui me louent, pas mal cher, le gîte bastionné ci-dessus décrit, je les croyais des gens du monde, des *squires*, ayant été encombrés, par quelque héritage moyen âge, des formidables meubles qu'on sait. Pas du tout. La petite boutique est à eux : ce sont des épiciers.

Les vaudevilles français (y en a-t-il qui ne soient pas français ?) prétendent que les Anglais disent toujours *Goddem*. Il n'est pas, ou il n'est plus question de *Goddem* en Angleterre. *Goddem* est caduc, *Goddem* est fossile. Les mots changent, si les Anglais ne changent pas. Aujourd'hui, ce qui est fort usité, pour peindre la surprise ou le mécontentement, c'est : Ho ! ho ! — Le second ho, un ton plus bas

que le premier. Mais deux mots qu'on entend siffler à toute
minute, c'est *box* et *étiquette.*

~~~

Tout est *box*, — rien n'est d'*étiquette*. Exemples :

La place du cheval dans l'écurie, box ; — une malle,
box;—les présents de Noël, box;—du buis, box;—une loge
d'Opéra, box ; — la boîte au sel, box ; — le bagage d'un
voyageur, box ; — un écrou, box ; — le siége d'une voiture, box;—la poivrière, box;—un rendez-vous de chasse,
box! *shooting-box;* — box, *box on the ear*, un coup de
poing sur l'oreille ; — une tabatière, box ; box pour tout
et box partout! Sans compter boxer.

Étiquette est un mot que la vie empesée de l'Angleterre
a trouvé si charmant, qu'elle nous l'a volé. Je l'ai dit déjà,
dans ce pays où la loi rend l'homme si libre, les mœurs
et les préjugés l'emprisonnent énormément. On ne peut
faire un pas, dire un mot, lancer un regard, sans risquer
de fouler quelque usage, de heurter quelque convenance
ou d'effaroucher diverses pudeurs. Un *shoking* susceptible,
rougissant, indigné, a, lui aussi, remplacé le vieux goddem,
qu'on n'entend plus que dans *Fra-Diavolo,* s'il a même
jamais été en usage ailleurs que dans les classes brutales.
Aussi, un étranger bien élevé pour le continent risque-t-
il fort, au milieu des conventions de la vie anglaise, de
s'entendre à tout moment murmurer aux oreilles le fameux
it is not etiquette! Par exemple :

Il n'est pas d'étiquette de se moucher, — de cracher,
— d'éternuer... Comment faire ? Avoir un rhume est-il
d'étiquette?

Il n'est pas d'étiquette de parler haut, même au Parle-ment ;—de marcher au milieu de la rue;—de courir pour éviter une voiture. Soyez plutôt écrasé ! Il n'est pas d'éti-quette de sceller une lettre avec un pain à cacheter, car on dit alors que vous envoyez aux gens votre salive ; —ni d'écrire sans enveloppe. Avoir la moindre petite fleur ou la plus mince petite raie à son gilet ou à sa cravate, pour aller à l'Opéra, n'est pas d'étiquette non plus; — ni man-ger deux fois de la soupe ;—ni saluer une dame le premier; — ni monter en omnibus; — ni aller en soirée avant dix ou onze heures ;—ni au bal avant minuit ;—ni boire de la bière à table sans rendre sur-le-champ son verre au la-quais.

Il n'est pas d'étiquette de ne pas se faire la barbe tous les jours; — d'avoir de l'appétit; — d'offrir à boire à une personne d'un rang élevé ; — de s'étonner lorsque les dames quittent la table au dessert, à cette heure char-mante où, chez nous, on est le plus aimable avec elles !

Se montrer le matin vêtu de noir, le soir vêtu de cou-leur, *it is not etiquette!*

Parler à une lady sans ajouter son nom de baptême ; — parler à une personne à laquelle on n'a pas été présenté, quelle que soit la cause; — frapper modestement à une porte ;—avoir une tache de boue à sa chaussure, même par les plus mauvais temps ;—avoir des sous (penny) dans sa poche ; — porter des cheveux ras; — un chapeau gris ; — un foulard ; — une décoration ou deux; — des bretelles ; une grande barbe, et même une petite, tout cela n'est pas de la moindre étiquette.

~~~

Ce qui surtout viole outrageusement l'étiquette anglaise,
c'est de n'être pas riche, — ou de n'en avoir pas l'air, —
ou de ne pas agir comme si on l'était. Ruinez-vous, faites
des dettes ou des dupes, ce n'est pas l'affaire dont on
s'embarrasse! avant tout, soyez dépensier. Un étranger
arrive; si l'on apprend qu'il loge sur cette place de Lei-
cester, où la spéculation, à l'adresse des gens économes,
a formé une sorte de petite colonie d'hôtels, il est perdu
pour un certain monde. Jamais équipage, ou même simple
carte de lord ne s'égarera par là! N'occupez, si vous voulez, qu'une chambrette, où vous aurez soin de ne jamais
recevoir personne; mais habitez impérieusement dans les
squares voisins des parcs. Je crois bien que dans ce respect que l'Anglais porte si particulièrement à la richesse
consiste la différence d'impressions que rapportent de ce
pays l'homme opulent et l'homme d'une condition modeste. Ils ont été accueillis chacun suivant son train de vie,
de sorte que le même homme pourra, soit avant, soit
après un héritage, prendre deux opinions fort différentes
des mêmes gens qui l'auront diversement reçu. Les traditions aristocratiques d'une part, le vif instinct de commerce
et d'industrie de l'autre, — traditions et instincts qui
partagent la nation, — doivent lui inspirer ce préjugé, ce
dédain contre la pauvreté, et faire naître toute sa sympathie pour les gens qu'elle trouve *respectables*, moins à
cause de leurs mérites, de leurs vertus, qu'en raison de
leur opulence, ou plutôt encore de leur prodigalité. La

respectability est tout simplement la traduction d'*avantages matériels*, et non l'indice de *qualités morales*.

~~~

En France, le culte est à l'esprit, au talent, au génie; — en Italie, en Espagne, il est au plaisir; — ailleurs, à l'ambition, à la gloire; — en Angleterre, le dieu, c'est l'or. Comme, au fond, les classes moyennes envient toujours et admirent encore l'aristocratie des lords, les négociants dépensent des sommes considérables pour se rapprocher, par ostentation, de cette classe privilégiée, toujours prestigieuse et forte, malgré les révolutions d'alentour. On raconte que Lucien Bonaparte s'était fixé en Angleterre avec le dessein formel d'y vivre avec économie. Mais il reconnut bientôt combien il était peu *respectable* à lui d'être simple, et, malgré tous ses désirs, il se vit contraint de se ruiner pour ne pas porter déconsidération à la mémoire de l'Empereur.

Le Czar, — mécontent de voir ses sujets embarrasser leurs affaires par leurs séjours à Londres, — résolut de porter une atteinte vigoureuse au préjugé qui veut que l'homme dépense pour être honoré. Il visita les monuments de Londres dans un simple fiacre... *Shoking !* l'émoi fut grand, mais la leçon resta mal comprise. L'empereur de Russie y gagna d'être parfois assez cavalièrement reçu par les custodes des monuments, voilà tout !

~~~

C'est ce besoin de *paraître* qui répand par la ville tant d'anomalies aux yeux de l'étranger. Paraître quoi ? Riche, au-dessus du rang qu'on occupe réellement... hommage instinctif, continuel, féroce, au dieu de tous : l'or. Cette fièvre, cette manie, cette passion, porte chacun à déguiser tant qu'il peut les efforts qu'il fait, selon son métier, pour acquérir ce dont il voudrait passer déjà pour être possesseur. C'est ainsi, du reste, que chaque profession a une sorte de dignité imprévue ; on croirait des gens qui *daignent* faire telle ou telle chose ; les dilettantes d'un métier, d'une profession. L'éternel habit noir et l'inséparable cravate blanche sont toujours là pour relever le travail des mains. On dirait des gentlemen qui vont, dans leurs moments perdus ou par caprice excentrique, auner de la cotonnade ou peser de la cassonade. En vous vendant quelque chose, ils semblent vous rendre un service. C'est ainsi que l'épicier qui me loge me parut si comme il faut, que je le crus homme du monde, et que, par un sot amour-propre, je n'osai marchander son appartement, où je suis écorché par le prix... et par les angles disgracieux des meubles.

⁓⁓

L'immensissime consommation d'habits noirs qui se fait à Londres est une sorte d'uniforme de l'amour-propre qui explique très-bien le travers général de la nation animée de la fureur de *paraître*. C'est ainsi que l'habit usé devant trahir la gêne, on le repasse aux brocanteurs qui le vendent à la classe inférieure, laquelle met son amour-propre à porter l'habit de *second hand*, — de seconde main, d'occasion, — qui peut, à la rigueur, passer pour avoir été coupé pour son dos.

23

Trop usé ici, il arrive rapiécé aux dernières classes, où ses boutons rendent le dernier soupir, c'est-à-dire le moule. Ces braves gens aiment encore mieux cette guenille aristocratique que la blouse, la veste solide et chaude qu'ils pourraient acheter au prix d'une friperie de gentleman. L'histoire d'un habit noir anglais serait assurément une chose aussi comique que vraiment philosophique à écrire! Il faudrait le prendre au sortir des ateliers d'un tailleur de la haute fashion de Regent-street, porté par quelque lord Penbroke, payé sept ou huit livres sterling, à cause de sa coupe inimitable, le suivre ensuite, jeté, après quinze jours, au valet de chambre du grand seigneur, lorsqu'il arrive au commis de la Cité, ou au dandy de *second hand*, et, passant de dos en dos, rallongé, raccourci, descendant toujours l'échelle sociale, perdant ses boutons, gagnant des trous, et arrivant aux épaules du pauvre diable balayant une voie au carrefour du macadam, sous le pas des fringants chevaux qui emportent le lord auquel le tailleur en renom l'avait jadis fourni.

~~~

Pauvre habit! payé là trois schellings, dont les morceaux serviront aux servantes, agenouillées sur les dalles, à frotter leur cuisine, et qui, en fin de compte, devenu chiffon, sera vendu au quintal pour passer par la métempsycose nouvelle de quelque industrie de machines! Et le sort de l'habit, c'est aussi celui de la robe. La robe et le chapeau de la lady commencent au salon pour finir au trottoir, à la boue. Nous sommes toujours choqués, nous autres arrivants, de voir la servante anglaise récurer, frotter, balayer sa porte, coiffée d'un chapeau qui fut de velours, et qui n'est plus de rien! On y remarque parfois quelques vestiges qui, plongés dans l'appareil de Marsh, et analysés par un chimiste habile, pourraient être reconnus débris de plume, brin de dentelle, ou queue de fleur! Est-ce qu'en portant ces loques, en s'enveloppant, pour aller au marché, d'un déplorable châle qui n'était que boiteux jadis, et qui a désormais toutes les infirmités, et des trous sur les taches, est-ce, dis-je, que cette cuisinière s'imagine qu'on la prendra pour sa maîtresse allant elle-même acheter son beurre et ses légumes, pour se distraire des ennuis quotidiens du Parc et de l'Opéra? quel diable d'amour-propre y a-t-il donc sous cette guenille?

~~~

C'est le culte continuel à la richesse, qu'on encense jusqu'à l'aide du concours de ses débris! C'est l'hommage effréné du petit, de l'humble, envers ce qui est grand et fier. Ce sont des dessertes dont on croit se parer... et dont on s'avilit. Chez nous, — où quelques révolutions ont fort affaibli le prestige longtemps exercé par les classes supérieures sur le peuple, — chacun achète un objet neuf, selon son rang, ou peu au-dessus, et, le chapeau chez la femme, l'habit chez l'homme, seraient fort ridiculisés, pris de trop bas. Aussi, je crois fermement que le pays où l'on cherche tant à *paraître* plus qu'on est, où l'aristocratie exerce encore le prestige qui a fait ces mœurs et qui les perpétue, est encore loin des cataclysmes sociaux qui, comme chez nous, tendent à tout niveler. Le peuple envie l'aristocratie, soit! mais il l'admire et la respecte. Il faudra une grande révolution dans ses idées pour en amener une dans les faits!

J'assistai l'autre jour à un dîner où il se passa une petite scène que je veux raconter. Il s'agissait de faire trouver en présence une jeune fille fort jolie, fort bien née, mais pauvre, — et un riche vieillard décidé à se marier, et venu de ses terres du Yorkshire, avec ce tardif mais ferme parti pris.

~~~

On avait placé le vieillard et la jeune fille à côté l'un de l'autre, et la famille de cette dernière lui avait amplement recommandé d'être prévenante et aimable avec l'opulent personnage qu'il s'agissait de captiver. Il ne fallait qu'un coup d'œil pour se convaincre que la pauvre enfant ne mettait guère son cœur du parti de la raison, et qu'il lui faudrait de touchants efforts pour entamer le sacrifice. On servit le potage : sa mère lui fit un signe, comme pour dire :

« — Allons donc! commencez l'attaque! »

Elle crut obéir, et dit la première chose venue :

« — La soupe est bien chaude, milord! »

» — *What?* » fit le vieillard.

La jeune fille répéta. Sourd comme il l'était, il se retourna, appela son domestique, et demanda son cornet acoustique. Le cornet ne se trouva point sur-le-champ, dans la confusion des bagages. Mais le vieillard, qui tenait à son cornet, insista. Lorsqu'on l'apporta on était au dessert.

« — Que disiez-vous, miss? — fit le vieillard en braquant son oreille d'ivoire du côté du frais visage de la charmante personne.

» — Je disais, milord, que la soupe était bien chaude! » — répondit cette pauvre tête troublée.

Hier, on m'a assuré que le vieillard trouve que la jeune fille lui convient, et qu'il l'épouse. Elle est dans les larmes. Mais la famille a grand besoin de cette alliance pour reconquérir sa *respectability*.

XV

Et, malgré moi, j'en reviens à la pluie. Sur le bateau à vapeur qui vient de Boulogne à Folkestone, quelqu'un, qui n'admire pas le climat de l'Angleterre, faisait remarquer, vers la moitié de la traversée, l'altération assez brusque de l'atmosphère. En effet, je dus reconnaître qu'un dôme brumeux commençait à voiler le ciel bleu que nous laissions en Picardie. A Londres, on est si surpris et si fier d'un jour de passable soleil, que, si vous êtes étranger, tous ceux qui vous abordent débutent par ceci :

« Un bien beau temps, monsieur ! »

En attendant, le soleil est si peu prévu, que pas une maison ne songe à se garnir de persiennes. C'est un aveu, j'espère ! Çà et là, le long des parcs, quelques feuilles de jalousies, plutôt comme décoration que comme nécessité. Les fleurs pourtant sont abondantes, on s'efforce d'en aviver, à l'aide de petites caisses vertes et bientôt noires, les fenêtres de ees maisons, où chacun vit isolé à la façon des castors. La verdure est triste dans les squares. La poussière que le vent soulève, la continuelle pluie sèche des petits atomes carboniques, la pluie réelle tombant sur le tout, recouvrent le feuillage d'une sorte de pâte abominable, qui n'est lavée que par les grands orages, pour être bientôt reformée. Il faut aller à quelques milles de Londres pour trouver, loin de sa fumeuse atmosphère, la nature fraîche et colorée comme le ciel seul l'a voulue. Aussi, Londres n'est-il habité la nuit que par les gens qu'y retiennent impérieusement les nécessités du devoir ou des affaires. Tout ce qui peut s'enfuir le soir va dans les cottages environnants chercher un peu d'air et de lumière, qui semblent la seule vie respirable après les miasmes brumeux de l'immense ville. Oh! que les Anglais doivent gober voluptueusement l'air bleu de Castellamare, de Sorrente, et même de Montmorency !

Au reste, ces Anglais prennent très-bravement leur parti d'un climat qu'ils conjurent par une hygiène que nous trouvons excessive, mais qui n'est que nécessaire. Jamais la pluie n'empêche un Anglais d'aller même à un plaisir. Il n'y a pas très-longtemps, Jullien, un musicien qui, avec le cuisinier Soyer, exploite, sans trop de souci pour la dignité des moyens, la badauderie insulaire, Jullien, dis-je, une des adoptions de Londres amateur de musique excitante et épicée, donnait un concert dans un jardin public des environs. L'affaire, montée à l'avance, avait son jour fixé. Ce jour venu, il fit un temps abominable. C'est égal, les billets

étaient pris, chacun vint! Le jardin offre pour tout abri le
kiosque où s'étageait l'orchestre... Il ne s'emplit pas moins.
Deux ou trois mille parapluies firent comme un dôme ruisselant sur cette foule piétinant dans le sol détrempé. Le
concert eut lieu au milieu des bourrasques, des ondées, des
rafales, cinglant la pluie au visage des auditeurs sans
qu'aucun d'eux renonçât au plaisir auditif qu'il avait payé
par avance. Le kiosque, de construction légère, fut bientôt transpercé lui-même; ses toiles se détachèrent, les
ais se déjoignirent, et les musiciens durent se planter des
parapluies dans le dos, pour continuer, tant mal que bien,
et plutôt mal !

XVI

N'entre pas qui veut au Théâtre de la reine.

Parlons des théâtres, qui sont une des physionomies les plus vives des mœurs d'un pays.

Celui qui, n'ayant pas vu les grandes salles italiennes, la *Scala, San Carlo,* la *Fenice,* arrive à Londres pour la première fois, doit-être fort émerveillé en entrant à *Queen's Theater* ou à *Covent-Garden.* En effet, ces salles ont un aspect si différent des nôtres, de celles de Belgique et de l'Allemagne, que leur vue cause une singulière impression. Leur courbe est à pans droits, sans balcons ni galeries qui avancent. L'immense fer à cheval que décrit le théâtre de la reine, *her Majesty's Theater,* voit donc s'étager cinq rangs de loges dont le total s'élève à deux cents. Ce sont comme autant de fenêtres ouvertes sur l'espace vide qui forme la salle, des fenêtres de cabinets particuliers, dont chacun a la clef, loués à la saison, à la soirée, et où n'entrent que des invités. L'intérieur de toutes ces loges, depuis la plus basse jusqu'à la plus haute, est tapissé en étoffe perse, fond blanc, très-ramagée, ce qui donne

beaucoup de vivacité à l'ensemble, mais aussi ce qui fait
un tort énorme aux toilettes des dames, en favorisant les
éternels habits noirs de Londres. Une draperie de satin
boutons d'or, disposée avec un goût d'une simplicité un
peu primitive, et deux rideaux pareils, ornent le devant
de la fenêtre, par où l'on voit, d'où l'on entend. L'aspect
de la salle, or et arabesques coloriées, a ainsi de la gaieté
et de la richesse. A l'autre salle d'opéra, *Covent-Garden*,
toutes les étoffes, draperies, rideaux, etc., sont ponceau ;
la salle est plus petite.

L'accès, le paradis excepté, est libre à toute personne
qui a pris un billet de *pitt*, ou parterre, qui coûte une douzaine de francs. On peut, moyennant ce prix, aller de loge
en loge visiter ses amis, les locataires des loges. Une placé
d'orchestre numérotée coûte une livre sterling. Le parterre, le pitt, admet les femmes coiffées en cheveux. Les
hommes doivent être strictement vêtus de noir et de blanc.
La moindre raie à la cravate ou au gilet vous fait repous-
ser du contrôle et assez rudement. On voit que les plaisirs de l'Opéra sont fort coûteux à Londres, car, en outre
du prix élevé de l'entrée, la toilette obligée exige le com-
plément des voitures. Aussi je soupçonne bien que le cais-
sier n'a pas à rendre compte des deux mille cinq cents à
trois mille personnes qui encombrent chaque soir ces salles
immenses! On loue ce qu'on peut, et l'on donne ce qui
reste,

XVII

Dans mes promenades à l'Exposition, je constatai que les femmes se produisaient en nombre bien supérieur à celui des hommes. Est-ce parce que la plus belle moitié, dit-on, du genre humain, en est aussi, dit-on toujours, la plus curieuse ? Je ne sais, mais ce que j'affirme, c'est que chacun des visiteurs traînait deux, trois, et souvent quatre femmes, pas mal d'enfants, c'est-à-dire de petites filles.

J'exprimai mon étonnement de cette particularité si frappante, même dans les rues de Londres, où l'on voit presque deux femmes pour un homme ; un fait statistique, un fait tout récent m'éclaira, sans faire cesser mon étonnement. Un recensement, qui finit à peine, a prouvé que, contradictoirement à ce qui se voit dans tous les autres pays, il y a, dans Londres seulement, cent cinquante-quatre mille quatre cent vingt-neuf femmes de plus que la balance masculine. Cette dérogation à la loi général de la reproduction humaine est un phénomène singulier ; et si, ce qui n'est du reste pas prouvé, les naissances se partageaient également entre les deux sexes, on se demanderait encore ce que devient la population mâle de la Grande-Bretagne, lorsqu'il est, par ailleurs, constaté que les émigrations de jeunes filles pour l'Australie dépassent de beaucoup celles des hommes pour diverses autres contrées du globe...

Donc, un peu de curiosité féminine aidant, on peut concevoir que l'Exposition offrait infiniment plus de jupons que d'habits noirs. Mais une autre remarque suit immédiatement la première et s'y soude : que deviennent les *jeunes femmes*, à Londres ou en Angleterre? Je ne vois partout que des *jeunes filles* et des *vieilles femmes*.

En effet, la jeune fille, presque généralement jolie, ici, se modifie (j'allais écrire se momifie!) brusquement, soit dans les dépits du célibat, — soit dans les labeurs de la maternité.

Ou elle se dessèche en vieillissant nubile, — ou elle se déforme après quelques années de mariage. On sait que les ménages anglais, de toutes les classes, ont beaucoup d'enfants. En avoir quatre c'est peu. Je connais ici des familles de quatorze enfants, et cela n'est pas fini! — On m'en cite une de vingt-deux. Quant à la femme anglaise de quarante ans, elle ne compte absolument plus comme femme, au point de vue où elle opère encore, chez nous, tant de ravages! A cet âge sérieux où la femme du continent puise parfois beaucoup de dignité dans un peu d'embonpoint, où les lignes arrondies préservent les tissus des rides, où l'été rayonne pour elle aux jours encore brillants de la Saint-Martin... à cet âge expérimenté où un peu d'art sait faire valoir toute la maturité d'un beau fruit succédant à la fleur, la femme anglaise n'est plus que quelque chose de neutre comme sexe. C'est pourquoi, ces particularités rapidement indiquées, j'en reviens à dire que, si l'on voit ici beaucoup plus de femmes que d'hommes, il n'y a guère que des jeunes filles et des vieilles femmes.

Mais rendons justice à ces dernières; elles s'avouent très-philosophiquement vaincues et hors de combat! Elles ne cherchent point à voler l'attention des hommes par des appels éperdus de toilette, ainsi que cela se voit chez nous, où l'on se cramponne si fort à la jeunesse fuyante. Autant la jeune Anglaise est extravagante en sa mise, autant l'autre s'ensevelit avec résignation en ses couleurs sombres, qui sont comme le linceul de ses beaux jours expirés. Laissons donc cette créature effacée, qui sort du monde par cette porte du mariage qui en est l'accès chez nous! Laissons là celle qui disparaît comme femme aux yeux du monde, pour n'être plus que mère. C'est chez les jeunes filles que nous retrouvons toute la variété d'aspect et de toilette qui manque à la momification des autres. Que de couleurs choquantes et criardes! que de rubans vert sur des chapeaux bleus! que de robes jaunes et de châles rouges! Et que de crinoline surtout... je veux dire dessous!

~~~

Une jeune Anglaise tient la place de cinq hommes en habits noirs, par la circonférence de ses jupes. Mais qu'elles
sont souvent jolies et toujours heureuses! Blanches et
blondes, elles regardent bleu... et semblent voir tout en
rose! Shakspeare et Byron les ont admirablement dé-
peintes et chantées pour leur nonchalance créole, leur
sourire éclatant en émail, leurs voix plus musicales que
leur organisation même, et leurs épaules neigeuses où l'œil
craint de voir se développer les ailes qui peuvent les emporter par les hauteurs séraphiques!... mais, par Falstaff!
Byron et Shakspeare n'ont pas parlé de leur appétit!

~~~

Un jour, j'étais dans un groupe, sous un des chênes
verts du transsept, à l'Exposition. Nous arrivions de l'Inde
et de la Turquie, contrées ou plutôt compartiments superbes où éclataient d'irrésistibles merveilles. Rien ne
provoque l'appétit comme l'admiration, paraît-il. Une jeune
miss déclara avoir besoin de se soutenir.

On était auprès d'un de ces gigantesques buffets dont
les entrepreneurs ont payé quatre ou cinq mille livres
sterling le droit d'établissement à l'entreprise du Cristal-
Palace, et qui gagnèrent trois fois cette somme, à « soutenir » les blondes ladies.

Je m'offris pour accompagner la défaillante insulaire;
la liberté anglaise autorise parfaitement ces allures prohi-
bées par nos mœurs à l'égard des personnes encore libres,
et que nous ne trouvons séantes qu'alors que la femme ne

s'appartient plus! Nous arrivâmes au comptoir. — Que diable l'oiseau pourra-t-il trouver ici à fourrer dans son petit bec ? — me dis-je, à voir les gâteaux massifs, les plum-puddings et tous les plombs coupés par tranches massives et bâtis en pyramides, ensemble si nourrissant, et, je dirais plus, si indigeste, que, rien qu'à voir, on se sentait bourré !

Eh bien ! l'oiseau en becqueta pour six schellings. Je suis encore à me demander où elle mettait tout cela ! Sur son conseil, et pour ne la pas humilier, je voulus mordre dans une sorte de brique noirâtre, pointillée de raisins de Corinthe, et dont elle avait déjà fait disparaître... tout un mur. A la troisième bouchée, je m'étais senti si empâté, que je m'étais demandé grâce à moi-même, et que, ne sachant que faire du bloc, par une fausse honte, je l'avais adroitement fourré dans ma poche. Quant à la jeune miss blanche et rose, je la ramenai à ses parents ainsi *soutenue*, et en état, je vous l'assure, d'attendre le dîner !

∿∿∿

En Angleterre, les femmes parient comme les hommes, sur le turf, — mais lorsqu'elles ont une fortune indépendante. La fille de lord Byron, cette Adda, l'unique enfant que lui donna son triste mariage avec miss Milbank, est, peut-on dire, morte des suites de ses paris de courses. Dans un Epsom, elle se laissa entraîner jusqu'à s'engager pour 80,000 livres sterling, sur lesquels elle perdit les trois quarts : quinze cent mille francs ! C'était toute sa fortune personnelle, — ce fut sa ruine. Son mari, inexorable, se borna à lui faire une petite pension à l'aide de laquelle elle alla vivre, ou plutôt elle alla mourir, dans une terre du Rutlandshire. Six mois après cet exil, la pauvre Adda Byron mourut de désespoir, à l'âge d'environ trente-cinq ans. C'était vers 1850.

~~~

L'Exposition pouvait être l'objet d'une curieuse mais lamentable statistique sur l'immense quantité d'infirmes qui s'y faisaient rouler dans de petites voitures, auxquelles l'accès était permis dès le matin, avant l'entrée publique. J'ai, en moins de deux heures, un jour, compté cent quatre-vingts de ces véhicules, traînés ou poussés par des hommes. Il est bien entendu que ces infirmes-là ne sont que des riches; car les pauvres ne peuvent se faire traîner dans rien. Il y avait là, parfois, des jeunes gens, des jeunes filles : c'était attristant. L'infirme (le bossu formellement excepté), porte en public la conscience et comme la honte de son infériorité; il jette ordinairement sur le passant un regard doux et triste. S'il rencontre un regard moqueur (il y a des gens qui rient de tout), il doit beaucoup souffrir. J'ai vu un matin, dans une de ces petites voitures, qui sont presque toutes des chefs-d'œuvre de carrosserie, un aveugle... oui, un jeune aveugle ! Il me parut que son désastre l'avait frappé depuis peu, et que la personne dévouée qui l'accompagnait devait être sa femme. Le domestique arrêtait la voiture devant certains objets remarquables; le pauvre homme levait la tête, sa paupière baissée recevait plus d'aplomb la lumière d'en haut... mais le regard était voilé, et les muscles de sa face exprimaient des angoisses, plutôt augmentées que soulagées par le patient récit que lui faisait tendrement la jeune

femme associée par le cœur à sa souffrance. Parfois il étendait la main comme pour toucher, et faisait jouer ses doigts
dans le vide... on lisait sur ce visage l'intelligence active
et le souvenir évoqué : c'était navrant.

~~~

Je remarquais souvent, à l'entrée de Portland-Place, en
face de Longham-Church, église coiffée d'un éteignoir,
contre la grille d'un petit square, un aveugle dont la dé-
tresse me semblait irrésistible. Londres est rempli de faux
aveugles, de drôles jouant cette infirmité touchante·sur
les trottoirs qu'ils frappent aux coups redoublés d'un hy-
pocrite bâton qu'on devrait leur donner sur les reins. Mais
ce pauvre homme est bien aveugle, et il offre là, à ceux
qui l'observent, un spectacle étrange d'audace et de saga-
cité. Il a l'éternel vieux habit noir de Londres, — et un visage qui aurait pu le posséder neuf, tant on lui trouve de
dignité, malgré l'absence du regard. Il est bon de dire que
l'endroit où il se tient, au bout de Regent-Street, est un
des points les plus traversés de Londres par les équipages
de la Gentry qui habite tout ce quartier. L'aveugle se pro-
mène le long de sa grille qui décrit une courbe, et revient
tout juste au même endroit, malgré l'excessive difficulté
qu'il y a de marcher sans voir vers un point donné, ainsi
qu'on le fait pour certains jeux de jardin. De temps en
temps, le pauvre homme veut traverser la chaussée pour
aller chez le boulanger qui lui garde des croûtes, ou peut-
être pour entrer au *public-house* où tourne le robinet pom-
peur qui trempe dans les tonneaux des caves. C'est en ce
moment qu'il surprend et épouvante ! Décidé à franchir la

large rue sans cesse sillonnée par les équipages, il s'appuie au candélabre de gaz qu'il a, au bout d'un nombre de pas connu, et là... il prête l'oreille à droite, à gauche, se penchant dans les deux directions pour mieux entendre ce qu'il ne peut voir! Sa physionomie prend alors une expression indicible d'attention, d'anxiété, d'intelligence toute concentrée sur un sens rayonnant plus vif sur un autre éteint. Lorsque le moment lui semble favorable... lorsqu'il perçoit qu'une voiture est passée... que les autres sont à distance encore, intervalle fort rare en ce quartier, et qu'il doit parfois longtemps attendre, il s'élance à travers la chaussée... sans souci des gens, enjambant par une suite d'écarts l'espace périlleux... et tombant juste pour tâter du bâton le rebord du trottoir opposé... Cette traversée donne le frisson au passant qui la contemple !

XVIII

Les pots, la flanelle et les homards. — Histoire d'un chat et
d'un lord-maire.

Il n'y a absolument que trois choses qui soient à bon-
marché à Londres : la flanelle, — les pots, — les homards.

La flanelle sous-entend ici toutes les étoffes de lainage;
ajoutez-y le coton.—Les pots sous-entendent la ferraille,
la faïence. — Aux homards, par association de couleur, je
songe à ajouter les oranges. Les oranges, en ce pays brumeux? Oui; la mer, qui fournit les crabes, apporte les na-
vires chargés de ces fruits. Hier, je m'arrêtai devant un
spectacle qui passait devant la foule indifférente, et qui
eût ameuté Paris : une charrette pleine d'ananas : à un
schelling l'ananas, vingt-cinq sous pièce! Cela me rappelle que, cet hiver, nous causâmes une grande terreur à
une célèbre artiste, dans un dîner d'apparat, en faisant
mine de vouloir goûter d'un de ces fruits, placé au sommet
d'une pyramide, et qu'elle avait *loué* cent sous chez Che-
vet... pour ne pas le payer soixante francs!

On me raconte les aventures d'un des ex-lords-maires
de Londres, appelé Wattington. Tout enfant il appartenait
au peuple, et travaillait de ses petites mains dans je ne
sais quel magasin de la Cité. Un jour on le chasse pour un
méfait de son âge. Il réclame son chat... on le lui donne.
Il sort de la ville, emportant le Poucet, et fait la rencontre
d'une vieille sorcière irlandaise, qui lui dit à peu près
comme les anabaptistes à Jean de Leyde : « Regarde cette
ville! tu en seras le lord-maire par trois fois! »

. Wattington s'en va. Il s'embarque comme mousse, dans
un port, — toujours avec son chat. Le navire touche une
île ravagée par les rats; il se décide à se séparer de son
chat, qu'il vend fort cher aux habitants infestés. De la
somme, revenu à Londres, il achète une cargaison de
chats, et va les débarquer dans l'île. Il s'enrichit, et, vingt
ans après, il était lord-maire de Londres. Une seconde
fois, il fut réélu. — Et qu'on vienne me dire qu'avec de la
conduite... et de l'argent... on n'arrive pas à tout! Je ré-
pondrai : « C'est le chat! »

XIX

Londres est, depuis quelques années, le théâtre des ex-
travagantes de deux Français, charlatans habiles, dont il
convient de dire quelques mots, moins à cause d'eux-
mêmes qu'afin de faire comprendre par quels moyens sin-
guliers on peut réussir auprès des Anglais.

Il s'agit de MM. Jullien, musicien,—et Soyer, cuisinier.
Commençons par le musicien.

M. Jullien est bien connu à Paris. Il dirigeait, peu avant
d'en partir, les concerts du *Jardin-Turc*, bosquets et promenades où l'on prenait des sorbets à la poussière, et
qu'on a un peu encombrés, depuis, en y bâtissant une
maison de cinq étages. Jullien, inventeur de ce genre de
musique qu'on n'écoute pas, trônait là, sur une estrade,
tenant, avec des gants paille, et le bras orné de manchettes
rabattues jusqu'au coude, le bâton de mesure qui lui ser-

.vait de sceptre. Il eut alors un duel extraordinaire, et qui n'a de précédent que parmi les héros fabuleux de l'Arioste. A la suite d'une discussion avec un de ses musiciens, ancien maître d'armes de régiment, il fut provoqué. Jullien demanda huit jours pour se préparer au duel, ce qui fut accordé. S'étant déclaré prêt, on se battit à l'épée, et il reçut un coup furieux qui le traversa de part en part, la garde venant s'appliquer sur la blessure. L'adversaire ayant naturellement lâché son arme, Jullien courut dessus, et lui porta à son tour un coup désespéré, après quoi, s'étant vengé, il resta là debout, avec une épée qui lui sortait du dos! Personne n'osant la retirer, il eut l'énergie de se l'ôter lui-même du sillage qu'elle s'était miraculeusement frayé à travers les organes essentiels à la vie... Un mois après, il avait repris son bâton et ses gants paille; dirigeant avec pâleur, et dans des attitudes élégiaques, ces concerts où tout Paris courut le voir, sur le bruit de l'aventure!

Les circonstances qui le décidèrent à quitter Paris furent, — comme tout dans la vie de cet artiste, — singulières et excessives. Il paraît qu'ayant à se plaindre de l'autorité, pour s'en venger, il composa une affiche bizarre, dans laquelle une combinaison de lettres plus saillantes que les autres, formait, vue à distance, un mot insultant pour la police... Il dut se sauver, par absence de sympathie pour la correctionnelle, et c'est alors qu'il vint en Angleterre. Il y a de cela dix à douze ans. Il y avait alors à Londres un certain Elaison, qui essayait de donner des concerts-promenades, sans y trop réussir. C'était le public récalcitrant qui envoyait promener Elaison! Jullien, expert

en la matière, prit la direction de l'affaire, l'organisa d'une
façon originale, courut la province avec une bande de musiciens, et attira l'attention par la nouveauté de l'entreprise et de premières excentricités. C'est ainsi, par exemple, que, pour arriver à son pupitre, au lieu de suivre les
voies communes, il jaillissait brusquement d'une trappe,
au milieu d'éclairs en étoupe brûlée et rayonnant sous les
feux du Bengale. Vêtu d'une façon extravagante, brodé sur
toutes les coutures, il prenait ses éternels gants paille que
lui présentait, sur un plat d'argent, un domestique en
riche livrée. Après chaque morceau, il tombait épuisé, sur
sa chaise, — et comme de telles manières étaient jusqu'a-
lors inconnues, la foule accourait de tous côtés pour *voir*
Juilien,—et l'entendre par-dessus le marché!

Mais notre excentrique eut le soin d'engager toujours
dans ses affaires quelque artiste de grand talent. Ce fut
d'abord le fameux cornet Kœnig, dont le souffle éclatant,
électrisant, et le doigté merveilleux, produisirent un tel
effet sur la fibre un peu récalcitrante des Anglais, que...
Jullien, devenu à la mode, ne tarda pas à avoir la direction
des concerts et bals du grand monde, fasciné par tant de
pistons et de gants. Sa femme,—une Anglaise, marchande
de fleurs dans Maddox-Street, — partagea bientôt cette
vogue, et à ce point que les Anglais n'allaient guère
entendre la musique du mari sans avoir à la main
un bouquet payé deux ou trois livres sterling chez la
femme!

Jullien profita habilement de sa fortune, et ouvrit, dans
Regent-Street, un vaste magasin de musique, qui subsiste
encore à cette heure sous son nom, bien que passé en

d'autres mains. Bientôt, pour ses concerts, il substitua le chant aux instruments, ce qui ne lui réussit pas moins que le reste. Toutefois, cette carrière singulière eut ses nuages. Jullien, qui savait qu'avec les Anglais on peut oser beaucoup, osait souvent trop. On raconte surtout une fâcheuse aventure qui lui arriva dans une excursion à Dublin, où la foule, indignée d'un procédé peu séant, couvrit son estrade de chats morts, de charognes, d'ordures, et l'abîma lui-même sous les œufs pourris. A Londres, où l'aventure fit du bruit, on crut Jullien désarçonné... mais pas du tout! il arriva bientôt avec une polka nouvelle, effrontément intitulée les *Œufs,* et la foule, subjuguée, raccourut l'entendre et l'applaudir!   •

Dès lors, sa vogue fut un délire! Tout prit son nom : son portrait, sa charge, furent partout. On le coula en porcelaine, en pain d'épice, en caoutchouc, en chocolat. Il figura sur les pots de pommade et au fond des saladiers. Un bal que ne dirigeait pas Jullien était un bal de pleutres. La cour l'eut même aussi. — Il gagna bientôt des sommes fabuleuses, et eut jusqu'à quatre maisons ouvertes : son magasin de musique; le magasin de fleurs de madame; une résidence de campagne à Hampstead, village à la mode, et, enfin, sa grande maison de ville, Harley-Street, où tout était doré.

Ce fut dans les salons de cette demeure princière qu'il organisa cette *Académie royale de musique anglaise* (qu'il fallait plus rigoureusement appeler : Académie royale anglaise de musique!), une idée à lui, dont le but était de créer dans le pays une *musique nationale*... à la vérité faite par les étrangers. Cette idée flatta la ville et ne dé-

plut pas à la cour. Les aides, les sympathies, les encouragements, lui vinrent de tous côtés. Il s'agissait d'ouvrir
un théâtre; Drury-Lane fut choisi. Du haut d'une estrade
à dais de velours, placée dans son salon de Harley-Street,
le fantasque musicien faisait ses engagements, donnait ses
audiences. Le théâtre ouvrit (1847) avec des ouvrages
anglais... ou traduits en anglais. Ce fut d'abord un opéra
de Balfe : *the Maid of honor*, qui s'inspira d'un sujet quelque peu français : la *Fille d'Honneur*. Ce furent ensuite
Linda et *Lucie*, de Donizetti, — puis divers autres ouvrages, chantés par Mme Dorus, et dans lesquels Jullien
produisit Seems-Rives, ce ténor peu désagréable que nous
avons entendu à Paris. M. Berlioz dirigeait l'orchestre, un
orchestre qui n'était anglais... que parce qu'il était à
Londres.

Jamais on ne vit sur un théâtre un luxe pareil à celui
que déploya alors l'imagination fantasque de Jullien. Toutes
les choristes étaient vêtues comme des *prime donne*, et le
rideau de la scène était en velours de soie... Cela commença donc très-bien; — mais cela finit très-mal. Un désastre même s'ensuivit, et M. Jullien se trouva un
jour devant un déficit de quatre cent mille francs... Les
quatre maisons disparurent! la vogue se détacha de l'artiste, il fallut recommencer la lutte sous une forme nouvelle.

Le pire, ce fut l'insurrection d'une partie sérieuse du
dilettantisme anglais, qui se décida à en finir avec cette
vogue excentrique, en annulant entre ses mains tout moyen
de recommencer. Des gens riches et sérieux s'unirent en
société, et engagèrent tous les bons artistes sur lesquels

pouvait compter Jullien. Cette fois, on le jugea perdu! On
le connaissait mal, — ou plutôt on connaissait mal les
Anglais !

Jullien fit venir de Paris... douze tambours de la garde
nationale — et un tambour-major, le plus bel homme
qu'on put trouver et harnacher ! Il composa un quadrille
monstre, sur peau d'âne, et, accompagné de ses acolytes
en grand costume, il se mit à courir la province, ameutant les foules et *encaissant* des recettes énormes. A
Londres même, cette coalition de gens riches et d'artistes
sérieux, qui s'était révoltée contre lui, fut vaincue par un
pareil moyen, et les tambours de Jullien eurent un succès
fou, c'est le mot! Et à ce point même que les *Life's guards*
offrirent un banquet, en leur caserne d'Albany-Street, à
ces épaulettes de laine rouge... de sorte que la ligue d'art
soulevée contre Jullien par l'amour-propre longtemps of-
fensé des vrais amateurs de musique fut battue par des
rataplans !

Jullien triomphant, et plus que jamais en gants paille,
promena ses tambours de ville en ville, précédé d'un tambour-major au plumet exorbitant. J'ai omis de dire que
précédemment, et comme prospectus de ses concerts, il
avait fait promener par la ville de Londres une grosse caisse
si énorme, qu'il fallait une charrette pour la mouvoir, et
qu'elle ne pouvait être frappée que par quatre vigoureux
bras à la fois. C'était alors aussi qu'il avait imaginé d'introduire dans son orchestre l'enclume comme élément in-
strumental. La chaise brisée de Musard a dû lui causer
bien des chagrins !

Aujourd'hui, Jullien, qui avoue avoir reçu du public an-

glais plus de *deux millions sterling* en dix ans, sommes
aisément dissipées par ses prodigalités, les exigences
mêmes d'excentricités pareilles, et, disons-le, par sa générosité envers les artistes qu'il employa; aujourd'hui, dis-
je, Jullien dirige l'orchestre du jardin zoologique de Sur-
rey, endroit où l'on fait jusqu'à vingt-cinq mille francs de
recette par soirée, et, la saison finie, il entreprend des excursions en province, à l'aide de quelques instrumentistes
hors ligne.

Voilà les faits rapidement mentionnés, voilà l'homme
vaguement crayonné. J'ai omis, à dessein même, beaucoup de particularités qui dépassent mon but, lequel était
de montrer à l'aide de quels étranges moyens on peut
frapper l'esprit des Anglais. Je n'ai pas parlé du pupitre
superbe que Jullien pose au milieu de ses concerts, meuble
doré où des amours s'enlacent en cariatides ; — ni de la
chaise, également dorée, sur le velours rouge de laquelle il se
pâme, épuisé, après chaque morceau qu'il conduit. Je ne
vise d'ailleurs point à ridiculiser cet homme bizarre, lequel, au demeurant, est un fort brave garçon, me dit-on,
affable, obligeant, généreux jusqu'à la prodigalité, et qui,
en fin de compte, agit peut-être, en tout ceci, autant par
système que par nature, connaissant bien le pays dont il
exploite les travers. A cette heure encore, Jullien jouit ici
d'une vogue immense, et si formellement acceptée, que de
l'étranger même on a flatté cette adoption des Anglais en
envoyant à l'Exposition des produits où il figure. Sa face
est sur des boîtes de Zollverein, et il y a un grand lustre
d'outre-Rhin au haut duquel il trône, son bâton de mesure
à la main. A Londres, enfin, il est le héros de diverses

pantomimes ; Dulcamarra s'efforce de se produire sous ses traits un peu aplatis, et à tout moment, dans les théâtres populaires, des allusions sont faites à sa célébrité. Donc, si je parle ainsi de l'homme qui a su, avec douze tambours et des roulements infernaux, renverser une coalition de gens sérieux et riches, d'artistes renommés et dévoués, c'est afin de bien faire comprendre à quels étranges charlatanismes se laisse prendre ce grand peuple par ailleurs si sérieux.

XX

Le comte d'Orsay. — Croquis.

Il y aurait tout un gros et très-curieux volume à écrire sur la vie de ce personnage, qu'on peut appeler célèbre. En effet, le comte d'Orsay fut un de ces hommes prédestinés qui font bruit. Naissance distinguée, portant à un rare degré l'ensemble des aptitudes secondaires, beauté physique véritablement remarquable, comblé et dénué à la fois, il ne lui manqua peut-être qu'une grande fortune, — une fortune assez ample pour n'être qu'endommagée et point épuisée,—pour laisser un nom dont l'éclat eût été totalement dégagé d'ombre. Dans les conditions où il a vécu, il laissera le souvenir d'un gentilhomme parfaitement aimable et suprêmement distingué, presque sérieusement artiste, généreux jusqu'à l'imprévoyance, et du commerce le plus prestigieux.

Il tenait de son père, le général d'Orsay, un des types de la haute élégance militaire du temps. La mémoire de ce père, qui fut aussi un des plus beaux hommes qu'on puisse citer, était un de ces cultes qu'on aime à trouver hez les fils, comme un trait privé du cœur. Je crois qu'on peut beaucoup attendre, dans une certaine voie, des hommes qui ont ainsi le culte de la famille ; on est sûr de trouver en eux un côté sonore à toutes les vibrations sentimentales, tendres, élégiaques, sensibles ; et ce culte des trépas chéris est bien voisin de la religion vers laquelle, si l'âge les laisse faire, ils se retourneront un jour.

Le comte d'Orsay, qui adorait son père mort, qui s'entourait de ses souvenirs : portrait, armes, uniformes, autographes, livres, est, m'assure-t-on, expiré dans une communion sincère aux mains de l'archevêque de Paris. On comprend cette fin, après les étourdissements et les étourderies des existences ravagées : ou le suicide simple et digne, dans quelque crise morale ;—ou une fin résignée et pieuse dans quelque doux et confiant repentir !

La longue liaison du comte d'Orsay avec la célèbre lady Blessington, a beaucoup fait pour sa célébrité. *Gore-House* fut pendant vingt ans le point du globe où passèrent peut-être le plus d'hommes remarquables et d'illustrations de toutes sortes. Ce n'était qu'une société d'hommes, mais des plus rares. Tout ce qui se mettait en chemin, de n'importe quel point de l'Europe, passait un soir par là,—entre la beauté obstinée de la fille de l'aubergiste irlandais, dont l'amour d'un lord fit une grande dame,—et l'aménité d'un lion par lequel juraient tous les tailleurs de Londres. C'est ainsi qu'on y voyait tout le monde, depuis le nabab indien jusqu'au pianiste allemand ; depuis le roi nègre de quelque contrée connue des seuls géographes jusqu'à M. Thiers. Cette maison a offert du thé à tout l'univers, à tous les passe-ports célèbres, opulents ou originaux du globe.

On comprend les innombrables relations que le comte

d'Orsay se fit ainsi. D'ailleurs, on l'aimait; il avait ce don de sympathie générale qui, on peut le dire, naît d'une certaine banalité d'accueil et de bonne grâce indistinctement adressée à tous. Ces hommes-là ne font jamais naître de ces dévouements immenses ou de ces haines corsées ou corses, qui témoignent de la vigueur d'empreinte qu'un homme laisse de soi sur ce qui l'approche ; — mais ils rencontrent partout une sorte de considération qui ne fournit pas de preuves et craint l'épreuve, — une bienveillante indulgence des grands, une admiration fascinée des petits. Un peu de ceci se pourrait appliquer au comte. Sa célébrité fashionable acquérait, au milieu des mœurs anglaises, une sorte de sérieux, et on oubliait, devant son grand air assoupli en bonne grâce, que le rayonnement dardait d'un faisceau de futilités.

Mais ces futilités, elles sont de toute importance dans un certain grand monde, qui serait oisif, ennuyé, dépourvu, s'il n'avait à s'occuper de chevaux, d'équipages, de chiens et de coupes d'habits. D'ailleurs, d'Orsay se relevait par autre chose : car, j'ai sincèrement hâte de le dire, il méritait mieux et obtint plus qu'une célébrité à la Brummel. S'il fut pendant quinze ans le roi de la mode au milieu des lords opulents et imitateurs, il sut aussi faire un noble et bon usage des influences sociales qui lui donnèrent sa vogue et son ascendant. Si le salon de lady Blessington recevait le soir les orateurs des parlements, les artistes, les écrivains, tous les voyageurs d'élite, le matin, le cabinet du comte s'ouvrait à tous les Français dans l'embarras que toutes sortes de destins poussaient ou retenaient à Londres. Je l'ai vu donnant ainsi audience, du fond de sa baignoire de marbre, à de pauvres diables auxquels il offrait son dernier écu...—ou la bourse de son visiteur : car, cette vie dorée et miroitante se passa souvent dans des crises à faire frémir, dans des débâcles où tout semblait un moment perdu, et au lendemain desquelles tout s'arrangeait toujours!

Ce fut, on le sait, le comte d'Orsay qui institua à Londres la société de secours en faveur des Français malheureux. Il déploya, dans cette création, beaucoup de cœur, de zèle et de crédit. Ce fut une véritable pierre de touche pour la réalité de son influence sur cette classe qu'il menait réellement, je ne dirai point par le bout du nez, mais bien plutôt par celui de la cravate. Il trouva, pour sa philanthropique création, des sommes importantes données par des Anglais pour des Français. Un capital fut constitué, dont les revenus, convenablement distribués, soulagèrent bien des infortunes, sauvèrent bien des désespoirs. Il n'y a guère eu de Français qui, égaré, déçu en Angleterre, n'ait trouvé dans cette généreuse institution le moyen de regagner la France ou même sa ville. D'Orsay ne laissât-il que ce bon et honorable souvenir, que sa mémoire serait sauvée. Dans les dernières années, la famille royale de France exilée vint puissamment en aide à la société, qui peut aujourd'hui étendre ses bienfaits jusqu'à l'aide aux petits commerçants qui tentent la fortune insulaire. Un buste du comte serait à sa place dans le local de la société; cet hommage sera, espérons-le, rendu à son brillant fondateur.

XXI

Comment à Londres un schelling n'est rien du tout. — Le *brandy*
appliqué à tout. — Médecins et médecines.

Lorsqu'à Londres on vous dit que la vue, l'entrée de
quelque chose ne coûte rien... mettez un *schelling!* l'un
est ici le synonyme de l'autre. Donc, au *Zoological*, au
Wauxhall à *Cremorne-Garden*, trois établissements qui
représentent ici le Château-des-fleurs, Mabille, le parc
d'Enghien, etc., moins la gaieté, l'entrée coûte généralement une demi-couronne : trois francs et quelques centimes,
et, au moindre prétexte, et même sans, cinq schellings :
soit six francs passés. La distance est trop grande pour
aller à pied : voiture, autres trois schellings ; dito pour
revenir, dito schellings.

Mais le billet d'entrée ne vous donne que le plaisir res-
treint de vous promener sur une aire que limitent çà et là
des cloisons, des rampes, des haies ; pour voir le ballon
sur la pelouse voisine : schelling ; pour voir la ménagerie :
schelling ; pour s'asseoir dans le kiosque : schelling ; pour
approcher de la musique : schelling ; pour le cirque : schel-

ling; pour la femme sauvage : schelling; pour le côté des
hommes : schelling, et pour l'autre aussi! Si vous avez
soif, quelques schellings; si vous avez faim, beaucoup de
schellings. De sorte que, pour peu que vous ne soyez pas
seul (et le moyen d'aller seul?), multipliant les personnes
par tous ces schellings, vous arrivez à avoir réalisé le
conte du Petit Poucet avec ses petits cailloux... excepté,
toutefois, que ce n'est pas pour reconnaître le chemin, et ·
revenir. Et ajoutez aussi que c'est un beau plaisir! Mon
Dieu! combien ces Anglais sont folichons!

~~~

J'ai cherché à établir, précédemment, qu'en Angleterre,
à Londres, tout est instinctivement ramené à la matière,
au positif, j'ai tenté d'indiquer en quoi l'Anglais manque
généralement de ces sens subtils qui rendent *positives* les
jouissances de l'art, de la forme, des choses de goût. J'ai
parlé de l'ampleur, du poids, de l'excessif en tout. Mais
j'ai, dans mon énumération rapide des exemples et des
applications de cette pensée, oublié la médication anglaise, non moins excessive que tout le reste. Un mot à ce
sujet.

Je me rappelle qu'en Italie, où les usages du Nord ne
s'acclimatent guère que sous les pas des voyageurs, des
dames indigènes, auxquelles les exotiques offraient du thé,
répondaient naïvement: «Merci... je ne suis pas malade! »
Le thé est encore un remède appliqué à bien des indis-
positions, même en France, où son usage s'est pourtant
généralisé, comme en Belgique, à titre de boisson. En Angleterre, si ce n'est de bière, on se noie de thé, et on nage

dans la joie chinoise qu'il procure, pour faciliter la diges-
tion de tant de bœuf. Le thé n'est donc plus un médica-
ment pour ces estomacs blasés. Le remède à tout c'est
l'eau-de-vie : *brandy !*

On a mal à la tête? *brandy*, non sur les tempes en com-
presse, mais dans le gosier en verres... pas petits.—Mal à
l'estomac? *brandy*... non sur l'estomac, mais dedans. —
Mal au cœur ? *brandy*. — Mal aux dents? occasion excellente d'en boire : *brandy*. — Rhumatisme? *brandy*. —
Coupure, égratignure, contusions et *bleus?*... *brandy*.
Partout et pour tout, *brandy*... seulement, *on se l'applique*
toujours de la même manière, non en frictions ou en com-
presses,—mais intérieurement, avec résignation... dame!
il faut bien se guérir !

Les rapports entre le malade et l'assistance diffèrent
infiniment ici de ce qu'ils sont chez nous. La science d'Es-
culape a, en Angleterre, des desservants de divers degrés,
dont l'énumération me paraît curieuse. Au premier rang,
c'est le *physician*, qui a ajouté à ce titre les initiales M. D.
(comme à Paris M. P., *médecin* de la Faculté de *Paris)*,
et
qui, ici, signifient, *medical doctor*, ce qui fait que, au lieu
de les désigner par leur qualité de *physician*, on dit généralement d'eux un « *M. (em) Di..* » le D en anglais se prononçant *di*.

L'*M-Di*, lorsqu'il est appelé chez un malade, a le droit,
par son titre, d'exiger une guinée (26 fr. 25) pour sa visite, et payée comptant. Aussi, en général, ne l'appelle-
t-on que pour les cas sérieux, car, à ce taux, et pour peu
que la maladie se prolongeât, bien des malades auraient
escompté au médecin leur propre héritage !

Après l'*M-Di*, vient le *surgeon*, chirurgien, lequel exécute les opérations prescrites par le *physician*, et qui n'a pas le droit de donner de consultation par écrit. Il assiste les femmes dont la position devient plus que jamais « intéressante, » et n'est pas, comme le premier, protégé par un tarif légal ; on le paye selon la fortune qu'on a, ou selon la réputation qu'il a.

En troisième lieu vient *the apothecary*. Celui-là possède une pharmacie. On le fait appeler pour les cas médicaux, on va le consulter. Il lui est interdit de se faire payer pour la consultation ; seulement, il fournit le remède qu'il prescrit... de façon à se rattraper. On conçoit qu'avec ce système, les malades soient bourrés de remèdes, lesquels ne sont, pour l'*apothecary*, qu'une marchandise.

En dernier lieu, enfin, vient le *chimist*, vrai apothicaire, celui-là qui vend toutes drogues à tous, et qui ne recule pas devant... la nécessité de passer derrière le malade. C'est le vrai Purgon de Molière, furieux contre le *public house* du coin, où tant de gens, qu'ils se croient ou non malades, vont s'administrer l'éternel remède *brandy !*

Maintenant, si je pouvais vous faire une énumération compréhensible des drogues abominables que ces diverses sortes de traitements font avaler aux malades, vous verriez que les chevaux chez nous en auraient des haut-le-cœur, et que là aussi nous retrouvons ces proportions excessives que je signale comme se représentant partout dans la vie anglaise. De ce nouveau fait indiqué, je passe à une anomalie.

On a souvent parlé de la coutume anglaise qui consiste à renvoyer les dames au dessert. Cette coutume n'est point, comme le prétendent sur le continent les Anglais voyageurs, tombée en désuétude. Vers le milieu du dessert, après les fruits, les dames remettent leurs gants, si elles ne les ont pas gardés, la maîtresse de la maison se lève, les autres l'imitent. Tous les messieurs sont debout à leurs chaises, un d'eux va ouvrir la porte, et le sexe part.

Alors le maître du logis prend la place de mistress ou de milady, use de son verre, et le cercle se reforme plus intime. Les vins circulent, et tout cela devient ce que cela peut! Il est toutefois certain qu'on a tout à fait exagéré les conséquences de ce tête-à-tête cordial des hommes et des bouteilles. J'ai, en divers voyages et souvent, assisté à cette heure extrême du repas, et je n'ai guère jamais vu cet abus dont on parle. Lorsque les dames, qui sont allées s'attifer, se délasser... de la gêne du repas, veulent recevoir les messieurs, un domestique vient annoncer que le thé est prêt au salon. Alors la société se reforme autour d'elles.

XXII

La délicatesse de l'esprit anglais.

Tout est matériel et positif, je l'ai dit, pour les idées.
Tout est lourd, massif, excessif, exagéré dans les choses.
C'est la nation du fer et du charbon qui fournit cette vapeur forte à ébranler les mondes. Quelque part que vous
vous retourniez, l'excès, l'exagération se produit. Elle est
dans le charlatanisme des enseignes, des annonces, des in-
croyables moyens de publicité dont on use ici pour *frapper*
l'attention. Rien d'amusant, par exemple, comme de parcourir les colonnes du *Times,* pour voir de quelle façon on
provoque le public, en le prenant par ses instincts. Un hôtelier annonce qu'il tient: *A substantial family-house*,
une maison où les familles sont traitées *substantiellement.*
Les épithètes les plus imprévues arrivent pour émouvoir
le désir, aiguillonner la curiosité : *A very desirable house
to let,* c'est-à-dire qu'on n'en peut plus d'y vouloir demeurer, dès qu'on l'a vue ! Toute chose est *very valuable, very
capital, most seducing*, et tout cela, déclaré en lettres
énormes. Le *stout,* une bière capiteuse, se déclare *celebra-*

ted sur tous les murs, et mon cuir à rasoir prétend, en larges lettres d'or sur son étui, qu'il est « *inimitable !* »

Donc, en tout, partout, il faut frapper fort, pour les sens, pour l'imagination. Dans les théâtres j'entends des choses charmantes qui, par leur délicatesse même, passent inaperçues : la fable des *Deux Pigeons*, dans *Adrienne Lecouvreur*, comme tous les mots fins ou finement dits des rôles de Rachel. Pendant qu'elle joue, la plupart des spectateurs lisent la pièce au lieu de regarder l'artiste, elle dont la physionomie, le jeu, les gestes, méritent une attention payée par un extrême et intelligent plaisir : c'est toujours l'idée *positive;* savoir ce qui forme le *fond,* négligeant la *forme.* J'ai, avec de vives impatiences, observé la même chose pour la musique que font entendre ici les artistes étrangers, que réunit l'Angleterre, qui n'a ni chanteurs ni chorégraphes. L'autre fois, l'*adagio* de l'air de *Norma : Casta diva,* chanté avec une perfection inouïe de pureté, de simplicité, de tenue de sons, n'a pas éveillé un applaudissement. Viennent les cris, les grands bras, les choses fortes et faciles aux gueulards, et voilà la salle qui s'émeut ! C'est mon idée que je retrouve en tout, partout, n'échappant à aucune application chez ce peuple positif.

Mais c'est là précisément ce qui constitue sa force et sa puissance ! Ces défauts, à notre point de vue, — nous gens aux sensations subtiles, qui n'avons pas besoin d'être frappés si fort pour vibrer, — déterminent chez l'Anglais — fer et charbon — le positivisme, qui en fait la nation régnante du goble. Je le répète, nous avons la forme, mais ils ont le fond. Nous sommes ingénieux pour les riens, délicats, raffinés, pleins de goût, volages, épris de mots,

enivrés de mousse, tournant à toutes les brises du plaisir,
du caprice, des inconséquences que nous payons cher! Nous
faisons des révolutions pour être *autrement,* sans savoir si
nous serons *mieux,* et souvent nous sommes *plus mal.*
Nous rions des lois, nous rions de tout! L'Anglais, qui rit
peu, respecte *cette force qu'il aime et met en tout,* si bien
que ces défauts, ces travers, si amusants peut-être à relever
chez chaque individu, dans la pratique de la vie sociale,
forment, appliqués à la collection des hommes réunis en
nation, ce qui fait la grandeur d'un État et sa prépondé-
rance dans le monde. Notre esprit, notre futilité, sont des
dons charmants, par lesquels nous nous perdons... avec
grâce! Le positivisme de ce peuple mangeur de bœuf, qui
comprend mal un son filé, s'emplit de bière, fait tout en
fer, et se médicamente avec le plus de *brandy* qu'il peut,
lui a donné cent vingt millions de sujets par le globe! .

XXIII

De la puissance fascinatrice des hautes classes sur le peuple de Londres.

Je fus un jour témoin d'une crise singulière de la vie du comte d'Orsay. Je la rapporte ici, persuadé qu'on n'y saurait voir un trait désobligeant pour la mémoire de cet homme aimable, auquel la fortune fut contraire. Elle peint deux choses: l'incroyable et secret dénûment dans les dehors de la plus éblouissante opulence; — la fascination et l'autorité qui permettaient à un gentleman d'oser et de réussir dans des actes d'un aplomb merveilleux.

D'Orsay devait quelques centaines de livres à un orfévre de la Cité. Cette dette l'ennuyait. Arrive de Calcutta un riche Indien qui parle de remonter son service de table; le comte le conduit chez son créancier. Notre indien fait une commande de près de dix mille livres, et la reçoit exécutée au bout de quelques semaines. Puis, un beau matin, il disparaît. Grand émoi de l'argentier, qui retombe sur l'introducteur du nabab décampé. De là des scènes sans fin, et, finalement, des menaces inquiétantes pour la liberté du comte. Enfin un matin, — c'est le jour où je vis la scène,

— l'homme à la vaisselle plate tombe chez son débiteur et son garant, les yeux hors de la tête : il veut être payé, ou, s'il n'a pas, dans la journée même, la caution de tel ou tel lord qu'il nomme, M. le comte sera condamné à ne plus mettre le pied hors de *Gore-House* que le dimanche, et à assister par cœur aux courses d'Epsom, aux promenades de Hyde-Park, à l'Opéra de la reine, et aux déjeuners de la *nobility*. Or, c'était en pleine saison de juin, l'époque de la fashion par excellence. D'Orsay réfléchissait dans sa baignoire, tandis que l'orfèvre, écarlate, vociférait dans le cabinet, montrant les vieux habits noirs pleins de recors qui prenaient possession de la rue, en établissant leur blocus...

J'étais fort gêné de la scène, et ne réussissais guère à m'en isoler suffisamment pour l'amour-propre du comte en m'enfouissant la tête dans un grand journal américain. J'avais bien, aux premiers mots, voulu partir, il m'avait retenu.

« — Ainsi, c'est dit, monsieur le comte, — exclama l'homme aux réchauds d'argent, — ce soir à cinq heures j'aurai la caution de lord Pembroke (ami du comte) ou vous passerez *the season* claquemuré à Gore-House. Mes limiers ne vous laisseront pas même respirer l'air du soir dans *Kensington-Garden*, là, en face de votre demeure ! »

Et le ton était fort insolent.

Le comte réfléchissait toujours et ne disait mot. L'orfèvre allait sortir, s'étant déjà remis le chapeau sur la tête.

Tout d'un coup, d'Orsay bondit hors de sa baignoire.

— « Attendez ! — s'écrie-t-il. — Il n'y a pas à penser à la caution de lord Pembroke... Nous sommes mal ensemble, pour le moment, par la faute d'une des filles de lady Blessington... Mais j'ai là qui vaut infiniment mieux... Vous allez être content ! »

Le marchand s'arrête et se décoiffe. D'Orsay, nu, ruisselant comme un triton, saisit un canif sur la table à écrire, et va droit à une armoire vitrée qui contenait, assez fastueusement étalé, un uniforme de général.

« — Vous voyez cet habit, dit-il en ouvrant la glace ; — ces broderies, ces décorations ? C'est là-dedans qu'est mort mon père ! c'est sacré pour moi, comme l'uniforme dans lequel a été tué Nelson à Trafalgar sur le *Victory*, une relique exposée dans la salle des Vieux-Marins invalides, à Greenwich !... »

L'orfévre regardait, sans trop savoir où on allait en venir, et déjà un peu maîtrisé par ces grands mots et le ton magistral du comte.

« — Eh bien ?... — murmura-t-il.

« — Eh bien ! je me décide à un grand sacrifice pour vous rassurer sur votre créance. Tenez ! — ajouta-t-il en coupant les fils qui attachaient un des boutons de l'habit, et le tendant majestueusement à son créancier hébété de surprise, — voilà un des neuf boutons qui ont servi à croiser ce noble habit sur la poitrine de mon père... Je vous confie le plus voisin de sa croix d'honneur... une croix que lord Byron lui a donnée, et qui fut trouvée sur le champ de bataille de Warterloo... allez... ceci vaut mieux pour vous que toutes les cautions des lords et pairs des trois royaumes. Avant un mois, vous serez payé !

Et, cela dit, le comte se replonge dans sa baignoire, se retourne tranquillement vers moi, et me dit :

« — Nous parlions, je crois, de l'installation du nouveau lord-maire ?

» — Mais... mais... si, dans un mois, vous ne me payez pas ? — murmura assez timidement le marchand.

» — Eh bien ! alors... alors... vous pourrez garder le bouton de l'uniforme de mon père ! » — dit d'Orsay en tirant le cordon de sa sonnette, et en montrant l'orfévre abasourdi au valet de chambre qui l'entraîna.

Il me fallut bien admirer un tel usage du don de fascination, s'élevant presque hors d'atteinte du sentiment comique. Le grand air du comte, son acte presque désespéré, son ton confiant et résolu, les grands mots et les grands noms : uniforme, général, père, croix, broderies, et Nelson évoqué, et Byron, et Waterloo dans l'affaire, — tout cela avait fasciné, médusé, subjugué le juif de la Cité ; il partait, — un peu mis à la porte, à la vérité, — mais sans oser se dire qu'il ne tenait pas un gage excellent de sa créance. Et, au fait, il avait raison. Quinze jours après, l'Indien, qui n'était allé qu'un peu à l'imprévu faire une excursion en Écosse, paya tout... et d'Orsay m'écrivit qu'il avait fait recoudre le bouton auprès de la croix d'honneur sur l'uniforme paternel !

XXIV

Comment les Anglais s'expliquent sur eux-mêmes. — Hommage aux policemen.

Je clorai ces impressions personnelles, ces observations, ces boutades, ce voyage enfin, voyage humoristique s'il en fut, par quelques derniers traits, quelques retouches, dirai-je, ainsi que fait un peintre qui a laissé reposer son dessin quelques jours, et qui le reprend pour appuyer les lignes qui lui semblent justes, — ou modifier celles qui manquent d'exactitude.

J'ai accusé les Anglais d'être trop positifs, trop matériels, trop épris de l'or. Je leur ai reproché leur manque d'aptitude pour ce qui est la forme, le goût, les fines jouissances de l'esprit. Je dois aujourd'hui, — qu'il s'agit de conclure, — dire aussi les avantages incontestables qui résultent, au profit de la nation, de cette propension des individus. Je dirai comment ce positivisme d'une part, et cette absence de ce que les phrénologues appellent la fantaisie, de l'autre, ont, en résumé, fait la force et la puissance de cette Angleterre, — si bien que nous, gens de plaisirs et d'élégance, peuple artiste et impressionnable, roi de la mode et du goût, auquel tant de charbon et de fer sont antipathiques, nous avons perdu les Indes, et que c'est le yacht anglais qui y flotte, — mais, à la vérité, nous avions les plus beaux bronzes et les plus beaux meubles en bois sculpté à l'Exposition !

Après tout, ce reproche que j'ai fait aux Anglais d'être si positifs, et de manquer, à certains égards, de ce sixième . sens, — qui est comme la partie la plus exquise de tous les autres, réunie en quelque chose de subtil et de fin comme l'impressionnabilité de la sensitive, — ce reproche, dis-je, des Anglais eux-mêmes l'ont formulé. J'ai mes autorités. Ainsi, par exemple, je dirai qu'un écrivain justement célèbre, et qu'on confond souvent avec son frère, un diplomate brouillon, M. Edward Lytton Bulwer, l'auteur de *Pelham*, d'*Eugène Aram*, etc., me le disait un soir : « Le respect que les Anglais accordent à la richesse absorbe tout. L'homme de lettres ici ne peut compter sur rien. Il n'a aucune part fixe dans cette richesse qui est l'aspiration et presque toujours la conséquence du labeur de tous. Les gens que l'Angleterre paye le plus chèrement sont : 1º ceux qui nous tuent : les généraux ; 2º ceux qui nous trompent : les politiques ; 3º ceux qui amusent nos · oreilles : les musiciens. Quant aux hommes qui agissent sur l'esprit, qui instruisent ou qui font méditer, ils vivent de l'exception. »

Cette boutade d'un homme d'esprit dépité, — qui, de même que Byron, a conquis son indépendance d'esprit national par suite de quelques déceptions, — vient bien à l'appui de ce que j'ai pu dire, en ces pages légères, tout en rendant une justice rapidement formulée aux grandes qualités de ce peuple qui a fait de son État comme la capitale industrielle et commerciale du monde. Et cette opinion de l'auteur de *Robert Devereux* est aussi, en outre qu'elle est mon excuse, la consécration de premières observations sur le manque absolu de distinctions honorifiques pour récompenser le génie, le talent roturier, dans ce pays sérieux où les honneurs sont réservés aux politiques et aux soldats.

C'est Helvétius, je crois, qui a observé que le degré de vertu civique et l'échelle des talents qui existent dans un État sont toujours proportionnés au soin que l'on met à distribuer avec intelligence les récompenses publiques. Ici, rien. Byron n'eût peut-être jamais été baronnet, s'il n'eût été lord! Comment voulez-vous que le peuple se préoccupe des œuvres de ces hommes qui n'obtiennent du gouvernement que l'indifférence, sinon le dédain? Walpole affectait de mépriser sa plume, parce qu'il savait que, dans le rang social qu'il tenait, écrire était *déroger*. Un professeur, faisant un jour l'éloge de Boyle, ne trouva rien de plus frappant, pour clore un panégyrique, que de s'écrier : « Boyle fut un très-grand homme, car, *père* de la chimie... il fut surtout le *frère* du comte de Cork ! » Et pourtant, la chimie, c'est là une chose positive, ce me semble! Jugez donc lorsqu'il s'agit des poëtes !

Mais il est temps d'étudier le positivisme, qui, si déplaisant qu'il soit au *sentiment* d'un homme d'art, d'un Français, dirai-je, ne saurait être condamné par son *raisonnement*. C'est lui qui fait la puissance de l'Angleterre, et sa force, et sa stabilité. C'est par lui que l'ordre règne et que toute chose est à sa place (sinon toutes gens), pendant qu'ailleurs on s'éprend de mots, et que pour eux on saccage tout. Pour mieux faire apprécier ceci, quittant les généralités, je rentrerai, selon ma coutume, dans la mention des faits par quelques exemples.

~~~

Ainsi la police, si admirablement faite à Londres. On a souvent parlé des *policemen*, ces sergents de ville du pays. Tandis qu'en France notre esprit de rébellion fait de ces hommes quelque chose d'antipathique, là-bas l'esprit d'ordre produit un résultat contraire. Chez nous, le sergent de ville, qui sait que la population le voit avec défiance, agit parfois envers elle sous l'empire instinctif d'un sentiment de réciprocité hargneuse, brutale. Là-bas, au contraire, où le *policeman* se sait bien vu et appuyé par l'opinion, il se conduit de façon à augmenter toujours l'heureuse efficacité de devoirs dans l'exécution desquels chacun l'aide. — En France, la police agit en quelque sorte malgré les populations, — en Angleterre, elle opère avec leur concours même.

Aussi le policeman est obligeant, prévenant, poli; — on l'interroge, on l'interpelle, on le consulte. Il est le renseignement vivant, l'appui naturel de tous. Il est propre et de bonne mine; son aspect a une sorte de dignité. J'ignore s'il est parfois recruté dans des catégories suspectes; mais, certes, à le voir, rien ne le fait penser.

Le service de ces hommes est organisé avec un ordre admirable. Il couvre, à toute heure et en tous lieux, l'immense ville de Londres d'un réseau de surveillance, de secours, qui est un des côtés les plus précieux du positivisme anglais. Reliés les uns aux autres dans une limite calculée, par un signal avertisseur, rien ne leur échappe, sinon dans certains quartiers où, dit-on, l'autorité juge à propos de laisser un peu faire. La nuit, par exemple, ouvrez votre fenêtre, appelez : il accourt. Il vous dit l'heure, et le temps qu'il fait ; pour un incendie, il avertit son monde ; pour un malade, il va chercher le médecin. Vers onze heures du soir, il commence ce qu'on appelle la ronde de sûreté, c'est-à-dire qu'il s'assure si toutes les maisons sont bien fermées. Il va éprouvant chaque porte, et si un oubli, une négligence, a fait oublier le verrou, il sonne, vous réveille, et signale le danger. Ajoutons qu'il est incorruptible, et qu'il joue sa place à l'infraction. Tout ce qu'il se permet, c'est d'accepter la pinte de bière que lui passent le soir, à travers les barreaux des grilles, les cuisinières sensibles à son habit bien brossé.

XXV

Les gens de service à Londres. — Histoire de la sonnette et du marteau.
— Les taxes. — L'ivrognerie. — Trop d'or et pas assez de goût. —
Un original.

Et comme je trace ici quelques impressions dernières,
et que j'épuise mes notes, voici, à propos des domestiques
anglais, un petit trait qui, lui aussi, touche à cet éternel
positif, qui, on le voit, a du bon, pris dans ses résultats.

En Angleterre, l'aristocratie existe, à un degré impérieux et risible, jusque dans la domesticité des maisons.
Les grandes existences anglaises ont autour d'elles une
foule de gens, qui égale presque l'entourage créole.

C'est d'abord la *house-keeper*, femme de charge, inten-
dante. Puis, le *butler* ou sommelier,—le *valet de chambre*,
auquel est restée l'appellation française, — et la *lady's
maid*, gens sans livrée, mangeant ensemble, se fréquen-
tant de maison à maison comme une classe de pairs, et
tenant le reste de la domesticité à une distance respective
égale au moins à celle qui les sépare de leurs maîtres.

Vient ensuite la livrée, les valets de pied, les grands
gaillards qui portent de longues cannes derrière l'équipage,

les bonnes d'enfants, le maître cuisinier, ayant aussi leur table à part, tenus à distance par les précédents, et ne frayant point par en bas.

Là, enfin, sont les aides de cuisine, les aides de garde-robe, les palefreniers, les marmitons, tout le menu frétin du service, qui vit de rogatons et de rognures. Ceux-là respectent plus la première classe des serviteurs que les maîtres eux-mêmes, qu'ils ne voient presque jamais, du reste, des profondeurs où ils vivent.

On a déjà parlé de la façon dont on aborde ces demeures cellulaires, dont l'alignement, correct et monotone, forme la ville de Londres et ses environs, souvent semblables à des caveaux de famille—auxquels ne manquent ni la grille noire, — ni le nom sur la porte, comme une épitaphe, — ni souvent le petit enclos de triste verdure qui semble attendre d'autres tombeaux. Là encore nous retrouvons l'application de notre observation d'en-haut. La porte est garnie d'un marteau et de deux ou trois sonnettes. Le fournisseur qui veut franchir la porte, toujours soigneusement fermée, sonne à la cuisine. Le domestique qui apporte une commission, le marchand qui remet un article, frappe un coup au *knocker* ou marteau. Deux coups pressés, c'est le facteur.

Un visiteur se révèle de lui-même, selon le degré d'importance qu'il veut se donner. C'est ordinairement cinq ou six coups pressés qui montent d'un ton, dirai-je, si vous ajoutez un coup de sonnette... à la clef. Presque toujours, dans les rues fréquentées, un gentleman qui frappe ainsi

316 de VOYAGES ÇA ET LA

à une porte est contemplé par des gens qui passent... Ce sont des envieux, condamnés par leur position à ne tirer que la sonnette de la cuisine, ou qui ne peuvent toucher le marteau que pour y frapper un coup. Leur rêve, leur idéal, serait de pouvoir faire rendre au *knocker* ce ramage retentissant qui émeut la maison et fait regarder les passants... Ce trait est formel, il peint un étrange travers se reliant une fois de plus à l'observation générale. Le marteau de la porte est pour ces jaloux ce qu'est chez nous le dîner de chez Véfour aux yeux de l'Auvergnat qui se gratte, le nez au carreau, en passant la langue sur ses lèvres concupiscentes.

Enfin, la visite qui vient en équipage s'annonce par un cataclysme de coups de marteau qui cause des soubresauts à tout le quartier! On y ajoute un coup de sonnette à tout arracher. On n'en vient pas ouvrir plus vite pour cela! Faire attendre est un autre genre, du dedans, qui répond au genre qu'on se donne au dehors, en mettant ainsi tout à feu et à sang! Le temps qu'on perd à Londres à attendre aux portes est une chose révoltante. Ayez un journal.

~~~

On sait combien sont nombreuses les taxes qui frappent les Anglais, pour répondre à un énorme budget et aux services d'une dette considérable. Les domestiques jouent un très-grand rôle dans ces prétextes dont la loi s'empare pour faire payer beaucoup de gens, et leur faire payer beaucoup. On paye pour chaque domestique mâle, qu'on l'ait à l'année ou de passage. — On paye pour sa livrée, pour ses boutons; — on paye pour la poudre qu'il est du plus grand ton de lui appliquer sur la tête ;—on paye pour la canne des valets de pied.

On paye pour les équipages,—pour les chevaux,—pour les mulets,—pour les ânes,—pour les chiens.

Celui qui loue une voiture paye ; celui qui la livre paye. L'omnibus paye, la diligence paye, le fiacre paye, le charretier paye. Cheval d'attelage, carrosse ou charrette, payez. Payez, cheval de selle, payez, cheval de course ; quoi que vous soyez, et à qui que vous soyez, payez toujours !

On paye pour les armoiries qu'on porte sur sa voiture, qu'on met sur ses meubles, sur sa vaisselle, sur son argenterie ; — on paye pour l'écu gravé sur le cachet. Cela n'empêche pas une foule de gens de basse extraction, mais vaniteux, des parvenus enfin, de se parer de toutes sortes de blasons visibles. Ils en couvrent les panneaux de leurs voitures ; mais qu'importe, ils payent ! j'en pourrais citer un dont on rirait bien, un diplomate !...

Il y a en outre, bien entendu, tous les impôts perfectionnés du continent : portes, fenêtres, mobilier, personnel ; plus, l'eau, les pauvres, etc. Ce droit des pauvres monte à deux cents francs par an sur une modeste existence de six mille francs. Le droit sur tout, revenu ou profit supposé, tiré d'une profession, s'élève à trois pour cent.

Mais je dois m'arrêter dans cette voie, qui me ferait dérailler de ma thèse, et m'entraînerait dans des appréciations indéfinies. Par exemple, le règne exorbitant, révoltant, scandaleux, des hommes de loi marrons, en Angleterre, la dextérité irrémédiable avec laquelle ils dépouillent les gens, — quatorze cents francs de frais accumulés sur un

billet de cent cinquante francs, fait à ma connaissance, —
et, par ailleurs, l'extrème facilité avec laquelle un ban-
queroutier, plus ou moins honnête, arrange ses affaires,
— et comme quoi, moyennant un petit quart d'heure désagréable passé devant un certain juge, un homme criblé
de dettes peut sortir libéré, et tout prêt à recommencer !

~~~

Il y a un trait, d'apparence insignifiante, qui démontre
cette pente éternelle, invincible, de l'esprit anglais vers
les choses positives. C'est le soin attentif avec lequel tous
les journaux reproduisent le menu de tout banquet, festin,
dîner qui a lieu chez l'autorité ou chez les grands seigneurs. Vous lisez tous ces potages et ces entremets sin-
guliers dans le *Times* sérieux, dans l'aristocratique *Mor-
ning-Post*. Tout bal, toute fête, voit aussi publiée la liste
des invités, et parfois avec description de costumes, et
mémoires de tailleurs et de couturières à l'appui.

~~~

Il y a un autre trait que je suis presque fâché de consigner ici, tout en n'y résistant pas. C'est que, dans un
grand nombre de contrats, d'actes de société, faits entre
négociants, on prévoit, comme clause de rupture, le cas
d'ivrognerie... Je ne le voulais pas croire; on m'a montré
les preuves...

~~~

On reproche au Français qui voyage de vouloir tout
ramener à son point de vue et de comparaison nationale.

Il a, pourrait-on dire, dans l'œil un petit compas, avec quoi toute chose est mesurée, et condamnée si elle n'offre pas les proportions préconçues. Cela est vrai en quelques points, et en cela surtout, qu'il s'étonne que partout on ne lui parle pas sa langue, attendu que la France est presque inévitablement traversée par tout homme qui veut aller d'un pays dans l'autre. J'espère échapper à ce travers par l'habitude que j'ai de la vie de touriste. Non, ce que je demande à l'Angleterre, ce n'est pas d'être la France... Dieu la préserve de l'imitation en une foule de points! Mais ce que j'y regrette, c'est de voir employer si mal tout l'or qu'elle a. Il me semble, par exemple, que ce *confortable* anglais dont on parle tant, — qu'on a adopté chez nous le mot, dont l'Académie s'arrange comme elle peut; — il me semble, dis-je, que ce confortable n'est pas très-mathématiquement prouvé. Je le disais, et on me répondit : « Voyez l'intérieur de quelques familles. » J'ai suivi le conseil, et j'ai compris qu'en effet c'est le confort relatif — le leur, pas le nôtre... et, au fait, comme ils sont chez eux, et point chez nous, ils s'arrangent selon leurs mœurs et leurs goûts, réalisant ce proverbe connu : Que chacun prend son plaisir où il le trouve. Un mot à ce sujet.

Londres est une immense ville, quadruple de Paris en étendue, bien que double seulement en population. C'est que là chacun ayant son gîte, son habitation exclusive, ce vaste régime cellulaire, imité des castors, prend sur le sol l'espace qui chez nous, où plusieurs ménages habitent la même maison, est prélevé par les airs. Mais Londres est un gé-

jour si peu agréable que, de même que tout homme riche
qui peut s'en évader s'en va se fixer sur le continent,—de
même aussi tout individu occupé à s'enrichir se sauve le
soir à la campagne. On vient le matin, en équipage, en
wagon, en omnibus, faire ses affaires au milieu du bruit
d'une circulation, effrayante dans certains quartiers, au
milieu du brouillard et de la fumée, et, le plus vite possible,
on se sauve sur les collines, essayer de respirer un peu.
C'est ce besoin impérieux de la fuite pour une notable
partie des habitants qui donne aux environs de Londres
un aspect si particulier pour les yeux du voyageur. En
effet, cette capitale est comme un centre d'où rayonnent en
tous sens une foule de routes toutes bordées de ces petites
habitations qui plaisent tant, au premier regard, et qui
deviennent moins charmantes à l'examen...

Donc, la famille que j'allais visiter habite une de ces petites demeures phalanstériennes, inexorablement pareilles
tout le long des chemins. La file dure des milles entiers
sous une corniche qui les nivelle. On y demeure par
tranche.

Un mur intérieur coupe l'espace de haut en bas. La
chose est mathématique en diable, et monotone comme
vous pensez. C'est absolument ce que vous voyez à Londres même, dans les rues non marchandes : la cuisine en
cave, — salle à manger, salon au rez-de-chaussée, — les
chambres à coucher au-dessus, et un toit à plat, comme
un couvert coffrant le tout. Seulement, hors de la ville, il
y a devant chaque habitation large comme la tranche de

maison, de parterre, de gazon avivé de quelques fleurs.
Les files d'habitations qui ont un jardin par derrière sont
plus fashionables et plus chères. Dans tous les cas, c'est
toujours quelque chose de forcément. étroit et long si cela
peut être.

~~~

Il faut le flegme, la morgue et le *cant* anglais, pour que
cette vie côte à côte n'amène pas forcément des tas de
connaissances forcées par le voisinage absolu de la chaîne
dont vous êtes l'anneau. La diable d'*étiquette* et le *shoking* citadin vous poursuivent jusque dans les libertés du
costume matinal de votre plate-bande, surveillée par tant
de fenêtres alignées... et on appelle cela la campagne! A
cet inconvénient près, c'était un intérieur aimable et confortable. J'en compris bien vite les douceurs positives pour
des gens qui n'ont pas les idées éveillées sur tout ce que peut
procurer de plaisirs intelligents la fortune. Nous fîmes un
dîner que j'appellerai anglais pur... sauce! C'était abon-
dant, généreux, condimenté, arrosé de vins chers au palais des Anglais... et à leur bourse. Reste à raconter un
incident de ce dîner, qui est un autre trait de mœurs.

~~~

M. H***, le maître du logis, avait, huit jours auparavant,
assisté à un concert de l'*Union musicale*, fort remarqua-
blement organisé, et dirigé par un artiste anglais : M. Ella.
Il y avait entendu un violon fameux : Vieuxtemps. Or,
comme il frotte lui-même un peu de violon, on lui demanda à plusieurs reprises ce qu'il pensait de ce grand

talent. Pendant tout le dîner, il se borna à se manifester à ce propos en des « oh! ah! » rien de plus. Sa femme dit qu'elle n'en avait rien obtenu au delà depuis huit jours.

Mais voilà qu'au dessert, et les dames retirées, comme on ne parlait plus musique depuis longtemps, et qu'on ne s'attendait à rien... notre homme éclate tout à coup, — au milieu d'un discours, — et le voilà parti comme un énergumène, lâchant la bonde à une admiration exclamative... et ne trouvant plus assez de superlatifs pour peindre ses transports au sujet du grand artiste entendu depuis une semaine... et sur le compte duquel il avait jusque-là été impossible de lui arracher un mot!

Cet homme s'était contenu, refréné, maîtrisé longtemps. Pourquoi? Qui le sait! Vanité personnelle de virtuose, — amour-propre national, — orgueil d'un homme qui ne veut pas être ému! Mais tout cela lui grouillait, lui fermentait à l'intérieur, et, un moment venu, la machine, brisant la compression, avait fait irruption, et nous avait lancé ses éclats à la figure!

XXVI

La femme domestique et la femme du monde. — Impossibilité de se marier
avec de l'esprit. — Les noms et les titres.

Au reste, et comprenant surtout certaines originalités
du caractère anglais, cette existence de famille, qui ne demande rien au dehors et se limite en soi, a de véritables
douceurs et une dignité incontestable. On conçoit très-
bien comment la femme, en ce pays, sorte de la vie sociale par cette porte du mariage, — laquelle ouvre au
contraire le monde aux jeunes personnes françaises. Dans
aucun pays, je crois, la femme n'est plus absolument
épouse et mère qu'en Angleterre.

J'ai dit, et je le répète en d'autres mots plus sérieux :
que la femme de vingt-cinq à quarante ans n'existe pas
en Angleterre, au point de vue purement social (cela va
sans dire), contrairement à ce qui se passe en France, où
la jeune fille, si libre là-bas, est surveillée, tenue, retenue,
prend sa place dans la société dès qu'elle est mariée, et
jouit de toutes les libertés que les mœurs, sinon les maris,
lui accordent. En Angleterre, une jeune fille sort seule, ou

même avec un cavalier, — chez nous, non. En France, la
femme mariée sort avec un cavalier, ou seule, — en Angleterre, point.

La femme de vingt-cinq à quarante ans, qui, en France,
règne infiniment, qui fait les modes, donne le ton, emplit
et pare les loges des théâtres et des concerts, va aux eaux,
tient salon, danse et valse, monte à cheval, nage, chante
dans le monde et le trouble, — cette femme, enfin, qui
exerce tant de ravages dans nos mœurs, qui cause des
passions, qui ruine son mari par ses prodigalités, ou qui
le sert par ses influences, cette femme-là, dis-je, le grand
pivot, l'éclat, le protée de notre vie sociale, — l'Angleterre
ne la possède que dans les classes élevées, dans la *nobility*. Les classes bourgeoises, commerçantes, aisées, n'ont
de visibles que les jeunes filles qui cherchent un mari, —
ou les femmes qui en ont fini avec les devoirs de la maternité. Or, comme ces dernières ont passé les quinze ou
vingt années brillantes de leur vie dans les obscurités du
ménage, il en résulte que, inexpérimentées, peu faites à la
vie extérieure, n'en ayant même pas pris le goût, timides
et peu éclairées, elles ne se produisent guère, comme si
elles sentaient qu'il est trop tard...

On conçoit donc que là où la femme sociale fait défaut,
règne l'épouse, la mère. Le nombre exorbitant d'enfants
qui leur naît les absorbe, mais développe leurs qualités
privées. Je n'hésite pas à attribuer en grande partie aux
sollicitudes, aux soins dont cet état de choses entoure
l'enfance anglaise, la beauté, la force des jeunes générations.

On conçoit aussi que les maris ne fassent rien pour

changer, modifier un pareil état de choses, qui cause leur sécurité conjugale. L'homme chez lequel nul voyage comparatif n'a ouvert de nouveaux horizons dans la pensée, celui qui n'a rien vu, rien senti que les calmes et monotones jouissances de cette vie de famille, s'y plonge matériellement chaque soir, jusqu'à l'heure des affaires qui l'appellera à la Cité, le lendemain.

Une jeune personne trop douée par l'esprit, trop distinguée par les goûts, a infiniment moins de chance de s'établir, dans les classes les plus positives, du reste, de la nation, que celle qui n'aura de disposition que pour le pudding et le thé. Si elle lit plusieurs langues, si elle pratique quelque art, si elle parle littérature et voyages, les négociants en ont peur, et il y a tout à parier que, si elle n'a pas une grande fortune qui contre-balance ses *désavantages*, elle leur devra un éternel célibat. Son désastre naîtra de ces causes mêmes, aspirations et goûts, qui charmeraient la vie d'un homme qui l'eût comprise. Bien plus ! les mères craindront sa société pour leurs propres filles, persuadées qu'elles sont qu'on se marie moins si on pense trop...

Une chose analogue se produit dans une sphère sociale plus élevée pour les hommes. Il y a d'amusants romans de mistress Gore, qui décrivent toute la stratégie que déploient les mères pour attraper un riche mari pour leurs filles. Les intrigues qu'ils racontent ne seraient nullement exagérées.

Je saisis la portée sociale qu'ont ces intrigues, au point de
vue que je poursuis. Ce n'est pas l'homme le plus aimable, le plus instruit, qui est recherché, invité ; les séductions maternelles et filiales s'adressent au plus riche.
L'homme d'élite est même le plus souvent repoussé comme
dangereux pour ces jeunes cœurs qu'il faut enchaîner d'or.
De sorte que la société s'encombre d'êtres nuls, qu'on
flatte pour leur richesse, — et dont pour cela on feint de
partager les goûts prosaïques, se bornant à parler chasse,
chiens, chevaux. Jugez la place qu'obtiennent les lettres,
la poésie, les arts délicats, les fins plaisirs de l'intelligence,
dans une société à ce point absorbée par le positif !

Je sais bien qu'une irrésistible pente me ramène toujours
à ce reproche : c'est l'instinct qui malgré moi, triomphe
du raisonnement. Mais n'ai-je pas avoué que ce positif, —
souvent fâcheux à constater chez les individus, — fait la
force, la puissance et presque la gloire de la nation ?

Autre aveu. S'il me coûtait, mes critiques précédentes
seraient un système, au lieu d'être une opinion, — une tentative de jugement. Et cet aveu, on pourrait croire qu'il
m'est rebelle, puisqu'il se rattache précisément à cette
question d'art, qui est, de toute évidence, le côté inférieur
de l'Angleterre, et à ce point que nos ouvriers de choses
de goût et d'élégance sont chaque jour embauchés par
elle. A la vérité, nous avons, pendant vingt ans, embau-
ché des ouvriers fondeurs et mécaniciens pour établir nos
usines : c'est toujours la même chose ; à elle le fond, à
nous la forme.

~~~

Peut-être ne semblera-t-il pas sans intérêt de connaître les définitions précises et le mode d'emploi des titres et appellations sociales en Angleterre. Voici sur ce sujet de toute « étiquette » ce que nous avons recueilli autour de nous.

Le titre *sir*, qui appartient aux chevaliers et aux baronnets, ne doit jamais figurer avant le nom de famille (*sir* Reynold, *sir* Turner), mais seulement devant le prénom (*sir* William, *sir* Edward). Le contraire est un effroyable gallicisme.

Sur une adresse, il est incivil d'écrire autre chose que M^s (qui ne signifie pas, comme on le suppose souvent chez nous, *monsieur*, mais bien *master*). Écrire *monsieur* en abrégé serait tout au contraire très-impoli dans nos usages épistolaires.

De même on ne doit jamais écrire en toutes lettres *mistress* (madame) mais simplement M^rs. Ce mot *mistress* se prononce *missis*. Vous me demanderez pourquoi ? — Réponse : On n'a jamais su !

A une jeune personne, ou enfin à une personne, ne fût-elle plus jeune, pourvu qu'elle soit célibataire, on dit *miss* avec le nom de baptême : *miss* Sarah, *miss* Sally. Toutefois, s'il s'agit de la fille *aînée* d'une maison, plus de prénom, — mais bien le nom de famille, avec le mot *miss* à la clef : *miss* Barbuty, *miss* Jackson. Pour les autres sœurs, c'est *miss* Arabella, *miss* Harietta, tant qu'on veut ! Mais voyez l'impitoyabilité et la confusion de ces usages : supposons la fille aînée d'une branche cadette ? Comme aînée de sa branche, elle est *miss* Paxton, n'est-ce pas ? Soit ; mais survienne l'aînée de la branche aînée, — c'est-à-dire sa cousine, — et soudain, c'est elle seule qui sera *miss* Paxton, ou Johnson, et l'autre retombera sur son nom de baptême, comme une simple cadette de n'importe quelle branche. Drôle de pays d'égalité, où les mœurs défont sans cesse ce que font les lois !

Mais attendez encore, voilà une famille ducale, comtale, ou de lords. Tous les cadets et toutes les cadettes qui ne sont que M^{s}, M^{rs} ou *miss*, se flanquent avant tout de l'abréviation : *hon.* (honorable). — Les lettres *esq.*, qui signifient *écuyer*, suivent le nom de tout homme qui ne fait pas le commerce dans les conditions du *trade*, c'est-à-dire le commerce inférieur.

On croit assez communément chez nous que toute *lady* est forcément femme d'un lord. Erreur ! ou plutôt, distinguons. Si elle s'intitule *lady Charlotte*, c'est-à-dire si elle accole ce titre au nom de baptême, c'est la femme ou la fille d'un lord ou d'un personnage titré. Mais s'il ne s'agit que du nom de famille, apprenez que *lady Crafton* est femme d'un simple chevalier (*knight*) ou celle d'un baronnet : de sir Sandwich, par exemple.

XXVII

Les excentricités du peintre Turner.

Turner, hier encore le glorieux doyen de la peinture anglaise, a admirablement réussi dans la marine et dans le paysage. C'est lui qui a trouvé ce genre vaporeux, effacé, fondu, qui, sous la grande entente d'effets de son pinceau hardi, original, produit une véritable poésie, et parfois même l'émotion. Quelques rochers, un peu de mer et de ciel, ont souvent suffi pour cela. Il y a de lui mille dessins de keepsakes où ces qualités prestigieuses sont traduites par le burin. Quant à ses tableaux, ils sont fort nombreux et fort recherchés.

Turner est mort, il y a peu, âgé de quatre-vingts ans. Il était fort riche, et son avarice était proverbiale, hormis pour un cas : le rachat de ses tableaux. Sa maison était ouverte à tout vent, sinon à tout venant, et la pluie y pénétrait par le toit en désordre. Les tableaux pourrissaient... C'est égal! il se refusait à toute dépense de réparations. Il y a une vingtaine d'années, et encore dans tout l'éclat de son talent, il peignit deux grandes toiles représentant le

Triomphe et la *Chute de Carthage*, sujets demi-fantastiques, où sa science des effets et le vaporeux de sa touche ont atteint un degré remarquable de poésie. Vingt fois on lui offrit d'acheter ces tableaux, il s'y refusa toujours. Un jour même un personnage politique lui vint dire que la reine désirait voir ces chefs-d'œuvre figurer dans une galerie publique... Il ne tint nul compte du royal désir. Une autre fois, enfin, lord Herdford lui présenta un contrat en blanc... espérant que son avarice ne résisterait pas à la tentation d'y écrire quelque grosse somme... Turner résista !

Un jour, le lord qui préside aux collections nationales, inquiet à la pensée que le *Triomphe* et la *Chute de Carthage* pourraient bien échapper au gouvernement, à l'artiste maniaque, l'alla trouver et lui dit :

« — Vous désirez jouir de la vue de vos tableaux... C'est votre droit. Mais vous vous privez de la somme considérable qu'ils représentent. L'affaire pourrait s'arranger. On peut vous les payer... mais les assurer à l'État... en vous les laissant tant... qu'il vous plaira...

» — J'entends ! et après ma mort...

» — Vous n'êtes immortel que comme peintre, Turner.

» — Ah ! »

Et, là-dessus, le vieillard se mit à sourire d'un air fin et narquois.

« — Vous refusez ?

» — Oui... mes tableaux...

» — Par votre testament vous pourriez, reconnaissant qu'ils sont payés, et payés ce que vous en voudrez, les léguer à la *National Gallery*...

» — Mon testament est fait ! — reprit sèchement le vieillard,
— J'y parle de mes tableaux...

» — Eh bien ?

» — Eh bien!... *ils seront enterrés avec moi!!!* »

Les avis furent partagés, à Londres, pour décider si une
disposition testamentaire aussi étrange devrait être exécutée. Les uns voulaient, bien à regret, se faire un religieux devoir d'y obéir, déclarant qu'il n'y a pas au monde
de propriété aussi personnellement légitime que celle qu'un
artiste a créée de ses mains, de son intelligence, reconnaissant son droit absolu d'en disposer, n'importe comment. D'autres voulaient considérer le testament comme
l'acte d'un maniaque, d'un fou, et prétendaient qu'on devrait passer outre.

Ce sont évidemment eux qui l'ont emporté.

CONCLUSION

Arrivé à la dernière page de ces aperçus, de ces croquis, je me demande si j'ai trop forcé le trait, — et je me réponds : Non !

J'y vois la vie de Londres, telle qu'elle paraît et apparaît à un Continental fait à d'autres mœurs, à d'autres usages ; façonné par d'autres goûts ; animé par d'autres instincts.

Je n'ai certes pas songé à contester à ce pays sa grandeur politique, sa puissance industrielle, sa force financière, et la rare nationalité de son esprit.

Mais je le proclame stérile en toutes ces choses qui font la vie intellectuelle, élégante, artistique, de notre continent, — et je le déclare tout fer et charbon !

Hors de là il n'est que copiste sans conviction : il n'a ni yeux ni oreilles pour entendre et pour voir. Il paye fort cher les musiciens et les peintres, — mais il n'achète ainsi que le vaniteux plaisir d'avoir l'air de les comprendre.

Par ailleurs, son pays est déplorable à habiter pour qui n'y a pas reçu le jour. — On n'est bien là ni pour le corps, ni pour l'esprit. — Je n'en veux qu'une preuve, plus éloquente que tout ce que j'essayerais de dire : cette preuve, c'est un fait :

Vous ne trouverez pas un Français, pas un Allemand, pas un Russe, pas un Oriental, un Continental enfin, fixé en Angleterre *pour son agrément...*

Le continent au contraire regorge d'Anglais, qui, leur fortune faite, s'empressent de fuir leur patrie, pour venir par ici goûter les douceurs de l'existence...

Que ceux qui ont pu trouver mes boutades trop sévères répondent à cela !

FIN

TABLE

———

TABLE 337

UN FRANC LE VOLUME

BIBLIOTHÈQUE NOUVELLE

Format grand in-18, imprimé avec caractères neufs,
sur beau papier satiné.

Édition contenant 500,000 lettres au moins, 350 à 400 pages par volume

H. DE BALZAC (ŒUVRES COMPLÈTES)

Seule édition de LA COMÉDIE HUMAINE, *complète, classée suivant
les dernières indications de l'auteur.*

VOLUMES EN VENTE :

Scènes de la Vie privée.

LA MAISON DU CHAT-QUI-PELOTE. — LE BAL DE SCEAUX. — LA BOURSE.
— LA VENDETTA. — MADAME FIRMIANI. — UNE DOUBLE FAMILLE.
1 vol. .... 1 fr.

LA PAIX DU MÉNAGE. — LA FAUSSE MAITRESSE. — ETUDE DE FEMME.
— AUTRE ETUDE DE FEMME. — LA GRANDE BRETÈCHE. — ALBERT
SAVARUS, 1 vol. de 400 pages.............................. 1 fr.

MÉMOIRES DE DEUX JEUNES MARIÉES. — UNE FILLE D'ÈVE, 1 vol. de
416 pages .... 1 fr.

LA FEMME DE TRENTE ANS. — LA FEMME ABANDONNÉE. — LA GRE-
NADIÈRE. — LE MESSAGE. — GOBSECK, 1 vol. de 400 pages....... 1 fr.

LE CONTRAT DE MARIAGE. — UN DÉBUT DANS LA VIE, 1 volume de
370 pages .... 1 fr.

MODESTE MIGNON, 1 vol. de 320 pages....................... 1 fr.

BÉATRIX, 1 vol. de 361 pages.............................. 1 fr.

HONORINE. — LE COLONEL CHABERT. — LA MESSE DE L'ATHÉE. —
L'INTERDICTION. — PIERRE GRASSOU, 1 vol. de 340 pages........ 1 fr.

Scènes de la Vie de province.

URSULE MIROUET, 1 vol. de 360 pages....................... 1 fr.

EUGÉNIE GRANDET, 1 vol. de 380 pages...................... 1 fr.

LES CÉLIBATAIRES, 1er vol. — Pierrette. — Le curé de Tours........ 1 fr.

L'Enfant maudit.—Gambara.—Massimilla Doni, 1 vol. de 320 pages.   1 fr.
Les Marana. — Adieu. — Le Réquisitionnaire. — El Verdugo. —
   Un drame au bord de la mer. — L'Auberge rouge. — L'Elixir de
   longue vie. — Maitre Cornelius, 1 vol. de 350 pages..........   1 fr.
Sur Catherine de Médicis, 1 vol. de 390 pages.............   1 fr.
Louis Lambert. — Les Proscrits. — Séraphita...............   1 fr.

Études analytiques.

Physiologie du mariage....................................   1 fr.
Petites Misères de la vie conjugale.......................   1 fr.

Œuvres diverses.

Contes Drolatiques, 3 vol., chaque volume.................   1 fr.

A. DE LAMARTINE

Geneviève, Histoire d'une Servante, 1 vol. de 320 pages.......   1 fr.

GEORGE SAND

Mont-Revêche, 1 vol. de 350 pages.........................   1 fr.
La Filleule, 1 vol. de 320 pages..........................   1 fr.
Les Maitres Sonneurs, 1 vol. de 320 pages.................   1 fr.
La Daniella, 2 vol..   2 fr.
Adriani, 1 vol..   1 fr.
Le Diable aux champs, 1 vol...............................   1 fr.

Mme É. DE GIRARDIN (œuvres littéraires)

Nouvelles, 1 vol. de 385 pages............................   1 fr.
Marguérite, ou Deux Amours, 1 vol. de 320 pages...........   1 fr.
Monsieur le Marquis de Pontanges, 1 vol. de 350 pages.........   1 fr.
Poésies (complètes), 1 vol. de 370 pages..................   1 fr.
Le Vicomte de Launay (Lettres parisiennes), avec portrait en taille
   douce, 3 vol...   3 fr.
La Croix de Berny, 1 vol. de 320 pages, en collaboration avec Théo-
   -phile Gautier, Méry, Jules Sandeau....................   1 fr.

FRÉDÉRIC SOULIÉ

La Lionne, 1 vol. de 364 pages............................   1 fr.
Julie, 1 vol. de 380 pages................................   1 fr.
Le Maitre d'école, 1 vol. de 380 pages ....   1 fr.
Les Drames inconnus, 5 vol..................... le vol.   1 fr.
Les Mémoires du Diable, 2 vol. de 464 pages............ le vol.   1 fr.
Le Magnétiseur, 1 vol.....................................   1 fr.

ALPHONSE KARR

HISTOIRES NORMANDES, 1 vol. de 330 pages............................ 1 fr.
DEVANT LES TISONS, 1 vol. de 360 pages............................ 1 fr.

JULES SANDEAU

UN HÉRITAGE, 2 vol. de 300 pages............................ ... 1 fr.

LE DOCTEUR L. VÉRON

MÉMOIRES D'UN BOURGEOIS DE PARIS, 5 vol............... le vol. 1 fr.
CINQ CENT MILLE FRANCS DE RENTE, 1 vol. de 384 pages.......... 1 fr.

LÉON GOZLAN

LA FOLLE DU LOGIS, 1 vol. de 320 pages............................ 1 fr.
L'AMOUR DES LÈVRES ET L'AMOUR DU CŒUR............................ 1 fr.

PHILARÈTE CHASLES

SOUVENIRS D'UN MÉDECIN, 1 vol. de 320 pages.................... 1 fr.
LE VIEUX MÉDECIN (pour faire suite aux *Souvenirs d'un Médecin*), 1 vol. 1 fr.

ALEXANDRE DUMAS FILS

DIANE DE LYS, 1 vol.. 1 fr.
LE ROMAN D'UNE FEMME, 1 vol. de 400 pages........................ 1 fr.
LA DAME AUX PERLES, 1 vol. de 400 pages.......................... 1 fr.
TROIS HOMMES FORTS, 1 vol. de 320 pages.......................... 1 fr.
LE DOCTEUR SERVANS, 1 vol. de 300 pages.......................... 1 fr.
LE RÉGENT MUSTEL, 1 vol. de 560 pages............................ 1 fr.

CHAMPFLEURY

LES BOURGEOIS DE MOLINCHART, 1 vol. de 320 pages............... 1 fr.
LES AMOUREUX DE SAINTE-PÉRINE, 1 vol............................ 1 fr.

AMÉDÉE ACHARD

LA ROBE DE NESSUS, 1 vol. de 320 pages......................... 1 fr.
BELLE-ROSE, 1 vol. de 560 pages................................. 1 fr.
LES PETITS-FILS DE LOVELACE, 1 vol. de 400 pages............... 1 fr.
LA CHASSE ROYALE, 2 vol... 2 fr.

LÉOUZON LE DUC

L'EMPEREUR ALEXANDRE II, avec portrait, 1 vol.................. 1 fr.

JULES GÉRARD (le tueur de lions)

La Chasse au Lion, ornée de 12 magnifiques grav. par G. Doré, 1 v. 1 fr.

MÉRY

Les Damnés de l'Inde, 1 vol. de 470 pages................. 1 fr.

Mme MANOEL DE GRANDFORT

L'Autre Monde, 1 vol. de 320 pages..................... 1 fr.

LE COMTE DE RAOUSSET-BOULBON

Une Conversion, 1 vol. de 284 pages.................... 1 fr.

LE DOCTEUR FÉLIX MAYNARD

Souvenirs d'un Zouave devant Sébastopol, 1 vol. de 300 pages... 1 fr.
Voyages et Aventures au Chili, 1 vol..................... 1 fr.

DE SAINT-FÉLIX

Mademoiselle Rosalinde, 1 vol de 360 pages.................. 1 fr.
Le gant de Diane, 1 vol............................ 1 fr.

CHARLES MONSELET

Monsieur de Cupidon, 1 vol. de 360 pages................. 1 fr.

Mme LAFARGE (née Marie Capelle)

Heures de prison, 1 vol. de 320 pages.................. 1 fr.

ARNOULD FREMY

Les Maitresses parisiennes (première partie), 1 vol. de 320 pages. 1 fr.
Les Maitresses parisiennes (deuxième partie), 1 vol............. 1 fr.
Les Confessions d'un Bohémien, 1 vol. de 363 pages .... 1 fr.

MISS EDGEWORTH

Demain, 1 vol................................. 1 fr.

CH. DE BOIGNE

Petits Mémoires de l'Opéra, 1 vol. de 360 pages............ 1 fr.

STENDHAL (BEYLE)

Chroniques et Nouvelles, 1 vol. de 320 pages............... 1 fr.

CH. MARCOTTE DE QUIVIÈRES

Deux Ans en Afrique, 1 vol. de 320 pages................ 1 fr.

www.ingramcontent.com/pod-product-compliance
Lightning Source LLC
Chambersburg PA
CBHW050144030726
47505CB00005B/1224